民國歷史與文化研究

十四編

第 3 冊

中國知識界的「蘇俄觀」研究（1917～1937）

劉　敏　著

花木蘭文化事業有限公司

國家圖書館出版品預行編目資料

中國知識界的「蘇俄觀」研究（1917～1937）／劉敏 著 --
初版 -- 新北市：花木蘭文化事業有限公司，2022〔民111〕
目 2+216 面；19×26 公分
（民國歷史與文化研究 十四編；第3冊）
ISBN 978-986-518-761-3（精裝）

1.CST：中國研究 2.CST：中俄關係 3.CST：近代史

628.08 110022096

ISBN-978-986-518-761-3

9 789865 187613

民國歷史與文化研究
十四編 第三冊 ISBN：978-986-518-761-3

中國知識界的「蘇俄觀」研究（1917～1937）

作 者	劉敏
總 編 輯	杜潔祥
副總編輯	楊嘉樂
編輯主任	許郁翎
編 輯	張雅淋、潘玟靜、劉子瑄　美術編輯　陳逸婷
出 版	花木蘭文化事業有限公司
發 行 人	高小娟
聯絡地址	235　新北市中和區中安街七二號十三樓
	電話：02-2923-1455／傳真：02-2923-1452
網 址	http://www.huamulan.tw 信箱 service@huamulans.com
印 刷	普羅文化出版廣告事業
初 版	2022年3月
定 價	十四編9冊（精裝）台幣30,000元

中國知識界的「蘇俄觀」研究（1917～1937）

劉敏 著

作者簡介

劉敏（1991～），男，山東淄博人，先後於 2014、2017 和 2020 年獲得北京師範大學歷史學學士、中國史碩士和中國近代文化史博士學位，曾在《教育學報》等刊物發表《再論梁啟超與北京師範大學》《不諱言聯俄與不承認赤化：1924 年國民黨對列寧的追悼》等文章，目前從事中國近代史上的俄國歷史書寫問題的研究，課題「知識生產與思想闡釋：中國近代俄國歷史的書寫研究」獲得中國博士後科學基金第 68 批面上二等資助。

提　　要

　　1917～1937 年間，大體上可以以 1924 年國民黨一大、1931 年「九一八」事變為節點，把中國知識界蘇俄觀的演變劃分為三個階段。1917～1924 年間，中國知識界聚焦於俄國革命，討論了關於「俄國革命」、布爾什維主義和蘇維埃政制三個方面的內容。上述三方面的分歧直接影響了知識界在「走俄國人的路」這一重大問題上的分化，並最終導致了「聯俄仇俄之爭」的爆發。1924 到 1927 年間的「聯俄仇俄之爭」，表面上是對俄態度之分歧，實際上是一場以知識界蘇俄觀為焦點的，關於國民革命的討論。論爭緣起於孫中山實行聯俄容共政策，推動國民革命。研究系和國家主義派是論戰中的反對方，國共兩黨以及親國親共知識分子則是主要的抗辯方。自由主義者廁身其間，態度前後有別。國民黨叛變革命後，論爭衰歇，反俄情緒狂飆。「九·一八」事變後，知識界蘇俄觀的核心是對蘇外交觀，圍繞著中蘇復交與「以俄制日」，中蘇復交與「剿共」等問題的論戰爆發。在蘇聯「一五計劃」、蘇聯的外交努力等等眾多因素的影響之下，中國知識界最終確認了蘇聯的和平外交政策。知識界蘇俄觀也完成了三個階段的演進。總之，1917～1937 年間，中國知識界的蘇俄觀隨局的發展而變動，受到了民族主義思潮，知識界的思想取向，中共、共產國際及蘇聯的作為，國民黨及其政府政策變動等等多方面因素的影響。

目

次

緒　論

一、選題緣起

　　中國駐蘇大使顏惠慶曾如此描述他對蘇聯的感受：「政治上、社會上、軍事上、工業上，蘇聯均有重大改革，且一直在繼續改革之中。因此可以說它是一個變化層出，莫可端倪的國家。一切關於它的記載、描寫，往往昨是今非，使人不易獲得正確而應時的觀念……在客觀方面，莫斯科，乃至整個蘇聯，確屬事事翻新，足以引起人們的好奇心。蓋在實行新的社會制度下，一切與歐洲其他國家不同。但就主觀方面，環境如此其窒塞，使人深深感覺有如在光波明滅之中，從事摸索，即令五官並用，對於所見所聞，竟難證實其是真是偽」〔註1〕。顏氏於 1933 年出任中國駐蘇大使，是當時最瞭解蘇聯情況者之一。他的上述感想既表明了蘇聯對時人的巨大吸引力，又說明了客觀理性地認識蘇聯之困難。十月革命誕生了人類歷史上第一個社會主義國家，如同一座燈塔為中國指示了一條新路，吸引了先進知識分子的目光。不過，俄國廣土眾民，無論是民族構成、語言文化，還是其歷史命運都複雜無比，簡單地加以肯定或否定都是片面的、非理性的。正如俄國詩人丘特切夫所指出：「用理性不能瞭解俄羅斯，用一般的標準無法衡量它，在它那裡存在的是特殊的東西」〔註2〕。事

〔註1〕顏惠慶著，姚崧齡譯《顏惠慶自傳》，北京：中華書局，2015 年版，第 288、294 頁。

〔註2〕〔俄〕尼‧別爾嘉耶夫：《俄羅斯思想：十九世紀末至二十世紀初俄羅斯思想的主要問題》，雷永生、邱守娟譯，北京：生活‧讀書‧新知三聯書店，1995 年版，第 1 頁。

實上，至少在民國時期，俄國之於中國是一個「迷思」〔註3〕。

雖然如此，這並不意味著時人沒有對蘇俄的理性思考，也不表示那些帶有激情的意見毫無價值。恰恰相反，由於蘇俄巨大的吸引力，中國知識界在1917至1937年間發表了大量富有時代特色的意見〔註4〕。這些意見有著清晰的富有張力的價值判斷，深刻反映了時局變遷，構成了一套內涵豐富的「蘇俄觀」。十月革命勝利後，世界上第一個社會主義國家蘇俄誕生。中國知識界隨即熱切地探究蘇俄革命的得失，或以「俄亂」視之，或贊之以偉大的社會革命。國民革命興起，如何看待蘇俄指導下的中國革命立即成為知識界爭論的焦點，聯俄仇俄之爭轟動一時。大革命失敗後，仇俄話語風行一時，但仍有理性聲音。「九‧一八」事變後，中俄復交問題又成為時人討論的重要問題。綜合來看，在1917～1937年間，時人對蘇俄的評價呈現出兩歧面貌：或歡喜讚歎，奉之為「理想國」；或貶之疑之，視之為「洪水猛獸」。時人這種矛盾衝突的「蘇俄觀」，因時局的不斷發展而不斷被賦予新的內涵。中國知識界一向以「一切社會和政治運動的指導者」自居，對於蘇俄與時局的互動關係，以及蘇維埃共產主義（Soviet Communism）對中國的深遠影響等時代重大問題，有其獨特的觀察與思考。因此，中國知識界「蘇俄觀」的變動，既是觀察二十世紀二三十年代歷史發展的重要窗口，又構成了近代知識階級研究的一個重要切入點。

本文所說「蘇俄觀」〔註5〕指的是中國知識界對於作為國家實體的「蘇

〔註3〕僅以今人所熟悉的「布爾什維克」一詞為例，時人即有「鮑爾雪維克」「布爾塞維克」「寶雪維幾」「鮑爾雪微克」「布爾札維克」「布魯西倭克」「布爾薩維克」「布爾失委克」等不同譯名。

〔註4〕如果把關於蘇聯的知識分為專家學者的「專業知識」和為一般大眾所知的「公共知識」的話（二者當然不是判然有別的，「公共知識」亦多由專家學者所提供），在1917～1937年間，中國知識界關於蘇聯的「專業知識」無疑是薄弱的，「公共知識」卻是十分豐富的。十分值得注意的是，正因為「專業知識」的缺乏，反而使「公共知識」的中國特色、時代特色更為顯明，使得「公共知識」中的偏見、誤解成為更有趣的思想史資料。更具體地說，中國知識界對於蘇聯的正解與誤讀，誤讀背後的時空糾葛，都是窺見歷史另面的窗口。

〔註5〕所謂「蘇俄」，即是「蘇維埃俄國」。本文所指有時亦包括後來的「蘇聯」。學界已有「俄國觀」「蘇俄觀」「蘇聯觀」「俄蘇觀」等不同名稱。眾所周知，1917年十月革命勝利後，蘇維埃俄國誕生，1922年12月30日蘇聯成立（承北京師範大學歷史學院張建華教授指教，1922～1937年間實際上亦是「俄國的蘇聯時期」）。時人使用的稱呼較為混亂，有「蘇俄」「俄國」「新俄」「蘇聯」等數種，其中使用最多的是「蘇俄」，直到1932年末中蘇復交後，「蘇聯」這一名稱才廣泛使用。因此，本研究雖然起於1917年，訖於1937年，但為統一

俄」及其背後的意識形態、文化理念、人類發展道路等方面的綜合看法。這即是說，本文的研究對象是中國知識界視野中的「蘇俄」，而非蘇俄本身。此其一。「蘇俄觀」是一個整體的概念，舉凡政治、經濟、文化、外交、軍事、教育、歷史、地理、社會等各方面均包括在內。1917～1937 年間，中國知識界對蘇俄（聯）的認知亦是全面的。但是，知識界對於各方面的認知卻並不平衡，主要側重在政治方面，尤其是俄國革命的中國影響以及中蘇關係上。此其二。因此，本文所說之「蘇俄觀」有兩個特點：第一，背後的問題意識與其說是指向蘇俄，毋寧說是指向中國，尤其是中國革命。第二，其主要內容，應是中國革命是否以及如何借鑒俄國革命經驗的問題，是中國如何處理錯綜複雜、充滿糾葛的中蘇關係的問題。

　　也就是說，上述課題有重大的學術價值和現實意義。對之加以綜合探討，不但有益於我們深化對於蘇聯與中國革命關係的認知，而且在重新審視中國知識界，進一步豐富中國現代思想史研究上不無裨益。

二、學術史回顧

　　學界對中國知識界〔註6〕的「蘇俄觀」已有所探討，既有系統性成果，也不乏個案研究。以下分別介紹。

　　首先，關於系統性成果。齊廉允的博士學位論文《中國知識界對「蘇俄道路」的認知（1917～1937）》〔註7〕與本研究密切相關。該文將研究視角集中於知識界對「蘇俄道路」問題的認識上，從政治、經濟、文化教育等三個層面系統地剖析中國知識界的認知，最後討論時人如何認識「蘇俄道路」對中

　　　　　及尊重時人起見，徑取用「蘇俄觀」。還需指出的是，「蘇俄觀」亦不可避免地涉及時人對共產國際的認識。鮑羅廷曾指出，即使是贊同聯俄、對蘇俄更為瞭解的國民黨左派，也常把蘇聯、俄共以及共產國際混作一團。他說：「他們有時講蘇聯，有時講俄共，有時講共產國際，但通常都是一回事。」（見《鮑羅廷在聯共（布）中央政治局使團會議上的報告》，中共中央黨史研究室第一研究部譯《聯共（布）、共產國際與中國國民革命運動（1926～1927）》上，北京：北京圖書館出版社，1998 年版，第 131 頁）

〔註6〕學界歷來重視研究中國知識界，高水平成果，尤其是深入的個案研究汗牛充棟。其中，余英時及其弟子羅志田、王汎森，許紀霖，鄭師渠等人的成果可作重點參考。關於中國知識分子的學術史回顧亦有不少，為節省篇幅起見，此處不贅。必要時將在行文中注出。

〔註7〕齊廉允：《中國知識界對「蘇俄道路」的認知（1917～1937）》，山東大學博士學位論文，2019 年。

國的參照作用，並指出了影響時人認知的原因。該文問題意識明確，選題具有重大價值，在對問題的整體把握以及史料開拓上都有貢獻。不過，以下方面不免令人遺憾。其一，基本停留在靜態描述上，忽視了 1917～1937 年間時局的劇烈變遷，及其對知識界蘇俄觀的影響。這直接影響了文章的深度。其二，對知識界的關照不夠。知識界如何界定？在 1917～1937 年間知識界如何分化？知識界各派中，哪些群體關注蘇俄問題？哪個群體或個人的蘇俄觀具有代表性？各群體蘇俄觀的互動情況如何？有哪些精彩的思想交鋒？知識界蘇俄觀的獨特性何在？這些問題都有待於深入探索。

楊麗娟的博士學位論文《20 世紀上半期中國的「蘇俄通訊」研究》則聚焦於 20 世紀上半期中外的「蘇俄通訊」文獻。該文上編首先從文獻學角度，探討了此種文獻作者隊伍與傳播媒介，文獻特色與視角，文獻傳播的生成、路徑、效果與規律等方面內容。其次，解讀了相關內容，探討了「蘇俄通訊」對蘇俄日常社會生活的探究，與馬克思主義「俄國化」，與蘇俄經驗的「中國化」「世界化」等問題的關係。該文下編則進行瞿秋白與俞頌華，抱樸（按：秦抱樸）與張民權，陳獨秀與李大釗，蔣介石與沈玄廬，徐志摩與胡適，胡愈之與林克多，曹谷冰與戈公振，丁文江與蔣廷黻，郭沫若與茅盾等人的個案比較〔註8〕。該文章取角獨特，資料亦詳實，對於探討馬克思主義中國化的相關問題具有較高價值。不過，文章結構較為鬆散，行文時分析不強，就文獻談文獻的傾向十分明顯，忽略了時局變動以及知識界蘇俄觀的因應。

此外，還有一些相對外圍的研究也值得參考。例如，中國人民大學博士郭文深曾試圖探討近代中國人俄國觀，但最後成稿則是《清代中國人的俄國觀》〔註9〕。郭氏在概述了清代中國人認識俄國的歷史背景和主要渠道之後，從「俄國歷史地理觀」「社會文化觀」「政治外交觀」「經濟貿易觀」四個方面概括了近三百年清人俄國觀的主要內容。郭著為本研究提供了一個參照和起

〔註8〕楊麗娟：《20 世紀上半期中國的「蘇俄通訊」研究》，揚州大學博士學位論文，2013 年。

〔註9〕郭雙林指出，「長期以來，我們的學術研究總是隨著政治指揮棒轉，關係好了就寫友好關係史，關係壞了就寫侵華史，以致到今天我們尚無一部中國人對俄國的認識史。這是學術研究，特別是思想史、外交史研究的悲哀。文深的博士論文就是以近代中國人的俄國觀為研究對象。原來想讓他寫到 20 世紀50 年代，發現內容太多後，又希望寫至 1917 年。後來發現內容還是太多，一縮再縮，最後確定只寫清代部分。」見郭文深：《清代中國人的俄國觀·序》，長春：吉林大學出版社，2010 年版，第 2 頁。

點，有一定的價值，但受歷史事實及其材料的限制，難以看到精彩的思想交鋒和歷史感。李隨安的《中國的俄羅斯形象（1949～2009）》一書，聚焦建國後中國人眼中的俄羅斯形象，認為「中國的俄羅斯形象」不但具有明顯的時代性，「在特定的時期，塑造什麼樣的蘇聯形象完全決定於中國的政治需要」，而且折射出了中國人自己的形象〔註10〕。吳賀認為，近代以來中國人心中的俄國印象經歷了從「羅剎鬼」到「威脅」，從「良師」到「敵人」，從「鄰邦」到「夥伴」的轉變過程〔註11〕。上述研究雖然離本題較遠，但對於補充知識，開拓思路不無裨益。

除了上述系統性成果外，學界亦不乏深入的個案研究。這類研究可分為兩大類，第一類個案是關於某一位知識分子或者群體的蘇俄觀的研究，第二類個案是關於某一時段，或者某一事件前後知識界蘇俄觀的研究。

在第一類個案中，學界對李大釗、魯迅、胡適等著名知識分子的蘇俄觀關注較多，其他知識分子及群體（例如旅蘇知識分子和基督徒群體）亦間有涉及。

偉大的文學家魯迅，生前翻譯了大量俄國文學，其思想亦深受俄國滋養，其蘇俄觀是學界考察的重點。具體來說，關於魯迅蘇俄觀的研究有三類。第一，關於魯迅蘇俄觀的解釋，尤其是魯迅在1930年代「過度讚美蘇聯」的評價問題。自許廣平在20世紀中葉發表了一些介紹關於魯迅蘇聯觀〔註12〕的文章之後，引起了不少討論。讚美魯迅者有之，從史實上批評魯迅所犯錯誤者亦有之〔註13〕。一般認為，魯迅的蘇聯觀是複雜的，且有一個變化發展的過

〔註10〕 李隨安：《中國的俄羅斯形象（1949～2009）》，哈爾濱：黑龍江教育出版社，2012年版。另有《半個世紀以來俄羅斯形象在中國的變化》，《湖南工業大學學報》2008年第5期。順便指出的是，俄羅斯的中國形象，亦有學者關注。代表作為〔俄〕盧金著，劉卓星譯《俄國熊看中國龍：17～20世紀中國在俄羅斯的形象》，重慶：重慶出版社，2007年版；孫芳等著《俄羅斯的中國形象》，北京：人民出版社，2010年版；孫麗珍：《俄羅斯文學中的中國形象研究》，哈爾濱：黑龍江人民出版社，2017年版。

〔註11〕 吳賀：《北域強鄰：近代以來中國人的俄國印象》，《南京政治學院學報》2015年第4期。

〔註12〕 如1946年《魯迅眼中的蘇聯》，1957年《略談魯迅與蘇聯文學的關係》，1959年《嚮往蘇聯》等文章。

〔註13〕 朱正、周蔥秀、錢理群、張永泉等學者的探討可為代表。該問題充分展現了政治與學術的複雜關係，具體情況可參考袁勝勇的文章，此不贅。袁勝勇：《魯迅後期蘇聯觀的重識——兼論魯迅在當代社會的接受和傳播》，《東嶽論叢》2018年第7期。

程。周蔥秀指出，魯迅的蘇聯觀是一個重要課題，關係到對魯迅精神、魯迅品格的理解。他認為魯迅對蘇聯的認識有一個由淺入深的過程，其蘇聯觀亦是逐步深入的。他指出，魯迅主要從兩個角度觀察蘇聯：其一，「從尋找我國社會改革的途徑出發的，這是一個最主要的角度」；其二，「從尋找我國在世界上的真正朋友出發的，這一角度是由於國內外的形勢使然」〔註14〕李春林則指出：魯迅既肯定和讚美過蘇聯，也「以婉曲的形式」批評過蘇聯。具體地說，魯迅讚美蘇俄推翻了沙皇專制制度，「使窮人得了好處」，但又對蘇維埃政權建立鞏固過程中的「血和污穢」（即「使用方式」和「道德後果」）頗有微詞。魯迅作為「一位世界級的大知識分子」，其獨立人格和對「較有秩序的改革」的屬意是無可置疑的〔註15〕。第二，關於魯迅與其他知識分子蘇俄觀的對比研究。李春林、高翔比較了魯迅與紀德，這兩位不同民族的文學家蘇聯觀的異同。該文指出，魯迅與紀德均嚮往共產主義，同情蘇聯。不過，紀德在到訪蘇聯後大失所望，發表《從蘇聯歸來》，公開批評斯大林治下的蘇聯。魯迅未到過蘇聯，不過通過新聞報導和時人遊記得知了部分蘇聯情況，故而在其對蘇聯文學的譯介與評論中，以及私人談話中，隱含著對蘇聯的批評〔註16〕。邵建則比較了魯迅與胡適的蘇聯觀，站在胡適自由主義的立場指謫魯迅「激進主義的失誤」〔註17〕。第三，相對外圍的成果，關於魯迅與俄國，尤其是俄國文學的關係問題。例如，孫郁既探討了魯迅與果戈里、愛羅先珂、陀思妥耶夫斯基、托爾斯泰、契科夫、高爾基等俄國作家的文學與思想關聯，又從新視角討論了魯迅價值觀與思想左傾化等重大問題〔註18〕。

〔註14〕周蔥秀：《論魯迅的蘇聯觀》，《魯迅研究月刊》1999年第9期。

〔註15〕李春林：《論魯迅的蘇聯觀》，《文化學刊》2014年第5／6期。

〔註16〕李春林、高翔：《20世紀30年代：魯迅、紀德與蘇聯和共產主義——紀念魯迅誕辰125週年、逝世70週年》，《魯迅研究月刊》2006年第11期。值得進一步指出的是，1920、30年代訪蘇知識分子所在多有，各人有其不同的視野和思考。詳見張建華：《外國知識界視野下的蘇聯社會和知識界》《伯林視野下的蘇聯知識界和蘇聯文化》，均見《蘇聯知識分子群體轉型研究（1917～1936）》，北京：北京師範大學出版社，2012年版，第199～214，317～347頁。

〔註17〕邵建：《一次奇異的思想合轍——胡適、魯迅對蘇俄的態度》，《社會科學論壇》2006年第8期。

〔註18〕值得特別指出，孫郁通過考察魯迅俄譯本藏書的情況，深入探討魯迅的思想來源與知識結構，彌補了以往魯迅文本研究與翻譯研究的不足。孫郁：《魯迅與俄國》，北京：人民文學出版社，2015年版。

　　胡適作為中國現代史上最具代表性的自由主義者，其蘇俄觀亦有多人探討。第一，討論胡適蘇俄觀的演進過程，及其蘊含的自由主義與社會主義的糾葛。羅志田的《胡適與社會主義的離合》《北伐前數年胡適與中共的關係》等文章，深入地討論了以胡適為代表的自由主義知識分子對蘇俄的觀感、態度和思想取向〔註19〕。歐陽哲生探討了胡適對於「蘇俄模式」的認識，認為其認識經歷了一個「由希望，到懷疑，再到批評的過程」〔註20〕。馮夏根、胡旭華則通過梳理胡適從「趨近」蘇俄，到被「強烈吸引」，再到「漸行漸遠」，最終放棄社會主義的發展線索，討論近代自由主義與社會主義之間「難以割捨的交錯與糾結」〔註21〕。方巍巍則在梳理胡適蘇俄觀演變的脈絡時，著重分析了個中原因。他認為，胡適的「成長背景、教育經歷、個人際遇、政治信仰等內因」與「國內外形勢、蘇俄的發展變化等外因」相互制約，相互作用，共同造就了胡適蘇俄觀的變化，進而影響到了胡適後來的政治選擇〔註22〕。第二，與其他知識分子作比較研究。除上述胡適與魯迅的比較外，高力克對比了徐志摩與胡適的蘇俄觀認為，徐志摩因蘇俄之夢幻滅而回歸自由主義，是其「詩人本色」。胡適激賞新俄為「偉大的政治新試驗」，則體現了他的「士大夫」性格。徐胡兩人關於蘇俄問題的論爭，表徵了「自由知識分子深刻的思想衝突」〔註23〕。

　　關於徐志摩的蘇俄觀。蘇明詳細分析了徐志摩的《歐遊漫錄》，認為這既代表了「自由主義、個人主義價值理念對蘇俄烏托邦提出的質疑」，又意味著「在一定程度上消解了 1920 年代中國人對蘇俄烏托邦的浪漫想像與革命衝

〔註19〕羅志田：《中外矛盾與國內政爭：北伐前後章太炎的「反赤」活動與言論》《歷史研究》，1997 年第 6 期；《胡適與社會主義的離合》，許紀霖主編《20 世紀中國思想史論》，東方出版社 2000 年版；《北伐前數年胡適與中共的關係》《近代史研究》2003 年第 4 期；《新的崇拜：西潮衝擊下近代中國思想權勢的轉移》《權勢轉移：近代中國的思想與社會》（修訂版），北京師範大學出版社 2014 年版；《轉折：新俄與社會主義》《再造文明之夢：胡適傳》（修定本），社科文獻出版社，2015 年版；《道出於三：西方在中國的再次分裂及其影響》，《南京大學學報》2018 年第 6 期。

〔註20〕歐陽哲生：《自由主義之累——胡適思想之現代闡釋》第八章，《對「蘇俄模式」的認識》，南昌：江西教育出版社，2003 年版，第 345 頁。

〔註21〕馮夏根、胡旭華：《論胡適蘇俄觀的演變》，《華中師範大學學報》2015 年第 6 期。胡旭華的《近代中國自由主義者視域中的蘇俄——以胡適為中心的考察》，《安徽史學》2010 年第 4 期。

〔註22〕方巍巍：《1918～1949 年胡適對蘇俄態度的變化》，《中國國家博物館館刊》2016 年 6 期。

〔註23〕高力克：《徐志摩與胡適的蘇俄之爭》，《浙江大學學報》2010 年第 5 期。

動」。不過，在時之激進的政治文化語境中，徐志摩的政治立場和價值觀念是無力的〔註 24〕。劉容天、商昌寶則詳細考察了徐志摩在聯俄仇俄之爭中的態度。徐志摩當時正主編《晨報副刊》，是這場論爭的實際「主持人」「發起人」之一，其態度值得重視。他們認為，在整場爭論之中，徐志摩在「蘇俄是不是赤色帝國主義」「外交上是否聯俄」等具體問題上不持有鮮明觀點，而是致力於「確立這場討論的規則」──副刊是完全學術性的，「絕不是任何黨派的宣傳機關」。除了堅持言論自由的立場之外，徐志摩堅守「啟蒙立場」，主張理性對待蘇俄革命，並儘量避免革命中的犧牲〔註 25〕。

關於張君勱的蘇俄觀。呂希晨、陳瑩、鄭大華、陳先初和翁賀凱等人的著作均有零散的論述。專題研究則以杜明達的《張君勱的蘇俄（聯）觀（1917～1949）》為最重要〔註 26〕。杜明達認為，服膺西方自由憲政和民主社會主義思想，是張君勱觀察、研究蘇聯的思想前提。1917～1949 年間，張君勱的蘇俄觀有變亦有常。在政治領域，他對蘇維埃政制，尤其是無產階級專政一直持否定態度。在經濟領域，他從最初的批評戰時共產主義（按：應為軍事共產主義），到肯定新經濟政策，最後推崇並主張學習蘇聯的計劃經濟模式。在文化領域，他始終反對馬列主義、唯物史觀以及文化統制政策。當然，蘇聯的無產階級專政、計劃經濟模式也反過來為張君勱的政治思想提供了思想資源。

關於旅蘇知識分子蘇俄觀的研究。第一，關於瞿秋白、江亢虎等人的個案研究。關於瞿秋白的蘇俄觀。陳鐵健的《瞿秋白傳》以及張秋實的《瞿秋白與共產國際》等專著曾有所涉及，梳理了相關史實。張亮亮則較為系統地論述了瞿秋白對於十月革命、蘇俄的農民階級、新經濟政策以及聯共（布）黨內鬥爭等四個方面的認識。他認為，瞿秋白對前三個方面的分析和介紹「有

〔註 24〕蘇明：《質疑與消解：從〈歐遊漫錄〉看徐志摩蘇俄觀之轉變》，《民國研究》2008 年第 5 期。

〔註 25〕劉容天、商昌寶：《1925：「聯俄仇俄」論爭中的徐志摩》，《魯迅研究月刊》2015 年第 2 期。

〔註 26〕呂希晨、陳瑩：《張君勱思想研究》，天津：天津人民出版社，1996 年版；鄭大華：《張君勱傳》，北京：中華書局，1997 年版；《張君勱學術思想評傳》，北京：北京圖書館出版社，1999 年版；陳先初：《精神自由與民族復興──張君勱思想綜論》，長沙：湖南教育出版社，1999 年版；翁賀凱：《現代中國的自由民族主義──張君勱民族建國思想評傳》，北京：法律出版社，2009 年版；杜明達：《張君勱的蘇俄（聯）觀（1917～1949）》，湖南大學碩士學位論文，2015 年。

一定的深度和預見性」，但在黨內鬥爭上維護斯大林的絕對權威的做法是錯誤的〔註27〕。任俊經則考察了瞿秋白在《餓鄉紀程》《赤都心史》中所建構的蘇俄形象，認為這本質上是烏托邦，與其「憂鬱善感」的個性以及遊俄目的——為中國尋找社會及自我重生的道路，密不可分〔註28〕。江亢虎是中國早期社會主義者，十月革命後曾在蘇俄考察近一年，並著有《新俄遊記》。張麗萍在介紹了江亢虎的早期思想、赴俄背景及行程後，分析了江氏對於十月革命的理解，對蘇俄社會的觀察，對新經濟政策的評價，對蘇俄在國際交往中利己性的認識以及反對國民黨「聯俄容共」政策的立場〔註29〕。第二，關於旅蘇遊記及其反映的蘇俄觀的總體研究。陳曉蘭、王毅等人更進一步，考察了1920年代、1930年代的旅蘇遊記中所建構的蘇聯形象。陳曉蘭指出，近代以來旅蘇遊記記錄了知識界認識蘇聯的心路歷程，為中國人瞭解蘇聯提供了重要的窗口。其內容涉及到不同時期中國人對俄羅斯傳統、蘇俄革命及其現實不同評價與感情態度。而且各人的觀察受到其陣營、文化背景、個性等因素深刻影響，因此，「烏托邦化的光明蘇聯」與「現實的黑暗蘇聯」這樣單一刻板的兩極化形象同時並存〔註30〕。王毅認為，20世紀30年代旅蘇遊記多從經濟層面去建構蘇聯形象，的確展現了「兩個蘇聯」：一個是依賴公有制和計劃經濟取得巨大成就的蘇聯，展現了一個樸實平等奮發向上的「普羅世界」；另一個是物質貧乏、社會痼疾嚴重、缺乏自由的「有缺點的蘇聯」。不過，這兩種形象並非勢均力敵。在時人推崇社會主義的熱潮中，蘇聯的缺點實際上被遮蔽了〔註31〕。烏日罕亦探討瞿秋白、徐志摩、胡適等人旅蘇遊記中蘇俄形象，不過與此同時，又比較了蔣光慈、靳以、舒群小說中對蘇俄的「想像」。

〔註27〕陳鐵健：《瞿秋白傳》，北京：紅旗出版社，2009年最新版；張秋實：《瞿秋白與共產國際》，北京：中共黨史出版社，2004年版；張亮亮：《瞿秋白的蘇聯觀》，2010年復旦大學碩士學位論文。
〔註28〕任俊經：《瞿秋白遊記中的蘇俄形象研究》，2010年山西大學碩士學位論文。
〔註29〕張麗萍：《江亢虎1920年代的蘇聯觀探析》，2011年復旦大學碩士學位論文。
〔註30〕陳曉蘭：《徘徊於理論與現實之間——20世紀20年代中國旅蘇遊記中的蘇聯形象》，《蘭州大學學報》2008年第3期；《「兩個蘇聯」——20世紀30年代旅蘇遊記中的蘇聯形象》，《文學評論》2009年第3期。馮峰：《從「旅俄遊記」看1930年代知識分子對蘇聯的態度》，《青島大學師範學院學報》2010年第4期。張顯鳳：《生態視野中的民國旅蘇遊記研究》，山東師範大學博士學位論文，2014年。
〔註31〕王毅：《20世紀30年代旅蘇遊記中的社會主義》，《廣東社會科學》2018年第5期。

他認為，無論是紀實的遊記所建構的「蘇俄形象」，還是虛構的文學作品裏的「蘇俄想像」都是「蘇俄書寫」。探究「蘇俄形象」與「蘇俄想像」的異同、思想背景、以及與知識分子的國族構建、身份認同之間的關係等等問題，都是饒有趣味的〔註32〕。

關於基督徒的蘇俄觀。楊衛華深入探究了民國基督徒蘇俄觀的轉變歷程。他指出，十月革命使蘇俄成為在華中外基督徒關注的焦點，少數基督徒也認可了蘇俄革命的積極意義。1930 年代初期蘇聯一五計劃成功實施，這給基督徒的蘇俄觀帶來巨大轉折。楊衛華認為，基督徒對蘇俄和共產主義的關注，根本上還是對中國和基督教自身命運的關懷，「其蘇俄描繪是他們反襯中國現實、想像中國未來及重塑基督教自身形象的一種方式，與其說是在述說蘇聯，不如說是在表達自我」〔註33〕。在另一篇文章中，楊衛華具體探討了中國自由派基督徒眼中複雜多變的蘇俄形象。他認為，紅色帝國主義、反帝鬥士、弱小民族代言人、和平的敵人或柱石等矛盾衝突的形象在自由派基督徒眼中「重疊上演」。這不僅預示了他們的分化，還暗含著政治傾向，最終影響到他們對中國共產黨的態度〔註34〕。此外，楊衛華還討論了中國基督徒對於蘇俄反宗教運動的反應。他認為，中國基督徒除了出於同道之誼，關注蘇聯的宗教命運之外，更重要的關懷是：把基督教在蘇聯的命運作為參照，改造中國基督教，重塑基督教在華形象，避免落入同樣的命運。其中，基督徒對蘇聯反教運動的多元化闡釋折射了對共產主義的態度〔註35〕。

順便指出，也有學者從毛澤東、周恩來、蔣介石等政治人物〔註36〕的蘇

〔註32〕烏日罕：《想像的「鄰邦」：現代文學中的蘇俄書寫研究》，中國海洋大學碩士學問論文，2015 年。

〔註33〕楊衛華：《另一種「以俄為師」：民國基督徒蘇俄觀的轉變（1918～1937）》，《中共黨史研究》2013 年第 5 期。

〔註34〕楊衛華：《中國自由派基督徒視域中的蘇俄國際形象（1918～1949）》，《中山大學學報》2013 年第 6 期。

〔註35〕楊衛華：《民國基督徒蘇俄想像中的宗教圖景》，《黨史教學與研究》2014 年第 2 期。

〔註36〕主要有：晉瀑顏：《鄧小平的俄國觀》，2014 年黑龍江社會科學院碩士學位論文。王煒星：《蔣介石的蘇聯觀（1949～1976）》，2015 年黑龍江社會科學院碩士學位論文。宮廣霞：《蔣經國的蘇聯觀》，2015 年黑龍江社會科學院碩士學位論文。史旭超：《郭沫若的蘇聯觀》，2017 年黑龍江社會科學院碩士學位論文。賈笑笑：《論周恩來的蘇聯觀（1949～1976）》，2019 年黑龍江社會科學院碩士學位論文。

俄觀入手，探討中蘇關係史、中共黨史上的相關問題。本文僅以關於毛澤東的蘇聯觀的研究為例加以說明。徐德超認為，民主革命時期，毛澤東的蘇聯觀是不斷變動的。其變動受到世界革命環境、中國革命形勢、蘇聯對華政策，毛澤東的個人成長等多方面因素的影響。毛澤東的蘇聯觀，集中體現了中共辯證接受蘇聯革命經驗，在依靠蘇聯和共產國際的物質援助下，正確處理了與蘇聯的關係，探索出一條適合中國國情的正確革命道路〔註37〕。李戰生認為，毛澤東以「成績是主要的，錯誤是次要的」肯定了建國以前蘇聯對於中國革命的影響。1949～1956年，毛澤東基於革命的歷史經驗、中國的國家利益以及冷戰格局等因素的考慮，作出了一邊倒向蘇聯陣營的決定。中蘇關係處入蜜月期。1956～1960年代初期，毛澤東立足大局，努力維護中蘇團結。此後，中蘇關係破裂，毛澤東在1962年七千人大會上公開斷言「蘇聯黨和國家的領導現在被修正主義者篡奪了」，此後更認為中蘇矛盾已經由人民內部矛盾轉變為「敵我性質」的矛盾了〔註38〕。2016年，王欣的碩士論文《論毛澤東的蘇聯觀（1949～1976）》更細緻地討論了上述問題，將毛澤東的蘇聯觀分中蘇友好時期、中蘇論戰時期、中蘇對抗時期三個時期來討論，不過基本結論上沒有新的突破〔註39〕。周樹輝的研究最為細緻，按照時間順序，討論了早期（大革命之前）蘇俄觀的形成問題、大革命時期到解放戰爭的蘇聯觀、建國後的蘇聯觀以及影響因素。他將毛澤東的蘇聯觀，定義為「在不同歷史時期充當不同社會角色（有時同時肩負幾種社會角色）的毛澤東對蘇聯及其執政黨和政黨領袖、國家領導人的根本看法和觀點」，並從意識形態、國家利益、大國關係、周邊國家關係、黨際關係、國際共運和領導人獨特個性等方面，探討毛澤東的蘇聯觀的複雜性〔註40〕。

　　第二類個案，關於某一事件或某一時段知識界的蘇俄觀問題。

〔註37〕徐德超：《民主革命時期毛澤東的蘇聯觀研究》，2015年曲阜師範大學碩士學位論文。段智峰：《論胡漢民的蘇俄觀》，《法制與社會》2017年第4期。陶季邑：《略論楊善集的蘇俄觀》，《旗幟飄揚——中共瓊崖第一次代表大會人物研究論文選》。

〔註38〕李戰生：《毛澤東的蘇聯觀》，《上海黨史研究》1999年第1期。

〔註39〕王欣：《論毛澤東的蘇聯觀（1949～1976）》，2016年黑龍江社會科學院碩士學位論文。

〔註40〕周樹輝：《毛澤東的蘇聯（俄）觀研究》，湖南師範大學博士學位論文，2012年；《論多維視角下毛澤東的蘇聯觀》，《湖南師範大學社會科學學報》2015年第2期；《毛澤東的蘇聯觀》，長沙：湖南大學出版社，2017年版。

　　劉國華、薛曉姝曾探究過 1920 年代中國知識界的蘇俄觀，認為中國知識界雖然在五四後走向分化，但是在加拉罕宣言傳入後，卻整體上同情蘇俄，讚賞蘇俄革命。尤其是孫中山確立了聯俄政策，走上了學習蘇聯的道路〔註41〕。孫旭則依據記者、知識分子、政客、留學生等旅俄華人的調查記錄，論述時人的蘇俄觀，涉及對中蘇關係的思考，對蘇聯軍事共產主義、新經濟政策、無產階級專政、特務政治等內政的理解，關於「赤色帝國主義」的爭論等內容。他認為，旅俄群體的對俄認識不斷深化，推動了中國知識界對蘇俄態度的變化〔註42〕。尚賀冰探討了 1917 至 1926 年間知識界對俄態度的變化，其中特別強調了十月革命後知識界的蘇俄熱、加拉罕宣言及中蘇建交、聯俄仇俄之爭等事件的影響〔註43〕。

　　上述三文有助於我們從整體把握知識界的態度，不過，或泛泛而談，或平鋪直敘，對於如加拉罕宣言、中俄交涉、聯俄仇俄之爭、中東路事件等諸多關鍵點沒能深入論析。周月峰探究了知識界對於第一次加拉罕宣言傳入中國的反應。該文以報刊雜誌作為主要史料來源，抓住蘇俄第一次對華宣言傳入中國時的輿論反響，細緻地討論了蘇俄主持世界正義的英雄形象的在華生成問題〔註44〕。該文細緻深入，為後來者指示了研究路向。關於中俄交涉、蒙古問題，敖光旭都作出了深入探討。他的《革命、外交之變奏——中俄交涉中知識界對俄態度之演變（1919～1924）》一文，考察了中俄交涉中因革命與外交不同理念引起的知識界分化，認為知識界親俄陣營越來越小。《1920 年代國內蒙古問題之爭》一文，指出蒙古問題被「高度意識形態化」，是引發聯俄仇俄之爭的「最敏感、最直接」的因素，最終「主權話語漸次壓倒革命話語」〔註45〕。

〔註41〕劉國華、薛曉姝：《論 20 世紀 20 年代中國人對蘇俄的認識》，《安徽教育學院學報》2005 年第 4 期。

〔註42〕孫旭：《1920 年代中國人的蘇俄認識研究——以中國人的赴蘇俄記錄為中心》，東北師範大學碩士學位論文，2010 年。

〔註43〕尚賀冰：《知識界的蘇俄觀（1917～1926）》，湖南師範大學碩士學位論文，2011 年。

〔註44〕周月峰：《「列寧時刻」：蘇俄第一次對華宣言的傳入與五四後思想界的轉變》，《清華大學學報》2017 年第 5 期。

〔註45〕敖光旭：《革命、外交之變奏——中俄交涉中知識界對俄態度之演變（1919～1924）》，《「中央」研究院近代史研究所集刊》2007 年第 55 期；敖光旭：《1920 年代國內蒙古問題之爭——以中俄交涉最後階段之論爭為中心》，《近代史研究》2007 年第 4 期。

　　關於聯俄仇俄之爭問題，學界已有不少成果〔註46〕，可惜多停留在梳理
關於中俄關係的思想主張的層面。例如，玉永珠的碩士學位論文是近年較早
析論聯俄仇俄之爭的成果。該文以時人章進編的《聯俄與仇俄問題討論集》
為依託，分析知識分子對俄態度不一致的原因及其對政局的影響，指出了南
北方政治界與輿論界不同的互動模式，有一定的參考價值，可惜在史料運用
與解讀上存在較多問題〔註47〕。敖光旭的《國家主義與「聯俄與仇俄」之爭》
則關注五卅運動後，北方知識界對五四時期「友俄」、「親俄」的狂飆的反思
和轉變，整體上雖未轉向仇俄，但國家主義立場非常明顯〔註48〕。該文頗見
功力，在史料發掘和問題討論上均有重大進展，是本研究重要的參考。不過，
仍然未脫離梳理思想主張層面，國民革命與知識界聯俄仇俄之爭的互動關聯，
尚需再加以深入探討。造成這種缺憾的主要原因是史料問題。前賢使用的史
料基本以章進所編《聯俄與仇俄論集》為主，侷限於 1925 年底的幾個報刊。
實際上，章進亦有續編的計劃，不過未能成書。某種意義上，這也提示我們
要擴大視野〔註49〕。

〔註46〕主要成果有：玉永珠：《聯俄與仇俄：1920 年代中國知識界對蘇俄態度的分
　　　　析》，臺灣師範大學歷史學系 2003 年碩士論文。敖光旭：《國家主義與「聯俄
　　　　與仇俄」之爭──五卅運動中北方知識界對俄態度之解析》，《社會科學研究》
　　　　2007 年第 6 期、2008 年第 1 期；白少輝：《「赤白」與「仇友」──簡評 1925
　　　　年北京知識界「聯俄與仇俄」問題論爭》，《南京政治學院學報》，2008 年第 6
　　　　期；王建偉：《「反帝」口號與蘇俄問題：1925 年底的一場爭論》，《黨史研究
　　　　與教學》，2010 年第 3 期；李曉疆：《徐志摩與〈晨報副刊〉──以 1920 年
　　　　代兩次社會大論戰為例》，河北師範大學碩士學位論文，2010 年 5 月 13 日。
　　　　白冰、李潔：《一九二五年北方知識界關於中俄關係的論爭》，《黨史研究與教
　　　　學》2018 年第 5 期。
〔註47〕詳見敖光旭在《國家主義與「聯俄與仇俄」之爭──五卅運動中北方知識界
　　　　對俄態度之解析（上）》一文中的批評。
〔註48〕敖光旭：《國家主義與「聯俄與仇俄」之爭──五卅運動中北方知識界對俄態
　　　　度之解析（上、下）》《社會科學研究》2007 年第 6 期、2008 年第 1 期。
〔註49〕對於國民黨聯俄的問題，已有成果也多從現實政治上解釋，也沒有深入挖掘
　　　　思想背景。主要成果有，鄭則民：《孫中山三大革命政策的產生與歷史作用》，
　　　　《歷史檔案》1986 年第 4 期；秦興洪：《對孫中山三大政策確立過程的探討》，
　　　　《華南師範大學學報》1984 年第 2 期；楊奎松：《國民黨的「聯共」與「反
　　　　共」》北京：社會科學文獻出版社，2008 年版；王奇生：《中國近代通史》第
　　　　七卷《國共合作與國民革命（1924～1927）》南京：江蘇人民出版社，2009 年
　　　　版；李玉貞：《國民黨與共產國際（1919～1927）》，北京：人民出版社，2012
　　　　年版；李楊：《孫中山「聯俄」：不得已的權宜之計？》，《開放時代》2013 年
　　　　第 1 期；李楊：《孫中山之後的國民黨「聯俄」──以胡漢民申請國民黨加入

　　賀哲人探討了知識界對中東路事件的反應，認為此事件是影響中蘇關係的重大事件，也深刻影響了知識界對蘇聯的態度。該文分析了中東路事件前後的輿論（包括哈爾濱搜查蘇聯領館事件、中蘇斷交、中東路戰爭以及簽署《伯力議定書》等事件的輿論）的變化，認識到知識界在討論蘇聯問題時的進步——更多地考慮國家利益因素，而非意識形態因素〔註 50〕。該文注重時局與知識界蘇俄觀的互動關聯，深化了相關研究。不過，問題意識不夠清晰，平鋪直敘較多，視野尚嫌狹窄。中東路問題是中俄糾纏半個世紀的問題，知識界在 1920 至 30 年代即有數次大規模討論。不在更長時段上觀察，很難在知其然的基礎上知其所以然，很難看到紛紜聚訟之後的思想史意義。

　　關於 1930 年代中國知識界的蘇俄觀問題，學界亦有一些成果問世。陳廷湘探討了 1928 年至 1937 年間，《大公報》等報刊對俄態度的變化。他認為，以「九·一八」事變為分界點，中國對蘇輿論前後發生了由仇敵到親邦顯著變化，放棄了原有的「政治意識中心觀」（主要是指中東路事件輿論的反赤情緒），轉以國家利益為親仇原則〔註 51〕。不過，值得討論的是，中國知識界並非鐵板一塊，一部分人固然受到了「政治意識中心觀」的影響，但整體上似乎始終沒有忽視國家利益的因素，甚至可以說「政治意識中心觀」本身即以國家利益為前提。知識界態度轉變的原因、過程及其爭論仍需深入探討。奧蕾的《20 世紀 30 年代中國知識分子的蘇聯觀》一文開始總結知識界轉變的原因，並歸納為三點：「國內外經濟危機和蘇聯建設成就的雙重刺激」、「救亡和啟蒙背景下對於理想社會的追求」和「民族主義高漲時期對國家利益的關注」。不過，接下來在論述主題內容知識界的「蘇聯觀」時，該文泛論較多，不但未能較好的闡釋「蘇聯觀」的內涵，而且關注的知識分子以胡適、丁文江、蔣廷黻、胡愈之等人為主，忽略了主張中蘇復交最有力的陳彬龢（《申報》著名記者）和激烈反共反蘇的陳啟天等知識分子〔註 52〕。

　　　　共產國際為例》，《開放時代》2019 年第 4 期。史知：《重新審視蘇聯援助國
　　　　民黨與孫中山聯俄容共——各有現實需要和條件底線的俄中兩黨聯盟》《上
　　　　海宋慶齡研究會專題資料彙編》，2013 年版，第 11～45 頁。
〔註 50〕賀哲人：《知識界與中東路事件》，湖南師範大學碩士學位論文，2011 年。
〔註 51〕陳廷湘：《1928～1937 年〈大公報〉等報刊對中蘇關係認識的演變》《近代史
　　　　研究》2006 年第 3 期。
〔註 52〕奧蕾：《20 世紀 30 年代中國知識分子的蘇聯觀》，遼寧師範大學碩士學位論
　　　　文，2013 年。張小雨將視野聚焦到《申報》，探討了蘇聯在華形象及其成因。

除此之外，知識界關於中蘇復交的論爭、知識界蘇聯觀與時局的互動尚需深入探究。

　　關於知識界對蘇聯一五計劃的認知問題，鄭大華、張英、譚慶輝等人作了較細緻的探討。鄭大華、譚慶輝認為：1930 年代初，中國社會主義思潮再次興起。這是資本主義世界大蕭條和蘇聯「一五計劃」所造就的「孤島繁榮」所共同造就的。這次思潮表現為熱談蘇聯和社會主義，探討蘇聯「一五計劃」成功的原因以及追求社會主義，三個既有聯繫又內涵不同的層次。與此前相比，此次思潮帶有濃厚的計劃經濟氣息，但缺乏理論建樹，隨著民族危機的加深而逐漸消退〔註 53〕。張英則在其碩士學位論文中具體論述了蘇俄熱的原因、表現及影響，後又在《論蘇聯「一五計劃」對 20 世紀 30 年代初中國知識界的影響》一文中在敍述了《大公報》、《國聞週報》、《東方雜誌》、《獨立評論》等報刊對蘇聯「一五計劃」的介紹和批評後，論述了知識界的「蘇聯熱」，介紹了知識界對蘇聯政治制度、外交政策和社會生活等方面的認知，最後點出了知識界希望向蘇聯計劃經濟學習的願望以及行動〔註 54〕。上述文章，主要以報刊雜誌為主要史料依據，論述了中國知識界對蘇聯的介紹和評論，豐富了以往的研究成果。不過對於「一五計劃」如何影響知識界蘇俄觀這一問題上，仍有深入開掘的餘地。

　　除此之外，還有一些並非專門探討但已經涉及的著作，需要關注。它們主要有如下四類：第一，梁啟超、孫中山、張東蓀、張君勱、胡適、李大釗、陳獨秀等等的人物研究。例如，臺灣張朋園在討論梁啟超歐遊之後思想變化之時，自然會涉及到梁氏對社會主義、對蘇聯的看法。日本學者森川裕貫在研究張東蓀政治思想時，涉及到張東蓀對社會主義的認識。第二，關於 1920～1930 年代的專題研究。比如臺灣呂芳上的《革命之再起：中國國民黨改組

　　　　他認為，該報為時人描繪了蘇聯「動盪不安的赤色帝國」「世界和平的中流砥
　　　　柱」「世界風雲的要角」和「有主義有計劃的幸福國度」四種形象。而且蘇聯
　　　　這種複雜形象的產生，主要受到了中蘇關係變動以及世界局勢發展的影響。
　　　　張小雨：《1930 年代〈申報〉視野中的蘇聯形象研究》，南京師範大學碩士學
　　　　位論文，2018 年。
〔註 53〕鄭大華、譚慶輝：《20 世紀 30 年代初中國知識界的社會主義思潮》《近代史
　　　　研究》2008 年第 3 期。
〔註 54〕張英：《30 年代初中國知識界的蘇俄熱》，湖南師範大學碩士學位論文，2008
　　　　年；鄭大華、張英：《論蘇聯「一五計劃」對 20 世紀 30 年代初中國知識界的
　　　　影響》《世界歷史》2009 年第 2 期。

前對新思潮的回應（1914～1924）》，涉及到了國民黨人對社會主義的評介和聯俄容共政策的採行。王建偉的《民族主義政治口號史研究（1921～1928）》一書，討論了「反帝」背後的蘇俄因素以及知識界對「反赤」的因應。張太原的《現代中國的主義與政治——以〈獨立評論〉為中心的探討》一書討論自由主義與馬克思主義關係時，涉及了自由主義知識分子社會主義思潮及蘇聯崛起的反應等等。〔註55〕這些成果數量龐大，不能一一列舉，容在行文時注明。第三，關於中國知識界對其他國家認知的研究。例如，楊玉聖關於中國人美國觀的研究，譚兀節、馬繹關於知識界德國觀的研究，陳鵬關於近代中國人土耳其觀的研究等等〔註56〕。第四，關於國際共運史、中蘇關係史以及俄國史的研究。此類研究成果豐碩，不容忽視。例如，黃修榮的國際共運史研究〔註57〕，楊奎松對中共與共產國際關係的研究〔註58〕，李玉貞的國民黨

〔註55〕張朋園：《梁啟超與民國政治》第六章，上海三聯書店，2013年版，第153～192頁；〔日〕森川裕貫：《政論家的矜持：章士釗、張東蓀政治思想研究》，社會科學文獻出版社，2017年版；呂芳上：《革命之再起：中國國民黨改組前對新思潮的回應（1914～1924）》，「中央」研究院近代史研究所專刊（57）1989年版；王建偉：《民族主義政治口號史研究（1921～1928）》，社會科學文獻出版社，2011年版；張太原：《現代中國的主義與政治——以〈獨立評論〉為中心的探討》，人民出版社，2017年版。此外，以下著作也需注意。蔣永敬：《鮑羅廷與武漢政權》，臺北：傳記文學叢刊，1963年版；李雲漢：《從容共到清黨》，臺北：中國學術著作獎助委員會，1966年版；王聿均：《中蘇外交的序幕——從優林到越飛》，臺北：中央研究院近代史研究所，1978年版。

〔註56〕楊玉聖：《中國人的美國觀——一個歷史的考察》，上海：復旦大學出版社，1996年版；譚兀節：《晚清民初中國人對德國的認知及其影響——以「知識界」為中心的考察》，中國社會科學院研究生院2017年博士學位論文；馬繹：《民國知識界眼中的德國形象——以綜合性期刊〈東方雜誌〉為中心的考察》，上海外國語大學2018年博士學位論文；陳鵬：《近代中國人對土耳其的認知》，中國人民大學博士學位論文；《近代中國人土耳其觀的再認識》，《近代史研究》2018年第1期；《近代中國人的土耳其洲屬觀》，《史學月刊》2018年第11期。

〔註57〕黃修榮：《國共關係七十年》，廣東教育出版社，1998年版；《共產國際與中國革命關係史》，中共中央黨校出版社，1989年版；《共產國際與中國共產黨關係探源》，人民出版社，2016年版等。

〔註58〕楊奎松：《共產國際和中國革命》（與楊雲若合著），上海人民出版社，1988年版；《中間地帶的革命——中國革命的策略在國際背景下的演變》，中共中央黨校出版社，1992年版；《毛澤東與莫斯科的恩恩怨怨》，江西人民出版社，1999年版；《國民黨的「聯共」與「反共」》，社會科學文獻出版社，2008年版。

與共產國際關係研究〔註59〕，沈志華對朝鮮戰爭、冷戰史的研究〔註60〕，李嘉穀、薛銜天等人的中蘇關係史研究〔註61〕等與本研究關係密切，應作重點參考。此外，余敏玲從文化角度切入探討蘇聯對華影響的系列成果〔註62〕，以及日本學者石川禎浩對中國共產黨早期歷史的探討同樣值得重視〔註63〕。

　　通過上述分析可知，學界以往的研究成果作出了一定的成績，不僅有了一些系統性成果，還有為數不少的個案研究。這既為本研究提供了不少較好的研討視角，又在史料發掘上指示了路徑。雖然如此，已有成果的薄弱環節也很突出。這主要表現在以下方面：第一，對於 1917～1937 年間知識界蘇俄觀的內涵及其變化發展缺乏整體把握。雖有成果作出了初步嘗試，但不夠深

〔註59〕 李玉貞的相關著作主要有：《十二春秋愛與恨——蔣經國旅蘇生活秘聞》，中國友誼出版公司，1994 年版；《孫中山與共產國際》，「中央」研究院近代史研究所，1996 年版；《馬林傳》，中央編譯出版社，2002 年版；《國民黨與共產國際（1919～1927）》，人民出版社，2012 年版等。

〔註60〕 沈志華的主要著作有：《新經濟政策與蘇聯農業社會化》，中國社會科學出版社，1994 年版；《中蘇同盟的經濟背景：1948～1953》香港中文大學，2000 年版；《中蘇關係史綱：1917～1991 年中蘇關係若干問題的再探討》，社會科學文獻出版社，2001 年版（三修版已於 2016 年出版）；《毛澤東、斯大林與朝鮮戰爭》，廣東人民出版社，2003 年版；《蘇聯專家在中國：1948～1960》，中國國際廣播出版社，2003 年版；《無奈的選擇：冷戰與中蘇同盟》，社會科學文獻出版社，2013 年版；《朝鮮戰爭再探：中蘇朝的合作與分歧》，三聯書店香港有限公司，2013 年版；《朝鮮戰爭：俄國檔案館的解密文件》，「中央」研究院近代史研究所，2015 年版等等。

〔註61〕 李嘉穀：《中蘇關係：1917～1926》，社會科學文獻出版社，1996 年版；《合作與衝突：1931～1945 年的中蘇關係》，廣西師範大學出版社 1996 年版；《中蘇國家關係史資料彙編：1933～1945》，社會科學文獻出版社，1997 年版。

〔註62〕 主要有：《形塑「新人」：中共宣傳與蘇聯經驗》，「中央」研究院近代史研究所，2015 年版；《國際主義在莫斯科中山大學（1925～1930）》《「中央」研究院近代史研究所集刊》，1996 年第 26 期；《俄國檔案中的留蘇學生蔣經國》《「中央」研究院近代史研究所集刊》，1998 年第 29 期；《蘇聯英雄保爾‧柯察金到中國》《新史學》，2002 年第 12 卷第 4 期；《學習蘇聯：中共宣傳與民間回應》《「中央」研究院近代史研究所集刊》，2003 年第 40 期；《從高歌到低唱：蘇聯群眾歌曲在中國》《「中央」研究院近代史研究所集刊》，2006 年第 53 期。另外還有《蘇聯對中國的軍事援助（1923～1925）》《中國現代史專題研究報告》，1996 年第 18 期；《蔣介石與聯俄政策之再思》《「中央」研究院近代史研究所集刊》，2000 年第 34 期等文章。

〔註63〕 〔日〕石川禎浩：《中國共產黨成立史》，中國社會科學出版社，2006 年版；《早期共產國際和東亞》；《革命とナショナリズム——1925～1945》（《革命和民族主義——1925～1945》），岩波書店，2010 年版；《中國近代歷史的表與裏》，北京大學出版社，2015 年。

入，尚有大量模糊問題有待討論，尤其是對於關鍵節點的研討尚嫌不足。第二，個案研究也不盡如人意。不僅各個歷史階段用力不均，對知識分子個體的研究也有冷熱之別。即使是研究較充分的時段和知識分子，也存在一些問題意識不夠凸顯的敘述之作和重複之作。只有找到貫通視野與精細考辯之間的平衡，才能將本研究更進一步。

三、概念、思路與資料

首先，關於「知識界」的界定與時間斷限的說明。

1、本文所言「知識界」主要是指包括教育界、新聞出版界在內的知識分子群體。原因主要有兩個：第一，教育界、新聞出版界都是社會政治運動的重要推動力量，且在人脈上具有統一性〔註64〕。如陳獨秀、胡適等大學教授，本就是新聞出版界的風雲人物。他們以「一切社會政治運動的指導者」自居，致力於以思想言論救國，有著強烈的社會責任感和使命感。例如，著名記者陳彬龢即曾因言獲罪，以至於不得不從《申報》辭職〔註65〕。他認為「記者」應該擔負以下四項使命：「要有廣博的常識和有一種以上的專門學識」「應站在時代前，以領導民眾走向新時代之路」「應該為大眾服務」和「應該負荷推進民眾教育的工作」〔註66〕。第二，時人所理解的「知識界」（或者叫「知識階級」）〔註67〕即是上述範圍。蔣廷黻即曾指出：「我這裡所講的知識階級是專靠知識生活的人，那就是說，指一般以求知或傳知為職業者。這個階級包括教育界及輿論界。此外政界及法律界與知識階級最近，且最容易混合。工商醫界距離較遠，但其中亦常有人著書立論，以求影響一時的思潮：這類的人當然也要算為知識階級的」。〔註68〕還需注意的是，並非教育界、新聞出版界的所有成員都納入考察，也並非所有的意見、觀點都作討論。

〔註64〕鄭師渠：《從「五卅」到「三一八」的中國知識界——以北京、上海為中心》《歷史研究》2016 年 5 期。

〔註65〕陳彬龢在 1932 年 6 月 30 日、7 月 2 日和 7 月 4 日，連續在《申報》三次發表社論討論「剿匪」與「造匪」問題，為當局作「善意之貢獻」。國民黨漢口剿匪總部下令扣留《申報》，國民黨中央宣傳委員會指示《申報》社，「必記者辭職而後，方得開禁」。陳氏因此不得不去職。

〔註66〕陳彬龢：《陳彬龢論文選·序》，美華書館，1934 年版，第 1～3 頁。

〔註67〕「知識界」和「知識階級」在當時是可通用的概念。不過，前者含義更小一些，主要是指不包括學生的教育界和新聞界。

〔註68〕蔣廷黻：《知識階級與政治》《獨立評論》1933 年 5 月 21 日第 51 號。

郭湛波寫作《近五十年中國思想史》時，胡適曾給出了一條建議：「王國維在中國思想［界？］沒有大影響，不該寫了」〔註69〕。本人認同胡適的意見，將致力於挖掘精彩思想和代表性人物，一般性意見及其介紹者除非必要則不作討論。

2、時間斷限。本文以 1917 和 1937 年為前後界限，是因為十月革命（1917.11）和西安事變（1936.12）是知識界對蘇態度發生轉變的關鍵點，考慮到思想變化並非一朝完成，故而時間斷限上稍有伸展。十月革命之前，以及西安事變之後，均是另一個階段。

其次，研討思路與創新點。本文分為四章。第一章系統地梳理 1917～1937 年間知識界對俄態度之變化，為接下來的分析確立「座標軸」。既有成果雖有所涉及，但僅著眼於數年間的變動，因此本章尚有較大探討餘地。其餘三章按照時間線索，具體探討「蘇俄觀」在三個發展階段上的具體內涵。第二章討論 1917～1924 年間知識界的「蘇俄革命觀」。前人有不少成果論述時人對十月革命的看法，但對於二月革命與十月革命的關係問題，對於布爾什維主義、蘇維埃政制以及「走俄國人的路」等問題的論述尚嫌薄弱，尤其缺乏綜合探討。本章即由此入手展開論述。第三章討論國民革命與「聯俄仇俄之爭」的關係問題，進一步分析國民革命時期關於「以俄為師」的論爭。這有益於克服既有成果就思想談思想的不足，深入揭示思想論爭與時局的互動關係。第四章討論「九·一八」事變後知識界的對蘇外交觀，著重探討關於中蘇復交與「以俄制日」，中蘇復交與「剿共」，對於蘇聯的和平外交政策的認識等問題。由於相關研究甚為稀少，本章對於彌補學術研究的薄弱環節不無裨益。總之，本研究旨在揭示知識界「蘇俄觀」的具體內涵，展開過程以及與時局的互動關係，雖有相當難度，亦因之具有學術價值。

最後，關於史料問題。欲深入探討本論題，必須既對聯共（布）、共產國際與中國政局的互動關連有較好把握，又對當時知識界的看法有貫通性地全面瞭解。與之相應，須熟稔以下兩方面材料。第一，關於中蘇外交，聯共（布）、共產國際與中國政治團體的文獻。該類文獻數量極多，重點參考如下幾種：薛銜天、李玉貞等編《中蘇國家關係史料彙編 1917～1924》，李嘉穀編《中蘇國家關係史料彙編（1933～1945）》，中共中央黨史研究室第一研究部翻譯的

〔註69〕郭湛波：《近五十年中國思想史·再版自序》，濟南：山東人民出版社，1997年版，第 2 頁。

《共產國際、聯共（布）與中國革命檔案資料叢書》〔註70〕，羅家倫主編的《革命文獻》第9輯《中俄外交及中共滲透與被清除經過史料》等等。此外，如共產國際文件，中共中央文件，蘇聯《真理報》等官方文件以及如「現代稀見史料書系」和蘇聯來華人員的回憶錄等私人材料也在具體研究時查閱。第二，關於知識界對中蘇各層面交往的認知的文獻，數量同樣十分龐大，且零散於當時的報刊雜誌及時人論著等各處，故有漫渙之弊。但作為核心史料，其重要性自不言而喻。在利用時，筆者注意以下方面：其一，逐日查閱影響最大的報刊雜誌，並借助《五四時期期刊介紹》等工具書及《全國報刊索引》等數據庫，重點查閱《新青年》《嚮導》《解放與改造》《醒獅》《東方雜誌》《獨立評論》《中國與蘇俄》《蘇俄評論》《大公報》《申報》《益世報》等。其二，借助《民國時期總書目》、《民國史料叢刊總目》、《近代中國史料叢刊》（沈雲龍主編）及國家圖書館「民國圖書」、瀚文民國書庫等數據庫，搜討相關圖書（目前所見約300種）。其三，繼續深入發掘幾類重要人物的相關材料。如：張奚若、蔣廷黻、丁文江、張忠紱等大學教授群體，胡愈之、胡政之、陳彬龢等記者群體。如胡適、李大釗、陳獨秀、魯迅、孫中山等人全集、文集也是需要重點參考的。其四，注意時人所編的史料集、叢書等材料。這些材料往往具有系統性和代表性，如章進所編《聯俄與仇俄討論集》，1930年代初的「申報叢書」等等。

〔註70〕臺灣版《聯共、共產國際與中國》（東大圖書股份有限公司，1997年版）也值得重視。

第一章　知識界對俄態度的
　　　　階段性變動

　　大體而言，1917～1937 年間，中國知識界的對俄態度發生了三個階段的
變動。1917～1924 年，蘇俄十月革命爆發，「加拉罕宣言」宣稱放棄俄國在華
特權，中俄開始重建邦交，國民黨聯俄等一系列大事件促使知識界對蘇俄刮
目相看，友俄輿論風行一時。是為第一階段。1924～1931 年間，受中蘇建交
波折、五卅運動中蘇俄處置失當等事件的刺激，知識界對俄態度出現明顯分
化。1927 年，國民黨反共清黨，驅逐俄國顧問。1929 年，國民政府又藉中東
路事件宣布對俄絕交。由此，知識界中的仇俄態度佔據上風。是為第二階段。
1931～1937 年間，由於「九‧一八」事變爆發後，中日民族矛盾尖銳，蘇聯
在中日俄三角關係中的特殊性得以彰顯。加上蘇聯取得了偉大的建設成就，
蘇聯形象再度變動。後來隨著中共調整革命策略，歸趨於逐步高漲的民族主
義，對蘇友好在西安事變後又成為主流。

第一節　從舊俄到新俄

　　中俄兩國相距遙遠，儘管在金帳汗國時代（1238～1480）曾有密切關係，
但在此後相當長的時間裏彼此幾近隔絕，所知甚少。明朝士大夫認為俄人是
金帳汗國的遺老遺少，稱俄國沙皇為「欽察汗」「金帳汗」〔註1〕。按照傳統
的天下觀，中國之四方即是蠻夷，俄國自屬其間。至少自順治時起，清人即

〔註 1〕張建華：《中國俄國史研究百年檢視與思考》，《史學月刊》2020 年第 1 期。

稱俄國為「羅剎」〔註2〕。須知「羅剎」出自古印度《梨俱吠陀》，乃是食人血肉的惡鬼〔註3〕。在蒲松齡筆下，「羅剎國」則是「中國」之反面，一個以相貌美醜，而非文章好壞定尊卑的「世情如鬼」的國家〔註4〕。以此名俄國，對俄之鄙視可以想見。時至晚清，深受俄國侵華之苦的中國士大夫，對其武力強大印象深刻〔註5〕，多將俄國視為「虎狼之國」。

曾紀澤、何如璋等外交官，王韜、薛福成、陳熾等維新思想家皆不約而同地將俄國類比為戰國時的秦國，意謂「虎狼之國」〔註6〕。曾紀澤在即將赴俄重談收回伊犁前，曾在給總理衙門的覆函中指出：「俄羅斯為西洋著名雜霸之國，正與戰國時嬴秦無異」。相同在哪裏呢？曾氏繼續說：「狡獪多端，上下一致，處心積慮，圖佔便宜」〔註7〕。如果說曾氏之言出自外交官的直觀，那麼陳熾的觀察則鄭重得多。1897年，陳熾在《時務報》上發表《俄人國勢酷類強秦論》一文，列舉了十條證據說明上述類比，直言「以俄比戰國之秦，中外明哲無異辭者」〔註8〕。對於這種從「國勢」角度出發，將俄國比附為「強秦」的論說受到了一些士人的認可，孫寶瑄即認為「前後比證頗確」，皮錫瑞

〔註2〕《清史稿·郎坦傳》，北京：中華書局，1998年版。「羅剎」似是「Russia」的音譯，但是背後的貶義色彩也顯而易見。這是傳統夷夏觀念使然。否則，當用其他同音字對譯。

〔註3〕《辭海》，上海：上海辭書出版社，1979年版，第3846頁。

〔註4〕〔清〕蒲松齡：《聊齋誌異·羅剎海市》卷四，北京：中華書局，2009年版，第145～148頁。

〔註5〕1871年有人說到：「俄羅斯幅員廣大，兵力強盛，所謂地跨三洲，控弦百萬。在歐羅巴洲列國中允推巨擘，幾於莫之能抗。」《俄國強盛》，《上海新報》1871年10月28日，第2版。

〔註6〕「虎狼之國」乃《戰國策》所載策士稱秦國之辭，《史記》戰國之事因之沿用。例如《史記·蘇秦列傳》中，蘇秦說楚懷王合縱，謂「夫秦，虎狼之國也，有吞天下之心。」楚懷王亦有言：「秦，虎狼之國，不可親也。」戰國時人認為，秦國武力強大，但文化落後，直至嬴政統一六國才被視為「中國」的一部分。所謂「虎狼」至少有三層含義：其一，表示為人兇殘暴虐而無信義；其二，形容一個人音容相貌之不祥，具備這樣特徵的人最後能滅國毀家；其三，與「戎狄」有關，貪得無厭。上述三種含義，「均盡數保留存在於『虎狼之秦』這一詞中」。關於「虎狼之秦」的政治文化背景，詳見何晉的文章。氏著《秦稱「虎狼」考》，《文博》1999年第5期。

〔註7〕曾紀澤：《倫敦復譯署各堂（庚辰三月十五日）》《曾紀澤集》，長沙：嶽麓書社2005年版，第163頁。

〔註8〕陳熾：《陳熾集》，趙樹貴、曾麗雅編，北京：中華書局，1997年版，第312頁。

也指出此論「最合」〔註9〕。戰國時的秦國，有如下特點：地理上僻處西陲，民風上剽悍尚武，武力強大，內政上自商鞅變法後，獎勵耕戰，法治嚴明，對外則鯨吞虎踞，奉行擴張政策。這些特點的確都可以類比到俄國上，無論是地理位置、民風等方面，還是彼得大帝改革以及向東擴張的國策，都符合時人觀感。此外，俄國滅亡波蘭的歷史在康有為等人的發掘下廣泛傳播，如《俄滅波蘭記》《國事悲》等以波蘭亡國為原型文學作品問世。這無疑加重了知識界對俄國的焦慮〔註10〕。

　　這種「俄似強秦」的對俄認知，雖然還是表面的觀察，但頗有時代特色。這一方面生動地反映了士大夫「開眼看世界」時，理解世界的思維方式並沒有根本性的變化，另一方面又說明了士大夫心中深深的憂患意識和對俄國的提防心態。這很大程度上塑造了此後中國知識界在中俄關係上的對俄心理，即使是後來友俄聲音成為主流之時，提防疑懼也始終難以消弭。例如，甲午戰後，俄國干涉還遼，曾一度使李鴻章等人產生了親俄主張。但是俄國在中國東北的侵略活動並未停止，拒俄運動應運而生。知識界對俄國的憤怒在《俄事警聞》(《警鐘日報》)等報刊上歷歷可見。

　　19、20 世紀之交，晚清士人從西學中獲得了觀察世界的新視角，從政體上找到了國家興衰的「公例」——「橫覽全球，凡稱為富強之國，非立憲即共和，無專制者」〔註11〕。俄國作為「政治之專制獨冠全球」〔註12〕的國家，自然不在文化先進國之列。不過，問題並非如此簡單。1898 年，康有為倡言變法，進呈光緒皇帝《俄彼得變政記》，極言 18 世紀俄國彼得大帝屈尊辱身，遊

〔註9〕 孫寶瑄：《望廬山日記・光緒廿三年正月二十三日（1897 年 2 月 24 日）條》，第 74 頁；皮錫瑞：《師伏堂日記・光緒廿三年八月廿五日（1897 年 9 月 21 日）條》，《湖南歷史資料》1958 年第 4 期，第 67 頁。

〔註10〕 俄似強秦這種對俄認識，隱含著「以俄為敵」之意。梁啟超的政治小說《新中國未來記》、馬仰禹（署名「南支那老驥氏」）翻譯的《未來戰國志》、華人夢所著《黑龍江》、陳季衡所作《非熊夢傳奇》、不才人的《新舊英雄》等文學作品無一不將俄國作為假想敵國。詳參崔煥偉：《清末民初文學文本中的俄國話題與中國知識分子的民族國家想像》，北京師範大學比較文學與世界文學博士學位論文，2014 年；宋雪：《「語怪小說」中的政治寓言——梁啟超譯〈俄皇宮中之人鬼〉》，《中國現代文學研究叢刊》2020 年第 1 期。

〔註11〕 《論日勝為憲政之兆》，《中外日報》1905 年 5 月 21 日第一板。

〔註12〕 《俄國致敗之由》，《東方雜誌》1904 年第 5 期。梁啟超亦有「俄羅斯為地球第一專制之國」之語。見梁啟超：《難乎為民上者》，《清議報》第 98 冊，1901年 11 月 21 日。

歷師學而使俄國興盛的故事。《知新報》等維新報刊也刊登了諸如《俄皇彼得大帝傳》、《俄彼得中興記》等文章，構建了遊歷——變法——興國的「彼得興俄」敘事〔註13〕。故而，俄國似乎成了「公例」之外的異類——俄國雖然行專制，卻是一個「中央集權、官僚全盛之雄國」。對於保守派而言，這背後隱含著如下邏輯：中國雖行專制，亦足以立國，足以富強。客觀地說，經康有為等維新派的宣傳，俄國彼得大帝勵精圖治的事蹟為俄國增色不少。但以今人的眼光看，彼得大帝畢竟是奠基俄國絕對君主制的雄主，而非開創人類新紀元的偉人。馬克思曾評價說「彼得大帝用野蠻制服了俄國的野蠻」〔註14〕，切中肯綮。約二百年後，彼得大帝確立的制度便在日俄戰爭中被歷史徹底拋棄了。1905年日俄戰爭以日勝俄敗收場，擁有世界七分之一土地、一億五千萬人口、「泱泱大國之風」的俄國竟敗於蕞爾小邦日本，這直接戳破了強盛俄國的表象，更給「立憲戰勝專制」這一「公例」以確證。〔註15〕梁啟超便感慨，「二十世紀之國家終無容專制政體存立之餘地，以頑強之俄羅斯遂不能與自由神之威力抗」。〔註16〕俄國的落後暴露在國人面前，有人即指出：「俄廷素蔑視人民之權利，強行不法之手段」。「俄國，農業之國也，故其職工之人占其全國之少數；俄國，貧乏之國也，故其工價於歐洲諸國中為最低」〔註17〕。同盟會諸人也看到了俄國的落後腐敗。在宋教仁的筆下，俄國是一個工人罷工，農民起義，軍隊嘩變交織，「全國紛如亂麻而莫可收拾」的國家。他進而指出，日俄戰爭將俄國政府「敗德弊政悉暴露於世」，革命大勢遂不可抑制，獨裁君主制自不容於世界〔註18〕。值得注意的是，俄國深厚的專制傳統，經伊凡雷帝、彼得大帝和葉卡捷琳娜大帝的強化與調適，儼然成為俄國的另一個標籤。

　　1905年革命之後，俄國國家杜馬和內閣制度建立，傳統的絕對專制政體向現代資產階級君主立憲政體轉變。俄國「鐵血宰相」斯托雷平廢除村社制度，實行土地改革，加速了俄國農業資本主義的發展。俄國因追隨世界憲政潮流，其在華形象理應隨之變動，但事實上俄國專制的形象未有明顯改觀。1908年，

〔註13〕顧少華：《晚清中國的「彼得興俄」敘事及其演變》，《史學理論研究》2018年第4期。

〔註14〕〔德〕馬克思：《論蒲魯東》，《馬克思恩格斯選集》第二卷，北京：人民出版社，1972年版，第147頁。

〔註15〕《俄國之工人》，《東方雜誌》1904年第1卷第8期。

〔註16〕飲冰：《俄國立憲政治之動機》，《新民叢報》1904年第3卷第10期。

〔註17〕《俄國之難與立憲》，《東方雜誌》1904年第1卷第8期。

〔註18〕強齋：《一千九百〇五年露國之革命》，《民報》1906年第3期。

福建閩縣丁澹翻譯了《論俄國立憲政治》一文，在《時報》連載，後又為《東方雜誌》轉載，產生了較大影響。該文認為，實施憲政是 20 世紀初期的潮流，俄國沙皇固執君主專制，「政府與民間儼如敵國」，加上受日俄戰敗的刺激，1905 年革命於是爆發。該文指出俄國憲政前途是「如日月模糊於雲靄」，雖然短期內當可繼續，不過，俄國專制傳統在相當長的時間內仍將延續。他認為，俄國目前已經走出了憲政的「牴觸期」，已經發展到了「穩和期」。此階段的立憲政治只能夠維持面貌，難有進展，原因在於各階層難堪大任。俄國上流社會的貴族「尚戀戀專制之舊夢」，不是憲政之友；「有識階級」雖熱心立憲，但不顧俄國國情，失之於激進；「素以腐敗聞於天下」的官僚階層根本沒有立憲思想，因其本是「專政君主彼得大帝所製造，唯唯諾諾，奉命惟謹，宮廷政府，蟠結成一大勢力，橫遮皇帝與人民而逞其專橫」，要求俄國官僚「以立憲的精神接近人民」是不可能的；占俄國最大多數的農民等下等社會階層，「只汲汲於衣食，天下大勢、政治潮流與彼無所關係，有關連於衣食之政治問題則容易煽動」〔註 19〕。此外，俄國複雜的民族問題也是實施憲政的一大障礙。作者因此斷言，恐怖的大波瀾大衝突，「俄國將來未始無之」。這種情況的出現與無政府主義者所建構的革命話語密不可分。20 世紀初年，西方無政府主義首在留學生中傳播，其中日本東京的「天義派」和法國巴黎的「新世紀派」最有代表性。兩派的核心成員均主張排滿革命，不但大力介紹俄國「虛無黨」的暗殺、暴動風潮，而且身體力行，多次暗殺清政府要員，發動武裝暴動。在他們的敘述中，虛無黨乃是「自由之神」「革命之急先鋒」「專制政體之敵」，與之相對應俄國羅曼諾夫王朝自然是專制暴虐，應予推翻的政府〔註 20〕。

　　總之，在晚清，俄國對中國士大夫而言，是一個向東方擴張的侵略國，是一個專制傳統深厚的落後國〔註 21〕。除此之外，中國知識界對俄國的瞭解

〔註 19〕丁澹：《論俄國立憲政治》，《時報》，1908 年 11 月 24／26／27／29 日，第 2
　　　　版；《東方雜誌》1909 年第 6 卷第 2 期。

〔註 20〕金一（金天翮）編譯：《自由血·緒言》，東大陸圖書譯印局，1904 年版，第
　　　　2 頁。該書乃是日人煙山專太郎《近世無政府主義》一書的漢譯本。煙山氏
　　　　此書在中國知識界中影響很大，被節譯成十餘種著作，發表在《大陸》《浙江
　　　　潮》《警鐘日報》等雜誌上。見〔韓〕曹世炫：《清末民初無政府派的文化思
　　　　想》，北京：社會科學文獻出版社，2003 年版，第 30～31 頁。

〔註 21〕即使是到了民初，中國知識界對俄國專制的印象仍未有多大改變。例如 1915
　　　　年，胡愈之翻譯了美國 Johnston 的《俄國現勢論》。該文詳細列舉了俄國最近
　　　　十年中人口、新墾田畝、財政收入等實力的增加，人民權利的擴展等方面的

實屬有限〔註22〕。不過，這種簡單的認識，卻奠定了中國知識界蘇俄觀的底色。民國初期，因俄蒙協約問題，中國主張對俄作戰，抵抗俄國侵略的聲音不絕於耳。例如，《獨立週報》即指出「暴俄方自恃兵強，不肯息其侵略東方之野心，則固捨戰而無他法也」〔註23〕。《真相畫報》的一則時評則痛心疾首地勸國人沉痛猛省，放棄內訌，以應對「野心勃勃之強俄」〔註24〕。

　　1917 年俄國爆發了驚天動地的二月革命和十月革命，引起了中國知識界的密切注意。中國知識界不僅關注二月革命的經過、各地反應、臨時政府的舉措，還普遍認識到了革命發生的必然性。時人以為，二月革命意味著民主制戰勝了君主專制，將助益世界政治向民主發展。十月革命爆發後，蘇俄退出一戰。不過，由於對俄國革命情形十分隔膜，對革命也持懷疑態度，加上英日污蔑蘇俄的影響，中國知識界轉而激烈批評蘇俄政府。這反映出知識界自身的侷限。隨著蘇俄政府的鞏固和蘇俄真實狀況的逐漸披露，中國知識界認識到了此前的偏見，轉而研究俄國革命，視之為一條新路。邵飄萍在其《新俄國之研究》中指出，十月革命的影響將超邁美國獨立、法國革命之上，新生的社會主義蘇俄「乃世界空前之盛舉」「世界空前之奇劇」「非獨在俄國之政治與社會中為空前之創舉，實世界歷史上一新紀元」。對此具有世界意義的巨變，中國「不可不具正確之理解」。中國作為蘇俄壤土相接的鄰邦，不論布爾什維主義之「善惡良否」，研究俄事都是「第一要著」〔註25〕。

　　由此，中國知識界出現了一股蘇俄熱。這表現在如下幾個方面：其一，派遣記者赴蘇採訪。1920 年 10 月，北京《晨報》通訊記者瞿秋白、李仲武〔註26〕

進步，但是對其憲政水平卻表示了不滿，認為「俄國之國會，非用以節減君主之政權，實以助長君主之威焰者也。」胡學愚譯《俄國現勢論》，《東方雜誌》1915 年第 12 卷第 9 號。

〔註22〕時人對俄國情況是相當隔膜的。比如，對於列寧之名，報紙上同時有「烈銀」「黎寧」「藍寧」「林蓮」「李寧」「李年」「蘭寧」「里林」「里寧」「雷寧」「勤靈」等十餘種譯法。據《社會主義思想在中國的傳播資料選輯》（下），中共中央黨校科研辦公室發行，1985 年版，第 1073 頁。

〔註23〕擊楫：《社論：論對俄戰備之不可緩》，《獨立週報》1912 年第 1 卷第 8 期。

〔註24〕馬小進：《時評：野心勃勃之強俄》，《真相畫報》1912 年第 1 卷第 6 期。

〔註25〕邵飄萍：《新俄國之研究》，日本：東瀛編譯社，1920 年 8 月版，第 93 頁。

〔註26〕李仲武（亦作李宗武），梁啟超內侄，瞿秋白在俄文專修館的同學，最早報導十月革命的中國記者之一，遊俄後在莫斯科勞動大學任翻譯，中共旅俄支部黨員。見王觀泉：《李宗武、俞頌華史料鉤沉》，《革命史資料》第 9 期，上海：上海人民出版社，1988 年版，第 141～143 頁；朱正：《兩個李宗武——〈魯

以及《時事新報》記者俞頌華去往蘇聯採訪，1921 年 1 月抵達，並會見了列寧、托洛茨基、莫洛托夫等蘇聯領導人。李霽初，曾於 1922 年受湖南報界聯合會特派為全權代表，赴俄國參加「遠東人民代表大會」，即「遠東各國共產黨及民族革命團體第一次代表大會」〔註27〕，其《遊俄見聞紀實》由晨報社編入「晨報叢書」第十種《遊記第一集》出版〔註28〕。該書寫成於 1922 年 4 月 5 日，初版於 1923 年 6 月 10 日，同年 7 月再版。《遊記第二集》則收錄了俞頌華、瞿秋白關於在俄見聞的文章。該書初版於 1924 年 9 月 1 日，至同年 9 月 25 日則印了第四版。一本遊記能一月之中印行四版，可見對時人蘇俄興趣之高。其二，開闢專欄，發表訪蘇遊記，介紹蘇俄情況。例如，北京《晨報》即先後刊登了數篇長文，連續報導知識界對俄國內情的觀察。1919 年 11 月 12 日至 1920 年 1 月 7 日，該報在「俄國研究」專欄開始連載 Authur Ransome 所撰寫，黃凌霜翻譯的《一九一九年旅俄六周見聞記》〔註29〕。1920 年 9 月 2 日至次年 3 月 1 日，該報連載日本著名記者布施勝治〔註30〕的《勞農俄國之一瞥》。1920 年 10 月 28 日至 11 月 3 日，《晨報》又連載夏梯門《羅素與蘇維埃俄羅斯（答羅素遊俄之感想）》。其三，創辦俄國研究會。比如 1920 年 9 月 16 日，彭璜、毛澤東、何叔衡、方維夏等在長沙籌辦了俄羅斯研究會，發行俄羅斯叢刊，派人赴俄勤工儉學。劉少奇、任弼時、肖勁光等人皆是由此赴俄〔註31〕。1921 年北

迅全集〉的一條誤注》，《朱正書話》（上），北京：北京圖書館出版社，2004年版，第 183～186 頁。

〔註27〕李玉貞：《關於遠東人民代表大會》，《上海革命史資料與研究》第 7 輯，上海：上海古籍出版社，2007 年版第 786 頁。

〔註28〕《遊記第一集》，北京：中國國家圖書館藏縮微膠片，索取號 MGTS／089541。

〔註29〕此書內容主要有五個方面：「（一）俄國社會的一切情形；（二）勞工會政府治下的政治經濟教育狀況；（三）該國民對於政府的評論，和該國政府對於各國的態度；（四）華工在俄的真相；（五）列寧的主義和進行以及其他各派如克魯泡特金等的傳播事業」兼聲：《敘言二》，Authur Ransome：《一九一九年旅俄六周見聞記》，《晨報》1919 年 11 月 12 日，第七版。

〔註30〕據《國聞週報》，「布施勝治為日本大阪每日新聞記者，久遊俄國，為日人中最通曉俄事之一人。」布施氏為《大阪每日新聞》和《東京日日新聞》記者，其《俄國東方政策》更為中國知識界所熟知。該書在 1927 年國民黨清黨後，出現三個譯本：其一，由天津中華民國聖道會出版，書名前冠「世界赤禍之源泉」等字樣。其二，北京劉家愉、高贊鼎的譯本；其三，半粟譯，上海太平洋書店刊本。

〔註31〕譚仲池主編《長沙通史》，長沙：湖南教育出版社，2013 年版，第 159～160頁。

京政府外交部，也組織「俄事研究會」，研究蘇俄情況。其四，蘇俄文學熱潮興起〔註32〕。自胡適、陳獨秀倡導文學革命、白話文運動後，文學的力量受到知識界的普遍重視，所謂「文學只是社會的反映，文學家只是社會的喉舌」。以文學瞭解蘇俄成為時尚，蘇俄文學熱應運而生。可以說，蘇俄文學是中國知識界理解蘇俄的重要途徑，也是建立蘇俄認同的重要方面。傅斯年認為，思想不如感情更有創造的力量，思想覺悟、思想革命需要契機才能見諸行事，而感情不同，可以直接決定行事。「中國人是個感情薄弱的民族」，需要借鑒俄國革命的做法，以「正義的文學」激動感情，借助文學革命的力量，「用平民的精神去造民國」〔註33〕。傅斯年指出，俄國革命正是「以文人做肥料去培養的」。他的看法得到了李大釗的贊同。李氏指出，「俄國革命全為俄羅斯文學之反響」，因為俄羅斯文學有濃厚的社會色彩和發達的人道主義兩個特質，這正是俄國革命「胚胎醞釀之主因」〔註34〕。關於俄國革命與俄國文學的因果關係問題，我們不必理會，只需知道可以從俄國文學中找到俄國革命的秘方就可以了。瞿秋白即指出，之所以「俄羅斯文學的研究在中國卻已似極一時之盛」，就是希望從俄國文學中瞭解俄國為什麼「能從君主政體的國家一躍而為社會主義的國家」這一個事實〔註35〕。

十月革命後中國興起的這股蘇俄熱，從本質上說，就是要為中國尋找未來之路〔註36〕。瞿秋白直言，之所以「含淚暫別我的舊社會」去俄國走走，就是為了「求一個『中國問題』的相當解決，——略盡一分引導中國社會新生路的責任」〔註37〕。張國燾也回憶道：「我熱心研究馬克思主義，設法去瞭解俄國革命，相信這裡麵包含有救國救民的良方。當時許多急進的青年，大

〔註32〕 參方華文：《20世紀中國翻譯史》，西安：西北大學出版社，2005年版，第177～223頁。

〔註33〕 傅斯年：《白話文學與心理學的改革》，《新潮》1919年5月1日，第1卷第5號。

〔註34〕 李大釗：《俄羅斯文學與革命》，《李大釗全集》第二卷，第258～265頁。

〔註35〕 瞿秋白：《俄羅斯名家短篇小說集‧序一》，北京：新中國雜誌社，1920年7月版。

〔註36〕 李大釗當時有一個判斷，認為「中國文明之疾病，已達炎熱最高之度，中國民族之運命，已臻奄奄垂死之期，此實無容〔庸〕諱言。中國民族今後之問題，實為復活與否之問題。」李大釗：《東西文明根本之異點》，《李大釗全集》第二卷，第215頁。

〔註37〕 瞿秋白：《餓鄉紀程——新俄國遊記》，《瞿秋白文集》第一卷，北京：人民文學出版社，1953年版，第8頁。

致和我相似，也走著這樣的道路」〔註38〕。因此，十月革命的勝利震撼了全世界，中國人從此對俄國人刮目相看，這成為此後友俄潮流的起點。

第二節　友俄論的流行

1918 年 11 月，歐戰結束，「公理戰勝強權」、世界永保和平的希望瀰漫全國。梁啟超觀察到：「舉國人居然得自附於戰勝國之末，隨班逐隊，歡呼萬歲，采烈興高，熙如春釀」〔註39〕。內政上同樣有了「可喜的現象」，中國居然也與美國一樣，由主張南北和談的文人徐世昌出任總統了。「不僅國與國間沒有戰爭，眼看國內也將和平統一，全國上下對國家前途都抱著莫大的希望」〔註40〕。1919 年 4 月中國在巴黎和會上外交失敗，南北和談也隨後宣告破裂，中國社會各界的心態由希望急劇地轉為失望，「大家都深刻的感覺那六個月的樂觀的幻滅」〔註41〕。1919 年 7 月 25 日，蘇俄政府根據《和平法令》發表了「第一次對華宣言」，破天荒地聲明放棄帝俄時代攫取的在華特權。該消息同時刊登在 8 月 26 日的《消息報》和《真理報》上，不過直到 1920 年 4 月 3 日才被中國方面確認，被中國報紙公布〔註42〕。1920 年 9 月，蘇俄政府發表第二次對華宣言——《俄羅斯蘇維埃聯邦社會主義共和國外交人民委員部致中國外交部照會》（以下簡稱「加拉罕宣言」），重申放棄在華特權權益，但中東路則須由「無償歸還」改為另行簽訂專門條約。隨後蘇俄相繼派外交代表優林、派克斯、越飛（1922 年 8 月）和加拉罕（1923 年 8 月）等來華，以「國民外交」和「國家外交」雙軌，推進對華外交〔註43〕。

〔註38〕張國燾：《我的回憶·在北大圖書館中》，北京：現代史料編刊社，1980 年版，第 79 頁。

〔註39〕梁啟超：《對德宣戰回顧談》，夏曉虹輯《飲冰室合集·集外文》，北京：北京大學出版社，2005 年，第 730 頁。

〔註40〕《郭廷以先生訪問紀錄》，臺北：中央研究院近代史研究所，1987 年版，第 83 頁。

〔註41〕語出胡適：《紀念「五四」》，歐陽哲生編《胡適文集》（11），北京：北京大學出版社，1998 年版，第 576 頁。五四前夕知識界心態的變化，可參羅志田：《「六個月」樂觀的幻滅：五四前夕士人心態與政治》，《歷史研究》2006 年第 4 期。

〔註42〕朱正：《解讀一篇宣言》，《近代史研究》1997 年第 5 期。

〔註43〕王聿均：《中蘇外交的序幕：從優林到越飛》，臺北：「中央」研究院近代史研

蘇俄對華宣言在中國知識界中影響巨大。其一，中國知識界感受到了難得的善意，甚至產生了「以為係一種永久不變之善意的觀念」。早在二月革命爆發後，時人即期待俄國能夠本其「自由精神」，變侵華政策而為和平政策，「與吾人以妥協之餘地」〔註44〕。此時蘇俄果然放棄了在華特權，知識界不禁興奮莫名。張國燾後來回憶指出，威爾遜主義在巴黎和會上破產了，但蘇俄翹然獨異，「高唱『無割地無賠償的和平』，呼籲民族自決」，這如同「黑夜鐘聲，震人耳鼓」，蘇俄一下子就成為「昏暗中閃耀的光芒」。除蘇俄外，日本等列強都在欺侮中國，瓜分中國利權。在青年看來，僅此一點，就可以不論蘇俄處境如何，不論宣言的動機如何，「只要蘇俄能有意願廢除不平等條約的表示，就是值得歡迎的」〔註45〕。青年學生彭一湖則指出：「吾人對於過激主義之是非，雅不欲妄為議論，惟就勞農俄國對吾國之態度而言，則似不必問彼國內所行之主義如何，而有以親善之誼報之之必要」〔註46〕。其二，嚮往社會主義蘇俄。《晨報》編輯陳溥賢即認為，在十月革命的時候，中國人把新成立的勞農政府視為洪水猛獸，「排之唯恐不力，去之唯恐不速」，如今方才認識到俄國革命的真相。〔註47〕《益世報》主筆顏旨微後來指出，中國知識界有感於國內政治上種種的不平等，以及「新俄現行之策略，足以破除一般階級的現象」，因此，一時之間忘卻了「俄國民族上之專斷性」，生出了「傾向紅化之心理」〔註48〕。

究所，1978 年版；敖光旭：《革命、外交之變奏——中俄交涉中知識界對俄態度之演變（1919～1924）》，《「中央」研究院近代史研究所集刊》2007 年第 55 期；薛銜天：《十月革命與蘇俄對華「人民外交」》，《俄羅斯學刊》2018 年第 3 期。其中敖氏文章對知識界的對俄態度的研究尤為細緻。

〔註44〕例如，周鯁生便是一顯例。他當時在英國學習國際法，更瞭解國際大勢，認為 1916 年由沙皇政府與日本締結，旨在劃分日俄亞洲勢力範圍的「日俄新協約」將發生變動，「革命成功而舊政府倒，民主自由精神之新政府代興。影響所及，不惟俄國內治主義根本翻新，即對外政策亦將頓改面目。所有舊政府從來主持之外交方針及其與協商各國所結之條約協定，今皆在翻案之中，而日俄新協約之亦將大受影響，勢所必然，有可斷言者。」鯁生：《俄國革命與日俄新協約》，《太平洋》1917 年 8 月 15 日，第 1 卷第 6 期；《俄國遠東政策之過去未來》，《太平洋》1918 年，第 1 卷第 8 期。

〔註45〕張國燾：《我的回憶·在北大圖書館中》，北京：現代史料編刊社，1980 年版，第 84 頁。

〔註46〕彭一湖：《對俄通商問題與我國》，《時事月刊》1921 年 2 月 15 日第 1 期。

〔註47〕淵泉：《我國確立對俄方針底必要》，《晨報》1920 年 3 月 26 日第 2 版。

〔註48〕旨微：《論政府對俄之外交方針》，《益世報》1922 年 10 月 25 日第 2 版。

因此，蘇俄取代美國，一躍成為「為正誼〔義〕人道努力」的英雄化身。
在當時眾多的報刊之中，質疑或抵制蘇俄的聲音幾乎消失了，友俄興論從此
大興〔註49〕。當時，全國報界聯合會、全國各界聯合會、全國學生聯合會、
上海各界聯合會等組織致電蘇俄政府，紛紛表示謝意，並表示願與俄國人民
攜手，「作正誼〔義〕人道之前驅」，「希望今後中俄兩國人民在自由、平等、
互助的正義方面，以美滿的友誼勠力於芟除國際的壓迫，以及國家的種族的
階級的差別，俾造成一個真正平等自由博愛的新局面」〔註50〕。蘇俄的善意
贏得了知識界的廣泛認可，這甚至引起了部分知識分子的憂慮。何公敢曾「痛
心疾首」地表示：「特就國人之親俄程度而言，其人數之多，範圍之廣，種類
之複雜，誠有令人驚歎者」。他認為，如王正廷等外交官，李大釗等大學教授，
胡鄂公等國會議員，蔣介石、馮玉祥等南北方軍人，國民黨、中國共產黨等
政黨，北京大學、上海大學、廣東大學等學校的學生，在柏林、巴黎以及莫斯
科的留學生以及陳獨秀等「在野名流」無不親俄，以至於「國中政局之轉移，
戰爭之勝負，乃至興論之向背，或明或暗，或反或正，或真或假，鮮有不受其
影響者」〔註51〕。何公敢較為細緻地描述了時之親俄者的整體狀況，不過沒
有詳細說明親俄友俄的具體表現。至少有如下幾個方面需要注意：

第一，真誠歡迎蘇俄代表來華。例如，加拉罕來華之時，僅北京知識界
即至少八次以召開歡迎會、宴請等方式表示歡迎。1922 年 8 月 12 日，越飛率
團抵達北京，受到了中國知識界的歡迎。新潮社、自治同志會、晨報社、馬克
思主義研究會、社會主義青年團、非宗教大同盟、少年中國學會、共進社、新
民學會、平民階級大同盟等召開歡迎越飛大會。參與者以青年學生為主，「共
計男女七八百人」。從其發言看，青年學生顯然十分認同蘇俄以國民外交取代
「官僚外交」，反對秘密協約，平民階級推翻資本主義帝國主義的主張〔註52〕。
18 日，李大釗、蔡元培、胡適等人代表中國知識界設宴歡迎越飛。李大釗表
示，中俄兩國在對日政策上實有互相提攜的必要〔註53〕。1923 年 8 月，中國

〔註49〕周月峰：《「列寧時刻」：蘇俄第一次對華宣言的傳入與五四後思想界的轉變》，
　　　　《清華大學學報》2017 年第 5 期。
〔註50〕《對於俄羅斯勞農政府通告的興論》，《新青年·勞動節紀念號》1920 年 5 月
　　　　1 日第 7 卷第 6 期。
〔註51〕一卒：《中俄問題專號：新俄禍》，《醒獅》1925 年第 40 期。
〔註52〕《歡迎越飛大會通告》，《晨報》1922 年 8 月 19 日，第 3 版。
〔註53〕《學界招待俄代表記》，《時事新報》1922 年 10 月 23 日，第 2 張第 2 版。

因臨城劫車案外交處境異常孤立，知識界對加拉罕來華傾注了更多期待，不僅僅著眼於中俄修好，更希望能「一洗從前買賣式外交之惡習，為世界外交史創一新紀元」〔註54〕。9月2日，加拉罕抵京，前往歡迎的各界人士竟達千餘人之多，可謂極一時之盛〔註55〕。9月4日，北京學界、新聞界舉辦歡迎會，加拉罕發表《加拉罕第三次對華宣言》，表示以前兩次宣言為基礎恢復兩國邦交，俄國不侵略中國。9月9日，北京學生聯合會開歡迎會。10日，國民外交同志會宴請加拉罕。9月16日，《京報》社長邵飄萍率領該社同仁，並邀請京滬各報記者三十餘人，宴請加拉罕代表團全體成員。邵氏表示，中國多數國民之所以亟望加拉罕前兩次宣言能夠實現，「其注意之點，不僅在於國家之利益，而在尊重國家之人格與自由」〔註56〕。

第二，中國知識界轉向「以俄為師」。五四運動之後，新文化運動不再侷限於文化領域和知識精英，而是有了廣泛的社會參與，成為一場社會改造運動〔註57〕。易家鉞即觀察到，「社會改造之聲浪，在今新思潮中已占全體十之七八」〔註58〕。當杜威、羅素等西方名哲來華講學之時，國人尤其是知識青年，自然熱切期待著他們關於改造中國社會的建議。蔣夢麟便認為，杜威與羅素對中國新文化運動各有貢獻，杜威引導青年研究教育和社會問題，羅素則使青年人對社會進化的原理發生興趣。其實不惟如此，羅素等西方名哲在引導知識界「以俄為師」上同樣有重要貢獻〔註59〕。羅素在告別中國的演講中，鄭重指出中國政治改革是首要任務，但因中國人民缺乏相當程度的「政治知識」，產業不夠發達，故而「俄政策適合中國」（Russian Methods Suited to China）。具體而言，就是借鑒俄國共產黨專政的階段。「因為求國民的知識快點普及、發達，實業不染資本主義的色彩，俄國式的方法是唯一的

〔註54〕《京報》社長邵飄萍則希望此次中俄交涉能夠「超越已往陳舊之藩籬，為世界外交史上闢一新境」。《再志本社歡宴喀拉罕君》，《京報》1923年9月17日，第2版。

〔註55〕《俄代表喀拉罕抵京》，《商報》1923年9月6日。

〔註56〕《再志本社歡宴喀拉罕君》，《京報》1923年9月17日，第2版。

〔註57〕鄭師渠：《五四後關於「新文化運動」的討論》，《北京師範大學學報》2010年第4期。

〔註58〕君左：《社會改造與新思潮》，《改造》1920年9月15日第3卷第1號。

〔註59〕杜威對俄國革命評價不高，認為俄國革命徒有形式，已經「釀成敗德之紊亂」，人們對馬克思的學說也漸起厭倦。鄭師渠：《「五四」前後外國名哲來華講學與中國思想界的變動》，《近代史研究》2012年2期。

道路了」。〔註60〕羅素的觀點引起了知識界的震動。陳獨秀在《政治改造與政黨改造》一文中，便直言羅素給了一個「大大的暗示」，中國不僅要走俄國革命的道路，還要聚集人才，創建中國的布爾什維克黨〔註61〕。

蘇俄代表來華，加深了中國知識界對蘇俄的認識，「以俄為師」成為中國知識界的普遍心理。時之北京大學校長蔣夢麟以「革命者」的姿態向蘇俄「革命領袖」致敬，並指出中國國民「視（蘇俄）為抵禦帝國主義者唯一之良友」〔註62〕。相比之下，國民黨元老、知識界領袖蔡元培的意見更進一步。他明確表示：辛亥革命僅是政治的革命，「此後已有社會的革命之趨向，俄國革命事業為吾人之前驅」。蔡氏甚至指出，「今日願以受業者之資格，歡迎遠道來臨之先導」〔註63〕。1923年11月，俄國駐京代表團舉辦俄國革命六週年紀念日慶祝會，如熊希齡、馮玉祥、蔣夢麟、顧孟餘等政界學界要人及各團體代表參加。熊希齡〔註64〕在發言直言，此前他尚不知悉蘇俄真相，直到越飛、加拉罕來華後，「吾人對於俄事始悉瞭解」。他認為，俄人所行是「平均主義」，並產生了統一俄國國內各民族的良好效果。因此，他希望「此種良好主義不僅在俄國一國發生效果，在世界亦共同發生此效果」〔註65〕。熊氏對蘇俄以及布爾什維主義的瞭解究屬有限，但他「以俄為師」的思想傾向卻是明顯的。

第三，推動中俄建交。在接到關於加拉罕宣言的公函之後，北京政府認為，公函多數條款「語涉含混」，甚至「有煽動中國人民仇視協約國及反對政

〔註60〕〔英〕羅素：《中國到自由之路——羅素告別演講》，《民國日報》（上海），1921年7月11日。關於該演講的內容、影響以及羅素思想的轉變過程，詳後。

〔註61〕陳獨秀：《政治改造與政黨改造》《陳獨秀著作選編》第二卷上海：上海人民出版社2010年版第389頁

〔註62〕《加拉罕在北大演說》，《民國日報》（上海），1923年9月24日。

〔註63〕《學界招待俄代表記》，《時事新報》1922年10月23日，第2張第2版。

〔註64〕1921年，俄國伏爾加河流域發生大旱災。為救濟俄國災民，增進兩國國民感情，10月26日，由政學商報各界及在野要人組成的俄國災荒賑濟會成立。該會熊希齡擔任董事長，蔡元培等人為副董事長，中央各部院局總長次長院長局長及各界重要人物擔任董事，徐世昌為名譽會長，黎元洪、曹錕、張作霖、吳佩孚、靳雲鵬擔任名譽副會長。此後，越飛來華時，熊希齡代表俄國災荒賑濟會宴請越飛，重申兩國友好，互相提攜之必要。《我國籌賑俄災之第一聲》，《申報》1921年10月29日第3張第10版；《俄災賑濟會成立》，《申報》1921年10月31日第3張第10版。

〔註65〕尊庸：《北京俄代表舉行革命紀念會》，《申報》1923年11月10日第2張第6版。

府之意義」。因此，北京政府不認為這是蘇俄對華的「友誼舉動」，決定暫不答覆公函，暫不接待蘇俄代表，也拒絕引渡在華白俄〔註66〕。北京政府的舉動引起了知識界的不滿。知識界自覺要「統一起來，指導政府和國民」，要求北京政府放棄「視協約國為從違」的做法，迅速承認蘇俄，實現中蘇建交。而且，應當本國際主義的精神，「兩國外交必可得一總解決，不致如買賣式之評斤論兩」〔註67〕。陳溥賢則在《晨報》發表社論，指出此次中俄談判「抽象的大方針」，「則吾儕以為應本超國家超民族之精神，亟圖兩國文化上之溝通，通力合作，為人類前途，樹遠大無窮之業」〔註68〕。《晨報》編輯陳溥賢指出了贊同中俄復交的三條理由：其一，照目前形勢看，蘇俄勞農政府基礎已經十分穩固，統一全俄不成問題，中國與之建立邦交是遲早的事。其二，就宣言所提的條件而言，徐氏認為蘇俄「所表示底態度非常之和平公正」，所放棄的利權是從前希望恢復而不可得的，萬不可輕輕放過。其三，從國際外交動向上看，協約國也已經紛紛派人前往俄國，傾向於講和。日本甚至「想從中攫取許多利權」。〔註69〕陳氏的看法獲得了知識界的贊同。國民黨知識分子徐謙指出，蘇俄勞農政府對華示好，自願放棄從前所得利權，這對中國有利無害，實在是「世界人類從來未有之義舉」。然而北京政府受日本所蒙蔽，執迷不悟，《益世報》徑直聲明：「請首先代表國民對於勞農政府之宣言，表示接受，嗣後兩國國民應即通好」〔註70〕。張君勱也認為，「今世界外交之權，不操自政府，而操自國民」。他呼籲中國國民「自鄉而城而縣而府而省，

〔註66〕《外交部發巴黎和會中國專使顧維鈞電（1920 年 4 月 7 日）》，薛銜天等編《中蘇國家關係史資料彙編》，第 64 頁。《我國對俄新黨之態度》，《申報》1920 年 4 月 6 日，第 6 版。

〔註67〕《加拉罕之中俄外交談》，《民國日報》（上海）1923 年 9 月 15 日。值得指出的是，中共亦在 1923 年 10 月發起了「承認蘇俄運動」。《中央通告第十九號（按：實際是第九號，原文錯寫）》指出：「中俄外交為現在國內重要政治問題之一，於反抗英美帝國主義侵略極有關係，茲決定各區或地方委員會，亟宜聯合各該地方一般團體向社會公開為承認蘇俄的運動。其理論的根據，可參看《嚮導》四十二期君宇所作的論文，以『反帝國主義之國際的聯合』為口號。」中央檔案館編《中共中央文件選集》（1），北京：中共中央黨校出版社，1989 年版，第 179 頁。

〔註68〕《加拉罕君與中俄之前途》，《晨報》1923 年 9 月 2 日，第 2 版。

〔註69〕淵泉：《國人宜注意對俄問題》，《晨報》1920 年 4 月 3 日第 2 版。

〔註70〕佐治：《吾國宜與俄勞農政府通好》，《益世報》（天津）1920 年 4 月 10 日，第 2 版。

合全國工農商學以要求政府與俄議和，與俄訂約」〔註71〕。知識界的呼聲是有力的，以至於反對者不免抱怨：「北京國立八校的教職員乃至學生，幾乎全體一致，左袒蘇俄，勢洶洶然，強迫北京政府以立即無條件承認蘇俄，並與訂約」〔註72〕。

應該說，蘇俄對華宣言的發表，使得蘇俄在華建立了鋤強扶弱的豪俠形象。有人即曾如此追述時人對蘇俄的印象：「在一部分人，方且誠信蘇俄為今日國際間之俠客義士，善能鋤強扶弱，中俄邦交恢復，無異伶仃孤弱，結識豪俠，將期種種冤抑，賴彼平亭。一切束縛，仗彼解放，不覺膽壯氣烈，蓬蓬勃勃之反帝國主義運動亦緣之而生」〔註73〕。但還需注意的是，知識界要求北京政府承認蘇俄，卻並不意味著對布爾什維克主義的認同。陳溥賢即特別指出，「承認勞農政府和贊成布爾塞維克主義，不能並為一談」〔註74〕。而且，當蘇俄歸還侵略所得利權遇阻，或者中俄建交談判出現問題之時，知識界對蘇俄的疑懼也隨之而來。

中俄之間的歷史糾葛是中俄建交的障礙之一。其中，以外蒙古問題〔註75〕和中東路問題為代表的歷史懸案，一度使中蘇建交談判瀕臨破裂。1924 年 3 月 14 日，王正廷未經授權，與加拉罕簽訂協定大綱（即「王加協定」）。該約原則上承認兩次對華宣言，蘇俄放棄帝俄在中國獲得的權益，但在外蒙古問題和中東路問題上顯然不利於中國。北京政府反對該約，加拉罕則強硬表態，通牒中國政府須三日內批准，否則將結束中俄交涉。此後，雙方函電往返，中俄談判瀕臨破裂〔註76〕。這引起了中國知識界對蘇態度的分化。3 月 19 日，北京學生聯合會、馬克思學說研究會等 20 餘團體，聯名致函加拉罕，聲明國民無條件承認蘇俄，希望延長三日期限以便督促北京政府正式簽字，決定「日

〔註71〕君勱：《讀〈六星期之俄國〉》（續篇），《改造》1920 年第 3 卷第 2 號。
〔註72〕一卒：《中俄問題專號：新俄禍》，《醒獅》1925 年第 40 期，第 1 頁。
〔註73〕天生：《對加拉罕之懷疑》，《國聞週報》1924 年 8 月 24 日，第 1 卷第 4 期。
〔註74〕淵泉：《我國確立對俄方針底必要》，《晨報》1920 年 3 月 26 日第 2 版。
〔註75〕關於民初中、日、俄在蒙古的鬥爭問題，參看李毓澍：《外蒙古撤治問題》，臺北：「中央」研究院近代史研究所，1976 年版。
〔註76〕詳見趙佳楹編著《中國現代外交史》，北京：世界知識出版社，2005 年版，第 102～224 頁。關於中蘇建交談判的問題，可參考何豔豔：《「國民外交」背景下的中蘇建交談判（1923～1924）》，《近代史研究》2005 年第 4 期。關於顧維鈞與王正廷的爭論，詳見楊天宏：《中蘇建交談判中的「顧王之爭」（1923～1924)》《歷史研究》2019 年第 4 期。

內發表正式宣言，並作大規模示威運動」。〔註77〕次日，學生聯合會開會討論承認蘇俄問題，則分為兩派：「一派則主張極宜聯合各團體及市民，舉行一種積極之表示，以促政府從速批准協定；一派則主張應細細審慎，俄政府並未拋棄侵略主義，與一九一九、一九二〇年之宣言多矛盾，如中東〔路〕仍須有條件交還，是一顯例」。兩派爭持，結果通過決議，不僅用公函警告顧維鈞「勿作外交團之傀儡，為批准協定之障礙」，還警告加拉罕「勿以戰勝國之態度自居，而視我國為戰敗國」〔註78〕。

在時人證實「外蒙加入蘇聯」〔註79〕之後，知識界在對俄問題上的民族主義立場越來越鮮明。多數人認為，蘇聯此舉是「自承為帝國主義之一員」。國家主義派更是借機激烈反俄。北京學界在 4 月成立了外交革新運動會，主張撤換加拉罕〔註80〕。政界、學界及新聞界更發起成立「北京各界對俄外交討論會」（後改名「國民對俄外交同志會」），認為「（蘇俄）高施其壓迫劫奪之伎倆，辱我國家人格，侵我東路蒙疆，其卑鄙無恥之假面具，殆已暴露於全世界也。而其野心勃勃，實世界帝國主義之尤者」。〔註81〕該會後發表對俄宣言，指斥稱：「歸國近來之種種行動，種種強迫，不徒未脫帝國主義之窠臼，侵略之野心，實較帝國主義侵略為尤甚，完全與貴國前次兩次宣言相反」。〔註82〕《大公報》也頗表不滿，認為不僅對於在俄華僑所受損失一字未提，「尤可痛者，對於中東路協定大綱隱伏禍亂，其罪尤有不止於喪失國權者」〔註83〕。《醒獅》更出版了一期「中俄問題專號」，其中指出，國家主義者以國家利益為立論根據，英日帝國主義侵略中國之罪惡，已為國人共知。然而蘇俄侵略中國的陰謀還未被識破，甚至有人「誤認為中國之良友」。其實，「今蘇俄之對我國，又較美國為更進一步：一方面倡言親善，一方面實行侵略。既以金錢收買我國之無賴，又以軍隊參與我國之內爭」！其中，蒙古之侵略依然如

〔註77〕《北京各團體要求加拉罕撤銷限期》，《晨報》1924 年 3 月 20 日，第 2 版。

〔註78〕《學生聯合會決議警告顧維鈞》，《晨報》1924 年 3 月 21 日，第 2 版。

〔註79〕報載，蘇聯政府一面遷延中俄交涉，一面運動外蒙首領，使其加入蘇聯。「現一部蒙人已為所愚，業用外蒙名義，派遣駐莫斯科外蒙大使土謝恭達瓦氏對蘇聯表示加入蘇俄聯邦。」《外蒙加入蘇聯證實》，《京報》1924 年 4 月 11 日第 2 版；《蘇聯視外蒙為屬國之鐵證》，《京報》1924 年 4 月 16 日第 2 版.

〔註80〕《學界亦有主張撤換加拉罕者》，《京報》1924 年 4 月 4 日第 2 版。

〔註81〕《對俄外交討論》，《京報》1924 年 4 月 11 日第 2 版。

〔註82〕《國民對俄外交同志會對俄宣言》，《京報》1924 年 4 月 22 日，第 3 版。

〔註83〕《東鐵協定之蟒漏》，《大公報》1924 年 6 月 4 日，第 2 張第 2 頁。

故〔註84〕。謝彬的《外蒙問題研究》《蘇俄侵略外蒙詳記》二文中，歷數俄國及蘇俄進犯外蒙古，煽動外蒙獨立，驅逐華人等行動。〔註85〕圍繞著外蒙古應否獨立，蘇俄的外蒙古政策是否是一種帝國主義侵略政策，國民黨對外蒙政策究竟如何等問題，上海《民國日報》的兩個副刊《覺悟》及《評論之評論》與《時事新報》之間展開了長時間的論戰。《民國日報》所代表的國共知識分子一派以民族自決、世界革命、「革命與反革命」等意識形態話語，主張外蒙古「自決」，《時事新報》則以國家主義相反對〔註86〕。

值得注意的是，北京知識界雖然站在民族主義的立場上批評蘇聯政府，要求驅逐加拉罕，但仍不改督促北京政府無條件承認蘇聯，實現中蘇互相提攜的主張。陳溥賢發表《晨報》上的社論即指出，王正廷固然手續是違法的，但卻「不能因王之違法行為而根本推翻協定」。原因在於，「中俄關係異常複雜，即就舊約而言，不下五六十種，而五六十種之中每一條約即牽涉許多問題」。中俄間需要協商問題既然如此之多，短時間內自然不能徹底了結。若因爭外蒙古問題與中東路問題之得失，而坐視中俄交涉破裂，顯然得不償失。因此，陳溥賢認為政府可先無條件承認蘇俄，「轉換外交空氣」，再磋商具體問題。「望中俄當局屏除意氣之爭，以顧全兩國共存運命為重」。〔註87〕在談判確已破裂之後，陳溥賢則不僅僅表達了對加拉罕的不滿，更指出了北京政府內閣、王正廷的責任〔註88〕。《京報》的觀點更為鮮明。面對中蘇談判破裂的情況，該報仍然認為蘇俄是中國「最須親善之國，不可不早定邦交，攜手

〔註84〕 曾琦：《中俄問題專號：前言》，《醒獅》1925 年 7 月 11 日第 40 期，第 1 頁。

〔註85〕 八公：《外蒙問題研究》，《民心週刊》1921 年年第 2 卷第 3 期；謝彬：《蘇俄侵略外蒙詳記》，《醒獅》1925 年 7 月 11 日第 40 期。謝彬，湖南衡陽人，同盟會員，曾留學日本早稻田大學，1919 年主編《民心週刊》，1926 年參加北伐，任國民革命軍第六軍、第八軍秘書長，1927 年回湖南潛心學術，曾任湖南大學歷史系教授。見懷仁：《謝彬生平及其著作》，《衡陽文史資料》第 2 輯，1984 年版，第 134～138 頁。

〔註86〕 敖光旭：《革命、外交之變奏──中俄交涉中知識界對俄態度之演變》（1919～1924）《「中央」研究院近代史研究所集刊》2007 年 3 月第 55 期；《1920 年代國內蒙古問題之爭──以中俄交涉最後階段之論爭為中心》，《近代史研究》2007 年第 4 期。

〔註87〕 淵泉：《王正廷越權簽字事件》，《晨報》1924 年 3 月 20 日，第 2 版；《補救中俄僵局之惟一辦法》，《晨報》1924 年 3 月 18 日，第 2 版。

〔註88〕 對於加拉罕強硬的最後通牒，陳溥賢指出：「同情蘇俄者對之且深覺不滿，而反對者極振振有辭矣」。淵泉：《中俄交涉破裂之責任》，《晨報》1924 年 3 月 22 日，第 2 版。

同行」。不僅如此，該報甚至將談判破裂的主要原因，歸結到中國外交界的「官僚劣性」上。所謂「官僚劣性」是指，「每一問題發生，其來也皆帶有霸國主義之晃〔幌〕子，其去也總依官僚方式一己之利害為前提。於是積極則秘密鬼祟，以至於賣國；消極則不問事之當否，於己有利則進行，於己有害則避之唯恐不速，或一味延宕，坐失時機」〔註89〕。

加拉罕與顧維鈞簽訂《中俄解決懸案大綱協定》後，上述兩報更是歡欣鼓舞。《京報》以一整版的篇幅「為中俄國交前途慶祝」。邵飄萍撰文指出，此次協定是「中俄兩共和國前途無疆之福利」，「凡某國對華壓迫干涉之浮說，皆自茲一掃而空」〔註90〕。《晨報》持論更為慎重。陳溥賢一方面指出，中蘇關係邦交關係恢復，「吾人從來希望之目的已達」，故應讚美加氏與顧氏的努力和成績。他一定程度上認同了蘇俄所宣揚的「國民外交」的價值，甚至認為這比政府外交更為重要。另一方面，他又表示，雖然中蘇建交後「兩國間本無感情隔膜之可言」，但知識界卻「不能不首視俄國今後對我之是否實踐所言」，並由衷希望「俄國能一如其所宣言者忠實履行」。尤其值得重視的是，陳氏對所謂蘇俄的「赤化宣傳」一事的態度。陳氏認為，民國軍閥統治之下「遍地皆害人之兵匪，其勢非使全國中產之家迫而盡至於破產失業不可，此實宣傳社會主義之元勳」〔註91〕。防止「赤化」的根本之策是消除兵匪，而非禁止蘇聯的宣傳。不僅如此，陳氏還難能可貴地指出了蘇俄被污名化的根源——國際反蘇勢力。在他看來，資本主義國家之所以對蘇聯「惡之如蛇蠍，畏之如猛獸」，主要原因在於資本主義存在弊端，共產主義是「人道之所應有」，蘇聯宣傳共產主義則僅是次要原因。由於蘇俄在十月革命後有自立能力，故而資本主義國家雖然嫉惡但又不得不承認蘇聯，並與蘇聯通好。陳氏對蘇俄以及中國現狀的看法通透深刻，遠非日後簡單仇俄論者可比。

總之，加拉罕宣言使蘇俄在華形象大為改觀，友俄潮流風行一時。但是

〔註89〕《一片拒絕加拉罕之聲》，《京報》1924 年 4 月 16 日，第 2 版。南方之《商報》亦認為應該對俄妥協，否則被列強包圍的中國「斷無可以自存之道」。該報還指出：「中國方面之愛國論者，頗似主張交涉不順寧作懸案，而不知中俄交涉若作懸案，正許多第三者所求之不得者」。辛：《對俄妥協》，《商報》1924 年 4 月 26 日。

〔註90〕飄萍：《疑雲一掃》，《京報》1924 年 6 月 1 日，第 2 版。

〔註91〕淵泉：《敬告蘇俄與我當局》，《晨報》1924 年 6 月 1 日，第 2 版。

此後的中蘇建交之波折，外蒙古問題、中東路問題等歷史懸案之處理，引起了知識界對蘇俄的疑懼。陳布雷即曾聲言，「我國之對蘇俄，亦只當問其侵略不侵略，不必問其共產不共產者何」〔註92〕這代表了多數知識分子的「正當態度」。五卅運動之後，知識界在如何看待蘇俄問題上的分化日益顯著，以中共及激進的革命青年為代表的親俄者雖然大有人在，但以國家主義派、研究系為代表的仇俄者，因部分自由主義者的加入，力量也大大增強。一場關於友俄與仇俄的論爭隨即爆發了。

第三節　友俄仇俄之爭〔註93〕

　　1925 年 5 月 30 日，上海慘案震驚中外，國民廣泛參與的五卅運動緣是而起。五卅運動激起了國人的民族自覺，社會各界空前的將矛頭一致對外。正如胡愈之所言，「五卅事件發生，大家才覺得化除成見一致救國的必要。於是各方面都繼起為政府應援」〔註94〕。即使是張作霖、孫傳芳等軍閥也通電譴責英日暴行，支持北京政府專心應付外交。作為「反對帝國主義的大本營」的蘇聯，其行動尤其引人注目。五卅運動初期，蘇聯給予了國人熱情支持。蘇聯政府在莫斯科舉行了 50 萬人參與的示威遊行，悼念死難者，並積極募捐以援助中國工人。共產國際執行委員會主席、蘇共政治局委員季諾維也夫在 1925 年 6 月 7 日的《真理報》上發表文章，肯定五卅運動促使中國人民認清了國際帝國主義對中國的掠奪和壓榨，指出「中國工人已成為國際無產階級革命的一個極為重要的因素」，並表示「上海工人的事業也是我們的事業……我們將全身心地同中國工人團結在一起」〔註95〕。

〔註92〕晨曙：《對俄問題之正當態度》，《商報》1923 年 1 月 17 日。
〔註93〕學術界一般以「聯俄仇俄之爭」指代 1925 年末北方知識界依託《晨報副刊》《京報副刊》等雜誌，發起的關於對俄態度的討論。愚意以為，「聯俄仇俄之爭」表面上是對俄態度之分歧，實際上是一場以知識界蘇俄觀為焦點的，關於國民革命的討論（詳第三章），其緣起、參戰力量、基本觀點都應重新梳理。本節意在說明知識界對俄態度之分歧，故使用「友俄仇俄之爭」這個更準確的說法。
〔註94〕胡愈之：《五卅事件紀實》，《東方雜誌》1925 年 7 月第 22 卷，五卅事件臨時增刊。
〔註95〕季諾維也夫：《上海事件的世界性歷史意義》，《1919～1927 蘇聯〈真理報〉有關中國革命的文獻資料選編》（第一輯），成都：四川省社會科學院出版社，1985 年版，第 95～99 頁。

　　然而，蘇聯政府隨後卻犯下了與英、日帝國主義類似的錯誤，致使國內仇俄情緒暴漲。6月10日，旅俄華人得莫斯科警察廳允許，舉行示威遊行。日本駐蘇外交官田中義一到任後，隨即向蘇聯政府提出抗議。蘇聯政府出人意料地以陰謀刺殺日本大使的理由，逮捕商人金石聲、學生桂丹華等人，並包圍中國使館。被公推為回國求援代表的莫斯科大學留學生喻森也在赤塔被捕。駐蘇代辦李家鏊赴蘇聯外交部抗議，亦毫無效果。8月7日，《申報》披露了上述消息，引起了國人注意〔註96〕。8月9日，北京救國團致函加拉罕表示抗議，指斥蘇聯當局「破壞國際法律，侮蔑我國家至於極點矣」。對於蘇聯這種「與英日帝國主義者相勾結，挾強權以凌我」的行為，救國團表示將反抗到底〔註97〕。此後，中國外交部屢次抗議，蘇聯政府承諾押送被捕人員回國。途中，金氏在伊爾庫茨克被蘇聯國防局秘密殺害。同時被押解的喻森也因受刺激過深，「致害不治之神經病」。

　　在強大的民族主義激勵之下，金石聲案成為蘇聯侵略中國的一項現實證據，引起了中國知識界的憤怒〔註98〕。國家主義派指斥蘇聯政府為「暴俄」，認為蘇聯「此種狡詐殘酷滅絕人道之行為，不僅為吾中國人之公敵，實世界人類所同仇」，更斥親俄者為漢奸〔註99〕。1926年3月，北京反俄援僑大會在北大三院召開，到者有三四百人，意在「使蘇俄赤色帝國主義之真面目，得以大白於國人之前」〔註100〕。醒獅社李璜擔任主席，極言打倒赤色帝國主義者——蘇聯。其次，旅俄華僑代表王會卿報告蘇聯虐待僑胞情形，彭昭賢

〔註96〕《蘇俄逮捕華人經過》，《申報》1925年8月7日。

〔註97〕《北京救國團致加拉罕函》，《申報》1925年8月9日；又見《救國團致蘇聯駐京大使加拉罕函》，《京報副刊救國特刊》（十），第247號。

〔註98〕陳均即認為，蘇聯「避帝國主義之名，而行侵略主義之實」，「名為扶助弱小民族，實則以政治手腕侵略弱小民族」，其例證則有「蘇俄之拋棄宣言，繼續佔據中東路；唆使蒙古獨立；中俄會議延不舉行；最近之擅捕華人……」。見《關於蘇俄仇友問題的討論》，章進編《聯俄與仇俄問題討論集》，上海：北新書局，1926年版。

〔註99〕《中國全國國家主義團體聯合會為華僑金石聲君在俄被害事通電》，《醒獅》1926年3月13日第74期，第3頁。

〔註100〕來會團體名如下：旅俄華僑商會聯合會、北京國家主義團體聯合會、蘇俄殘害金石聲案旅京華僑後援會、國家主義青年團北京部、華僑公會、大江會、三門灣開埠促成會、大神州會、國魂社、中國少年自強會、救國團、民主社、鐵血救國團、反日俄出兵東三省大會、朔風社、北京工人救國團、醒獅社、工大救國同志會。《俄人指揮中國共產黨搗亂北京反俄援僑大會毆傷愛國派之詳情》，《醒獅》1926年3月27日第76期，第4～5頁。

講述蘇聯種種帝國主義行徑〔註101〕。國家主義派的言辭引起共產主義派的不滿，與會人員遂發生衝突，「臺下呼打混戰半時，受傷八九人，血濺議壇」〔註102〕。雙方各自在會場散發傳單，或攻擊蘇聯，或為蘇聯辯護。後警察趕到，解散會議。此事極具象徵意義。這標誌著以醒獅派為代表的反俄仇俄者異軍突起，並獲得了相當數量知識分子的支持。甚至包括親俄派在內的知識界，幾乎均認為蘇俄推行世界革命有其自利的目的，轉而反思此前之友俄潮流。《每週評論》憤怒地指責蘇聯在華宣傳共產主義，「悍然反對中華民國的國體」，以及「公然助長中國的內亂」等行為，指斥蘇聯「講法律於他自國便利，他就向中國講法律；講法律於他不便利，他就自由行動」，認為「手段的詭譎與毒辣，實不減於英日」〔註103〕。聯俄仇俄之爭的發起者徐志摩〔註104〕的觀點亦有相當的代表性。他說：「我不是主張國家主義的人，但講到革命，便不得不講國家主義，為什麼自己革命自己作不了軍師，還得運外國主意來籌劃流血？那也是一種可恥的墮落」。〔註105〕1926 年 1 月 21 日，徐氏更直言不諱地表明他不希望列寧主義在中國傳播的態度，勸青年「不要輕易謳歌俄國革命，要知道俄國革命是人類史上最慘刻苦痛的一件事實，有俄國人的英雄性才能忍耐到今天這日子的。這不是鬧著玩的事情，不比趁熱鬧弄弄水弄弄火搗些小亂子是不在乎的」。〔註106〕

　　總之，五卅之後，國內仇俄反俄情緒暴漲。這是友俄仇俄之爭的導火線。中國知識界關於友俄仇俄的集中討論，至少有前後兩場。第一場是 1925 年末，徐志摩遊俄之後發生的著名的「聯俄仇俄之爭」（具體觀點及來龍去脈，詳見第三章）。第二場是關於 1926 年胡適遊俄的討論。

　　徐志摩一度對蘇聯充滿了嚮往，但在遊俄後思想發生劇變，走了羅素的老

〔註101〕《俄人指揮中國共產黨搗亂北京反俄援僑大會毆傷愛國派之詳情》，《醒獅》1926 年 3 月 27 日第 76 期，第 4～5 頁。

〔註102〕《本館要電》，《申報》1926 年 3 月 12 日。

〔註103〕召：《蘇俄也知講法律》，《現代評論》1925 年 11 月 21 日，第 2 卷第 50 期。

〔註104〕1925 年 3 月，徐氏從北京出發赴俄。5 月 29 日，徐氏的《歐遊漫錄》並開始在《晨報副刊》連載；10 月 1 日起，擔任《晨報副刊》編輯，隨即發起俄事問題的討論。

〔註105〕徐志摩：《歐遊漫錄》，《徐志摩全集》第 2 卷，蔣復璁、梁實秋編，北京：中央編譯出版社，2013 年，第 240 頁。

〔註106〕徐志摩：《列寧忌日──談革命》，《徐志摩全集》第 3 卷，蔣復璁、梁實秋編，北京：中央編譯出版社，2013 年，第 52 頁。

路〔註107〕。1924 年，徐氏在北京師範大學演講時，曾講到在蘇聯公使館面見加拉罕時的思想狀況。他不但對加拉罕評價甚高，而且對蘇聯不乏浪漫的想像。他說「那紅色是一個偉大的象徵，代表人類史裏最偉大的一個時期，不僅標示俄國民族流血的成績，卻也為人類立下了一個勇敢嘗試的榜樣」〔註108〕。1925 年 3 月，徐氏遊俄途中作《西伯利亞》一詩，頗可反映他初見蘇聯時的激情〔註109〕。但到了莫斯科後，徐氏思想大變。在他筆下，莫斯科成了陰暗壓抑的「怖夢製造廠」：「這裡沒有光榮的古蹟，有的是血污的近跡；這裡沒有繁華的幻景，有的是斑駁的寺院；這裡沒有和暖的陽光，有的是泥濘的市街；這裡沒有人道的喜色，有的是偉大的恐飾與黑暗，慘酷，虛無的暗示」〔註110〕。對於布爾什維克黨人，他則指出：「我敢說我們想像中標類的鮑爾雪微克至少有下列幾種成分：──殺豬屠，劊子手，長毛，黑旋風李逵，吃人的野人或猩猩，謀財害命的強盜；黑臉，蓬頭，紅眼睛，大鬍子，長毛的大手。腰裏掛一

〔註107〕 在英國留學時，徐氏對羅素遊俄前後的思想轉變做出過解釋。他認為，羅氏「未赴俄即慕共產制度，悠然以俄土為天國」，然而「一即事實而設想全虛，則心灰意懶」，之所以如此乃是因為羅氏本質上是一位哲學教授，是書生，「因哲理而及社會問題，懸理想以為鵠」，容易「見難而懼，諄諄以俄轍為戒」。徐志摩：《羅素遊俄記書後》、《評韋爾思之遊俄記》，《改造》1921 年第 3 卷第 10 號。徐志摩對蘇俄態度的轉變及其原因，與羅素頗有相似之處。
〔註108〕 徐志摩：《「落葉」：師範大學講演》，《晨報六週年增刊》1924 年 12 月。
〔註109〕 徐氏在火車上作詩歌《西伯利亞》一首。其中有言：「西伯利亞──我早年時想像你不是受上天恩情的地域；荒涼，嚴肅，不可比況的冷酷。在凍霧裏，在無邊的雪地裏，有局促的生靈們，半像鬼，枯瘦，黑面目，佝僂，默無聲的工作。在他們，這地面是寒冰的地獄，天空不留一絲霞彩的希冀，更不問人事的恩情，人情的旖旎；這是為怨鬱的人間淤藏怨鬱，莊莊的白雪裏渲染人道的鮮血，西伯利亞，你象徵的是恐怖，荒虛。但今天，我面對這異樣的風光──不是荒原，這春夏間的西伯利亞，更不見嚴冬時的堅冰，枯枝，寒鴉；在這烏拉爾東來的草田，茂旺，蔥秀，牛馬的樂園，幾千里無際的綠洲，更有那重疊的森林，赤松與白楊，灌屬的小叢林，手挽手的滋長；那赤皮松，像鉅萬赭衣的戰士，森森的，悄悄的，等待衝鋒的號示，那白楊，婀娜的多姿，最是那樹皮，白如霜，依稀林中仙女們的輕衣；就這天──這天也不是尋常的開朗：看，藍空中往來的是輕快的仙航──那不是雲彩，那是天神們的微笑，瓊花似的幻化在這圓穹的周遭……」徐志摩：《西伯利亞》，《徐志摩全集》第 2 卷，蔣復璁、梁實秋編，北京：中央編譯出版社，2013 年，第 120 頁。
〔註110〕 徐志摩：《歐遊漫錄》，《徐志摩全集》第 2 卷，蔣復璁、梁實秋編，北京：中央編譯出版社，2013 年，第 216、227 頁。

隻放人頭的口袋⋯⋯」〔註111〕在他的筆下，蘇俄簡直成為了現代文明的公敵。他說：「莫斯科似乎是做定了命運的代理人，只要世界上，不論哪一處，多翻一陣血浪，他們便自以為離他們的理想近一步，你站在他們的地位看出來，這並不背謬，十分的合理」〔註112〕。正如前人所言，徐氏在遊俄之後思想右轉，表徵了一個浪漫詩人蘇俄夢的幻滅和對自由主義的復歸〔註113〕。

與徐志摩適成對比的是陳啟修〔註114〕。陳氏觀察到，中國知識界對蘇聯態度截然兩分，「他們在現在的反帝國主義空氣和反蘇聯空氣互相摩蕩」，兩方「都儘量醜詆毒罵」「專作人身攻擊」。「因為蘇聯事情這問題，在現在的空氣之下，最容易使人離開客觀的觀點而動主觀的感情」。〔註115〕陳氏主張研究蘇聯實情時不應摻雜感情，應實事求是。〔註116〕陳氏從學理上指出：蘇聯作為一個工人階級專政，致力於解放世界被壓迫民族的社會主義國家不是「赤色帝國主義」，共產主義國家沒有成為帝國主義國家的可能〔註117〕。陳氏之論深刻獨到，有人即觀察到：這使得「『醒獅派』與其他信仰狹義的國家主義者以及研究系等共同煞費苦心所杜撰出來的『赤色帝國主義』一名詞，就有根本動搖之勢」〔註118〕。「在北京反俄最激烈」的張奚若和醒獅派主腦李璜等人遂激烈

〔註111〕 徐志摩：《歐遊漫錄》，《徐志摩全集》第 2 卷，蔣復璁、梁實秋編，北京：中央編譯出版社，2013 年，第 229 頁。

〔註112〕 徐志摩：《歐遊漫錄》，《徐志摩全集》第 2 卷，蔣復璁、梁實秋編，北京：中央編譯出版社，2013 年，第 239 頁。

〔註113〕 高力克：《徐志摩與胡適的蘇俄之爭》，《浙江大學學報》2010 年第 5 期。

〔註114〕 1923 年 12 月 8 日，陳啟修受北京大學派遣，從蘇俄西伯利亞，前往歐洲考察政治。陳氏先在莫斯科停留 5 個月，然後赴德、法、荷、比等國，後又在蘇聯停留 8 個月，於 1925 年 9 月初回國。回國後除任教北大外，1926 年又擔任黃埔軍校政治講師，講授「蘇俄狀況」。見陳啟修：《勞農俄國之實地觀察》，《國聞週報》1925 年 9 月 20 日，第 2 卷第 36 期；常裕如：《一生坎坷的早期經濟學家陳啟修》，李連成、林圃主編《中國當代著名經濟學家》（第一集），成都：四川人民出版社，1985 年 1 版，第 289 頁。

〔註115〕 陳啟修：《蘇聯事情之研究與對蘇聯政策之研究》，《現代評論》1925 年 10 月 17 日第 2 卷第 45 期。

〔註116〕 1926 年 2 月，吳鼎昌也觀察出國內的共產非共產之爭，聯俄仇俄之爭已經從「理論之爭」演變為「意氣之鬥」。吳鼎昌：《共產主義之宣傳與研究》，《國聞週報》1926 年 2 月 28 日，第 3 卷第 7 期。

〔註117〕 陳啟修：《帝國主義有白色和赤色之別嗎？》，章進編《聯俄與仇俄問題討論集》，上海：北新書局，1926 年版。

〔註118〕 章進：《編者的幾句話》，章進編《聯俄與仇俄問題討論集》，上海：北新書局，1926 年版。

批評陳啟修，「聯俄仇俄之爭」於是爆發。陳氏在蘇聯考察長達 13 個月，對蘇聯的「政治內容、社會情象，歷索尤詳」。他認為蘇聯政治已走上正軌，國際地位也獲得鞏固，其新經濟政策和社會科學教育政策，更是「有見地有魄力，出於嚴密的計劃，立於澈底的基礎之上」〔註 119〕。然而無論蘇聯內治外交如何成功，都不能讓時人得出蘇聯沒有侵略中國意圖的結論。相反，蘇聯對華政策的失誤卻給知識界反俄的確切理由。故而，視蘇聯為「赤色帝國主義」國家並未因陳氏的辯駁而消失，反而更加流行起來。應該說，陳啟修從學理上的辯護反映了陳氏作為知識分子的浪漫情懷，但學理畢竟不如事實更能打動時人，對蘇聯是否侵略中國的疑慮仍然盤踞在知識分子的心頭。

在中國知識界整體上從友俄立場，轉到反思友俄之時，胡適遊俄並對蘇俄大加讚賞的態度一時轟動知識界。當聯俄與仇俄爭論正酣之時，曾有人勸胡適寫文章參與討論，胡適「因為沒有看見蘇俄的情形」，所以沒有參與。1926 年，胡適前往英國倫敦參加中英庚款全體委員會議之時，途徑蘇聯，專程訪問莫斯科中山大學，後又參觀革命博物館和第一監獄等處〔註 120〕。胡適十分興奮，在給張慰慈的信中直言其參觀蘇聯的感想與徐志摩不同。胡適十分讚賞蘇聯領導人，認為他們就是「有理想與理想主義的政治家」，有計劃、「有絕對信心」的政治家，正在堅定地「做一個空前的偉大政治新試驗」。在胡適看來，「計劃不嫌切近，理想不嫌高遠」，中國政客恰好是既無根據國情做出的計劃，又無理想，因此，「我們愛自由的人」雖然不能完全贊同蘇聯的主張，但是卻不配批評蘇聯，而且不能不「頂禮膜拜」〔註 121〕。胡適的信以《一個態度》為題，發表在 1926 年 9 月 11 日《晨報副鐫》上。胡適對蘇俄的讚賞頗出知識界的意料〔註 122〕，引起了徐志摩、「老敢」〔註 123〕和吳鼎昌的批評。徐志摩以按語

〔註 119〕 陳啟修：《致北大同人書》，《東方雜誌》1924 年 4 月 10 日，第 21 卷第 7 期；又載上海《民國日報副刊・覺悟》1924 年 3 月 11 日。陳氏歸國後，又有《蘇俄的現狀》（《京報副刊》1925 年 10 月 19 日，第 302 號）和《勞農俄國之實地觀察》，（《國聞週報》1925 年 9 月 20 日，第 2 卷第 36 期）兩文刊出。

〔註 120〕 《胡適日記全編》，第 4 冊，1926 年 7 月 29 至 8 月 3 日。

〔註 121〕 胡適：《歐遊道中寄書》，《胡適全集》第 3 卷，合肥：安徽教育出版社，2003 年版，第 50 頁。

〔註 122〕 1926 年，張君勱（「世界室主人」）曾專門出版專著《蘇俄評論》（新月書店，1926 年版），意在說明：「一九一八年以降旅居歐洲者，皆知蘇俄之制絕無效法之價值，不意共產運動能占勢力於吾國。此書之作，所以證俄實情與其海外宣傳之言，完全相反。」這頗可代表多數知識分子之思想傾向。

〔註 123〕 「老敢」其人具體情況不詳，應是徐志摩、張慰慈共同的朋友，是一個「北

的形式，表明了自己的看法。他認為，胡適之所以對蘇聯「頂禮膜拜」，乃是國內太黑暗沉悶，「你一出國遊歷去，不論你走那〔哪〕一個方向……你總覺得耳目一新，精神煥發」。「不要說蘇俄，就是歐洲山縫裏海邊沿一些稀小的國家也比我們『有理想、有計劃、有信心』得多了」。因此，徐氏認為胡適的態度不令人奇怪〔註 124〕，隨即承認俄國革命表現出的精神和理想主義「如同太陽」一樣，但又懷疑蘇聯所憑藉的「烏托邦理想」，在學理上是否有充分根據，在事實上有無充分實現的可能。其次，要研究他們方法對不對，付出的犧牲是否值得。然後才是考慮是否接受他們宣傳的「政治福音」，走俄國人的路。徐氏指出，知識界需要糾正兩種「非邏輯的感情作用的態度」：其一是「因為崇拜俄國革命精神而立即跳到中國亦應得跟他們走路的結論」，其二是「因為不贊成中國行共產制而至於抹煞俄國革命不可磨滅的精神與教訓」〔註 125〕。「老敢」與徐志摩的批評幾乎如出一轍，直言胡適「在這幾封信中所說的話幾乎沒有一句是通的，所發表的意見幾乎沒有一個是對的」，要麼是幼稚的感情宣洩，要麼是沒有邏輯的武斷態度，要麼是「有意或無意的污蔑他的朋友」，指責胡適發表如此「錯誤」的意見是為了出風頭，並且「為給自己出風頭而無條件的拿朋友們做犧牲品」，實在不合「出風頭的道德」〔註 126〕。

對於蘇聯內情，胡適認為，蘇聯的「狄克推多」（dictator，語意中特指無產階級專政）是社會主義民治制度的過渡，因其正採用「最新的教育學說，作大

京窮鬼」。1926 年，「老敢」在《國聞週報》先後發表《蔡元培與北京大學》（第 3 卷第 36 期），《胡適之與蘇俄》（第 37 期），《全國智識階級對於蔣介石北伐應取何種態度》（第 38 期），《討赤閒話》（第 40 期）和《不死不活之北京大學》（第 42 期）等文章。其中涉及北京大學的兩文，批評北大被學閥把持，引起了高一涵的注意。見涵廬：《閒話》，《現代評論》第 4 卷第 94 期。

〔註 124〕 事實上並非如此。徐志摩、陸小曼在給張慰慈的信中對胡適的轉變甚感詫異。1926 年 9 月 10 日，信中指出，「巴黎那傳單倒是妙，這裡的傳單是走狗丁文江，誰知胡大哥也變了道兒，其實他又不出甚風頭，何至招惹到海外爺們的不願意？這年認真難做人也！北京教育怕快發訃聞了……」徐志摩：《致張惠衣》，顧永棣編《徐志摩全集·書信卷》，杭州：浙江人民出版社，2015年版，第 211 頁。不過，還需要說明，胡適讚揚蘇俄是真，其後支持國民黨清黨反共也是真，其政治立場在國共決裂之際的再選擇是合乎自身自由主義邏輯的。詳見鄭師渠：《南京國民政府成立初期自由主義知識分子的政治心態（1927～1932）》，《北京師範大學學報》2018 年第 4 期。

〔註 125〕 徐志摩：《〈一個態度〉按語》，《晨報副鐫》1926 年 9 月 11 日。

〔註 126〕 老敢：《胡適之與蘇俄》，《國聞週報》1926 年 9 月 26 日第 3 卷第 37 期。

規模的試驗」，而非傳統專制下的愚民政策。對此，徐志摩、吳鼎昌都表示了不同意見。徐氏認為，胡適「可驚的美國式的樂觀態度」是荒謬的，胡適所說的過渡無異於「由俄國式共產主義過渡到英國的工黨，或是由列寧過渡到麥克唐諾爾德」〔註127〕。在吳鼎昌看來，理想政治當然有試驗的權利，但卻是永遠不能成功的。何況蘇聯政治乃是「一種不徹底物質上平等辦法，還要用那精神上極不平等的布魯西倭克黨專制手段，強迫實行」。吳氏的意思是，平等的民治理想是不可實現的，蘇聯不過是「黨代表為治的名兒」，事實上是蘇共一黨專制，「去那民治路徑，不知道還有幾萬里」。另外，吳氏認為蘇聯廢除了軍事共產主義，不在強制徵收農民糧食，改行新經濟政策，這標誌著蘇聯已經「廢除共產主義，改為小資本主義的國家了」。因此，吳氏對胡適相信蘇聯正處於從一黨專制到社會主義民主的過渡時代感到詫異，批評胡適膚淺幼稚〔註128〕。

對於徐氏、老敢和吳鼎昌的批評意見，胡適並不認同，很快就把申訴意見返回了徐志摩〔註129〕。8月27日，胡適在遊歷倫敦、巴黎之後，反省回國九年的成績時覺得失望，生出了「一種心理上的反動」，認為在北京「太舒服、太懶惰、太不認真了」，幾年努力的結果卻是「淺薄無聊的文藝與政談」。與之相反，在莫斯科逗留了三天後，反覺得「那裡的人有一種 seriousness of purpose，真有一種『認真』『發憤有為』的氣象」〔註130〕。10月4日，胡適看到國內批評意見之後，申訴了自己的意見。他認為，蘇聯立國是事實的問題，不是學理的問題，追問下去，資本主義、國家主義、政黨政治都沒有學理的根據。應該討論蘇聯哪些事情做對了，哪些事情有失誤，這才是研究蘇聯真正的問題。至於蘇聯的制度是否可以適用於中國，是不重要的，因為「我們如果肯『幹』，如果能『幹』，什麼制度都可以行」。如果不努力實現計劃，自然什麼制度都無用，「議會制度只足以養豬仔，總統制只足以擁戴馮國璋、曹錕」〔註131〕。胡適本其「實驗主義」精神為走俄國人的路作了初步辯護，

〔註127〕徐志摩：《〈一個態度〉按語》，《晨報副鎸》1926年9月11日。

〔註128〕前溪：《胡適之與蘇俄》《國聞週報》1926年10月10日第3卷第39期。

〔註129〕徐志摩在9月12日給胡適的信中說，「你論俄國的幾封信，一定有狠多批評，我陸續寄給你，你有信請亦陸續寄我代發表吧。」《徐志摩全集》，天津：天津人民出版社，2005年版，第249頁。

〔註130〕胡適：《歐遊道中寄書》，《胡適全集》第3卷，合肥：安徽教育出版社，2003年版，第53頁。

〔註131〕胡適：《歐遊道中寄書》，《胡適全集》第3卷，合肥：安徽教育出版社，2003年版，第59頁。

其意見有深刻之處。

　　檢視上述兩場論爭，我們看到，雖然知識界仍有人繼續支持先前的友俄論，但卻成為知識界中的弱勢一方，國家主義派的激烈主張反受到多數人同情。其根源首先在於洶湧澎湃的民族主義思潮，其次則在於其時的中共及親共知識分子並未處理好民族利益與世界革命的關係。以蒙古問題為例，1922年陳獨秀在一份擬定的題為《中國共產黨目前的策略》中指出，蒙古對於中國乃是「經濟狀況不同，民族歷史不同，言語不同」的民族，應當尊重民族自決的精神，「不但應該消極的承認蒙古獨立，並且應該積極的幫助他們推倒王公及上級喇嘛之特權，創造他們經濟的及文化的基礎」〔註132〕。這種看法顯然不利於中國統一的多民族國家的鞏固，引起了國家主義派的激烈批評。該派認為蘇聯是敵非友，是侵略中國的新帝國主義國家〔註133〕，並指責蘇聯借助扶助中共之機，破壞中國的政治道德，腐蝕革命者人格，不但延長了中國內亂，而且引起了國際糾紛〔註134〕。還有人翻譯了蘇聯十二個加盟共和國之一的喬治亞共和國某居民的言論，希望中國能夠不為蘇聯愚弄，備述蘇聯治下弱小民族沒有言論、出版、結社、訴訟、選舉自由等天賦人權的慘狀〔註135〕。

　　總之，自五卅運動之後，中國知識界明顯分化，友俄與仇俄兩種觀點互動交鋒。這種交鋒隨著國內政局、中蘇關係和國際形勢的演變而變動。受蘇聯對華政策失誤、民族主義高漲等因素的影響，中國知識界在聯俄與仇俄，民族主義與世界革命之間的徘徊中站到了民族主義一邊，並隨著中蘇關係的惡化而倒向反俄。

第四節　　從仇俄到友俄

　　北京政府與蘇俄談判恢復邦交之時，孫中山等人正致力於改組國民黨，實行聯俄容共〔註136〕。一般以為，孫氏之所以聯俄，無論是出於「以俄為師」、

〔註132〕陳獨秀：《中國共產黨對於目前實際問題之計劃》，《陳獨秀著作選編》第二卷，上海：上海人民出版社，2010年版，第490頁。
〔註133〕曾解：《感嘻，蘇俄又侵我外蒙路權矣》，《醒獅》1926年第82期。
〔註134〕舜生：《反俄與反共》，《醒獅》1925年11月6日第57期。
〔註135〕曉舫：《蘇俄治下之弱小民族》，《醒獅》1926年6月20日第88期。
〔註136〕早在1920年就傳出孫中山聯俄消息。見《孫中山聯俄政策》，《興華》1920年9月15日第17卷35期。

爭取軍事援助或是蘇俄對國民黨政權的外交承認等原因，均屬策略性的政治考量〔註137〕。其中，《孫文越飛聯合宣言》是最有力的證據。該宣言第一條明確指出，國民黨獲得蘇俄援助的目的是統一中國，獲得國家的完全獨立，前提則是：「孫逸仙博士以為共產組織，甚至蘇維埃制度，事實均不能引用於中國。因中國並無使此項共產制度或蘇維埃制度可以成功之情況也。此項見解，越飛君完全同感」〔註138〕。該宣言全文當時在《民國日報》《申報》《大公報》《益世報》《晨報》等主要報刊公布，對孫氏不同意在中國施行蘇維埃制度和共產主義的顯明態度予以了重點彰顯〔註139〕。

1924年1月，國民黨一大召開後，實行聯俄聯共，致力於推動國民革命運動。自此，國民黨在清黨絕俄以前一直面臨「赤化」的批評。五卅運動中，國共兩黨被貼上了「赤化」的標籤，思想領域隨即出現了「赤化」與「非赤化」的爭論。此後，北方馮玉祥集團的國民軍和南方國民黨集團，在蘇聯援助之下，實力迅速擴充，成為奉系等軍閥集團討伐的「南北二赤」〔註140〕。

〔註137〕李玉貞：《國民黨與共產國際》，北京：人民出版社，2012年版，第9～14，64～74頁；楊奎松：《國民黨的「聯共」與「反共」》，桂林：廣西師範大學出版社，2006年版，第11頁。敖光旭：《失衡的外交——國民黨與中俄交涉（1922～1924）》，《「中央」研究院近代史研究所集刊》2007年12月第58期。李楊：《孫中山「聯俄」：不得已的權宜之計？》，《開放時代》2013年第1期。臺灣學者李雲漢則認為，孫中山聯俄的目的在於「防制俄患」與「獲取俄援」（主要是軍事援助）。見氏著《從容共到清黨》。

〔註138〕孫中山：《孫文越飛聯合宣言》《孫中山全集》第七卷，北京：中華書局，1985年版，第51頁。

〔註139〕見《越飛謁見孫中山先生》，《民國日報》1923年1月21日第十版。《越飛南下之行動》，《大公報》（長沙版）1923年1月24日。《孫文離滬前與越飛之談話》，《晨報》1923年1月28日第2版。《孫中山與越飛氏之重要談話》，《民國日報》1923年1月28日第十版。《勞農制度不適於中國之現狀》，《順天時報》1923年1月28日第三版。《孫中山與越飛氏之宣言》，《時事新報》1923年1月28日第三張第一版。《孫中山與越飛談話內容》，《順天時報》1923年1月29日第三版。《蘇俄代表越飛與孫文之宣言》，《益世報》（天津）1923年1月31日第二張第七版。《孫中山與越飛氏之宣言》，《申報》1923年1月28日第四張第十三版。《孫中山與越飛之談話》，《大公報》（長沙版）1923年2月1日第三版。《孫中山越飛談話之日報紀載》，《民國日報》1923年2月11日。

〔註140〕「赤化」、「反赤化」的含義不甚明晰，使用者的陣營也很複雜。詳見司馬文韜：《略論國民黨改組後否認「赤化」的闢謠聲明》，《民國檔案》1993年第4期；王建偉：《民族主義政治口號史研究（1921～1928）》，北京：社會科學文獻出版社，2011年版，第292～430頁。

關於「赤化」的具體含義雖然眾說紛紜，但至少以下兩點是明確的：其一，與「過激」相關。時人認知中，紅色有著流血革命的含義，蘇俄即是令人恐懼驚惶的「赤俄」。《東方雜誌》曾指出，「自俄國勞農革命告成後，『紅恐怖』（Red Terror）『紅衛兵』（Red Guard）『紅禍』（Red Peril）『紅色革命』（Red Revolution）等名辭在新聞雜誌中已屢見不鮮」〔註141〕。其二，與共產主義密切相關。對國民黨「赤化」批評，主要著眼於國民黨變成「同俄國的共產黨一般」，欲實行共產主義。其舉證則是容納共產黨於國民黨內，受共產國際指導。故而直到國民黨清黨，國民黨一再聲稱改組雖然取法「蘇俄革命黨組織」，「稍採用蘇俄制度」以救濟中國，但國民黨的本體、主義和政綱原則並未變化〔註142〕。以上所舉兩點均與蘇聯有密不可分的聯繫。張季鸞說得更為直白，所謂「赤化云者，簡言之，赤俄化之謂也。何謂赤俄化？即受第三國際之指導，與赤俄同其主義與政策之謂也」。由此，知識界所爭論一點即如何對俄問題。張氏指出，「蓋左派主張絕對親俄，其理由謂俄人非帝國主義，且助我反帝國主義；而反對派則謂俄亦一種帝國主義，故反對侵略，應並反對赤俄只侵略」。〔註143〕

就在「赤化」與「反赤化」的思想論爭眾聲喧騰，成為軍閥之間排除異己的政治藉口之時，胡政之提出，論爭已經沒有是非善惡的標準，沉溺其中反而會產生漠視俄國問題及中俄關係的惡果。他指出，對蘇聯採取「嫌惡而冷淡」或者「盲從而迎合」的態度都是不可取的，應當對蘇聯及中蘇關係「求澈底之瞭解」。他認為，一方面，蘇聯以「革命指導者自居」，深度介入了中國內政，「俄國駐華派來極有幹才之加拉罕與鮑羅廷，足以隱然操縱中國南北之政局」。另一方面，馮玉祥的國民軍受蘇聯援助後，不僅實力大增，而且與所謂「討赤者」的奉系、直系軍閥相比，軍紀優良，不擾平民，「予國民亦甚深之印象」。部分青年對本國腐敗的政治和社會狀況失望，故而表同情於蘇聯。胡氏提醒國人，應該注意中俄關係，不能僅僅停留在口舌之爭上，更要看到蘇聯（俄國）曾侵佔中國重大利權的顯著事實〔註144〕。這意味著「赤化」與

〔註141〕《俄國之紅白綠》，《東方雜誌》1920 年 3 月 10 日第 17 卷第 5 號。

〔註142〕《實施共產之無稽》，《民國日報》（廣州）1924 年 3 月 20 日。

〔註143〕一葦：《反赤化運動之批判》《國聞週報》1926 年 7 月 18 日第 3 卷第 27 期。

〔註144〕政之：《望國人注意中俄關係》，《國聞週報》1926 年 5 月 30 日，第 3 卷第 20 期。

「反赤化」之爭也應由事實來判定其是非善惡。

從友俄仇俄之爭和「赤化」「反赤化」之爭中，我們看到，民族主義佔據了上風，反赤、仇俄論流行一時也是當然之事。以民族國家利益衡量中蘇關係固然是無可厚非的，不過也應注意，民族主義也包含著非理性的成分，全盤否定蘇聯，斷然以蘇聯為仇讎的做法同樣不符合民族利益。在國共合作推動國民革命中，蘇聯的積極作用不能簡單抹殺。隨著1927年中蘇關係的急劇惡化，知識界亦因之開始比較激烈地反蘇聯及共產國際，對當局的應對舉措表示了相當的贊同，反俄輿論自此狂飆。

首先，南京事件〔註145〕引發了知識界對中共及蘇聯的惡感。時人以為，南京事件雖然「尚無確實之調查資料發表」，真相尚不明瞭，但可以確定的是：該事件之發生源於中共與蔣介石之權爭。《國聞週報》指出：「混入革命軍之共產黨員，慮滬寧歸蔣介石獨佔，特煽動排外，俾蔣氏與列強之間發生事件，而陷之於窮境，是殆不可否定之事實也」。由此，知識界中「反共產反蘇俄之熱潮勃興」〔註146〕。

其次，對於「俄使館案」，知識界同情北京政府的大有人在。1927年4月6日，奉系軍閥控制下的北京政府軍警搜查駐京蘇俄大使館附近的遠東銀行、中東路辦事處等機構，逮捕了李大釗等人，並發表了一批關於赤化中國的宣傳材料。〔註147〕《大公報》發表社論，對北京政府表示了支持。《大公報》認為自《辛丑條約》簽訂之後，中國軍警從未進入東交民巷抓捕外人，「此例之開，要為國權之一種恢復也」。這裡所說的「國權」乃是領事裁判權。《大公報》主張，此次事件的處理「必須照文明國普通方法，適當辦理，勿令各強國

〔註145〕1927年3月23日，國民革命軍兵臨南京城下。翌日，南京城內遭受兵痞流氓的洗劫，包括英、日等國外交人員，震旦大學等教會學校的外籍校長，外國僑民等人群均受到衝擊。英、日、美、法、意等國軍隊炮轟南京，造成了中國軍民2000人的死亡。史稱「南京慘案」，或者「三‧二四」慘案。

〔註146〕《第三國際與中國（續）》《國聞週報》1928年1月8日第5卷第2期。

〔註147〕這些文件的主要內容有蘇聯政府寄駐華武館的訓令、軍事秘密的偵查情況、蘇聯在華使用經費情況、蘇聯政府與國民軍關係情況等等。見懶泉：《使館黨案始末記》，《國聞週報》1927年4月24日第4卷第15期；《俄使館文件中之蘇俄與國民軍》，《國聞週報》1927年5月15日第4卷第18期。這些文件影響廣大，引起了知識界對蘇聯的反感。即是僻居溫州的符璋也在其日記中記下了文件的部分內容。見溫州市圖書館編，陳光熙點校《符璋日記‧1927年3月24日條》（下冊），北京：中華書局，2018年版，第1068頁。

笑蘇俄放棄領判權之愚，而引為維持領判權之藉口」〔註 148〕《現代評論》
亦指出：「蘇俄對中國的外交政策詭譎變化，毫無誠意……這些日本人的外交
辭令都是日俄攜手謀我滿蒙的鐵證。在這種情況之下，中國能希望同蘇俄站
在一條戰線上打倒帝國主義嗎？蘇俄明明白白告訴國民政府，現在他只承認
北京的張作霖政府『從未承認』南京的國民黨政府。蘇俄也老實不客氣的幫
助共產黨殺人放火，打倒國民政府。中國人希望蘇俄幫助打倒軍閥，完成革
命，都已變為空想。向來的對俄政策根本上早已動搖，現在的對俄絕交，本
來是長時期醞釀。但是我們抬起頭來，放大眼光，看看世界各國那一個可以
同中國攜手呢？所以最後我們仍然希望莫斯科政府，於經過這回重大打擊之
後，改變他對華宣傳赤化的政策，使先總理聯俄政策，於我們國民革命之後，
仍然有實現之可能」。〔註 149〕

　　再次，對於蔣介石為首的國民黨絕俄的做法表示支持。在北伐之時，知
識界即有人批評國民黨的「赤化」，當「四‧一二」「七‧一五」反革命事件相
繼發生，蔣介石背棄孫中山的聯俄政策實行清黨絕俄，知識界不少人表示了
支持。首先，《大公報》指出，國民黨當局起初超越了孫中山反對在中國實行
共產主義和蘇維埃制度的本意，「拿毫無國防的中國，要一切以第三國際之政
策為政策。忘記了自己力不勝任，這實在是一部分人不明白中國本身歷史地
位，和俄國人不瞭解中國社會情況的結果，我們以為可憂」〔註 150〕。其次，
該報完全否定了世界革命。他們認為，蘇聯之所以在中國宣傳世界革命，其
實是與英國鬥爭中採用的「聲東擊西」策略，並非真誠扶助中國取得民族獨
立地位。中共、國民黨及其他友俄論者皆受到了蘇聯的蒙蔽〔註 151〕。「中國
今日稍有智識者，絕無人尚崇拜歐洲之資本主義制度，亦無人不同情於一切
被壓迫民族之解放」，但共產國際在中國宣傳階級鬥爭、世界革命的政策是完
全錯誤的，因為普通中國人國家觀念甚強，且「最散漫無拘束，不慣於法治
生活」，所謂「國際共產黨式之絕對的黨治」是不能實現的〔註 152〕。最後，反
對「赤化」。蔣介石北伐宣言中，將「赤」解釋為「蘇俄之赤黨赤軍，以赤幟
表示其民眾之赤化」，將赤化解釋為「革命之民眾化」。胡政之則認為，國民

〔註 148〕《俄使館案》，《大公報》1927 年 4 月 9 日。
〔註 149〕召亭：《目前的對俄問題》，《現代評論》1927 年 12 月 24 日第 7 卷第 159 期。
〔註 150〕《中俄關係》，《大公報》1927 年 4 月 13 日。
〔註 151〕《中俄關係》，《大公報》1927 年 4 月 13 日。
〔註 152〕《第三國際與中國》，《大公報》1927 年 5 月 3 日。

有兩種恐怖心理，其中之一則是對赤化的恐怖。他指出，俄國革命是「最高明之政客利用最愚昧之國民而已」，名為無產階級專政，實則共產黨人把持國柄。中國赤化的結果則是「軍閥官僚必首受屠殺之禍，懷抱自由思想反對專制政治之智識階級，亦必受重大壓迫，無自由批評之餘地。吾人之恐怖赤化蓋在此而不在彼」〔註153〕。基於這種認識，知識界不少人對南京政府清黨絕俄持支持態度也在意料之中。1927年12月，廣州起義爆發後，國民政府藉口俄人操縱其間，宣布對俄絕交。對此，常燕生甚至認為南京政府與俄絕交已經太遲，雖然尚屬當機立斷，但只能算差強人意。他認為，在北京政府搜查俄使館，披露蘇聯在華實行陰謀活動的「確鑿證據」之後就應該立刻「肅清共禍」，與俄絕交。由於國民黨左派「尚主張反共而同時聯俄之說，根本對於共產黨及蘇俄之真實均未瞭解」，結果蘇聯及中共在廣州起事，造成了「廣州人民數千萬財產，數萬生命之代價」〔註154〕。

最後，中東路事件發生後，國民黨掀起了反俄運動，反俄輿論甚囂塵上，甚至比一年前濟南慘案時還要激越〔註155〕。1929年5月27日，張學良藉口蘇聯把持中東路政，並利用鐵路局宣傳赤化，下令搜查蘇聯駐哈爾濱領事館，逮捕、驅逐了蘇方人員。《大公報》完全站在國民政府的立場上，指責蘇聯違反條約規定，把持路權，並以中東路為大本營宣傳赤化，指出中國當局的舉措完全符合「中俄、奉俄協定」，認為這是「國家自衛上不得已之處置」〔註156〕，中國當局只是執行此前條約所賦予的權利，驅逐「宣傳共產陰謀危害地

〔註153〕 另一種恐怖心理則是「黑化」。「軍閥橫行，行政墮落，財政則誅求到骨，秩序則土匪披猖，此種現狀可稱『黑化』……黑化者正為助長赤化之工具。」見政之：《國民之兩種恐怖的心理》，《國聞週報》1926年9月19日第3卷第36期。

〔註154〕 惠之：《對俄絕交後國人應注意的幾種隱憂》，《醒獅》1927年12月24日第168期。

〔註155〕 陳廷湘：《1928～1937年〈大公報〉等報刊對中蘇關係認識的演變》，《近代史研究》2006年第3期。關於中東路事件及其中蘇交涉，詳見楊奎松：《蔣介石、張學良與中東路事件之交涉》，《近代史研究》2005年第1期。為了防止「俄化」，黑龍江地方政府甚至出臺了《擬定俄女適配華民規則》，其中規定：俄國女子若嫁予中國居民為妻，則必須到所在縣政府領取結婚證書，取得中國國籍。婚後，俄妻應穿中國服裝，學中國語言，離婚後若不另嫁華人則喪失中國國籍，並即日出境。所生子女除「勒令穿著華服」外，「強迫令入中國學校讀書」。見《俄女嫁華民之限制》，《益世報》（北京）1931年9月17日第十版。

〔註156〕 《中東鐵路事件之前途》，《大公報》1929年7月13日。

方秩序之路員」，並無抹殺或者侵害蘇聯權益的舉動〔註157〕。《申報》也集中報導了大量反蘇消息，其內容多要求對俄強硬到底，絕不退讓。如上海市民大會致電國民黨中央，認為中東路事件「已可充分證明赤色帝國主義者對待中國民族之奸兇狠毒，及蓄意破壞全世界人類和平之巨大陰謀」，要求政府無條件收回中東路，反對中俄交涉提交國際聯盟調停，而且要求出兵東北，鞏固國防〔註158〕。對俄強硬輿論乃是一股潮流。1929年7月26日，《新聞報》的《快活林》刊登了《吾國征俄戰史之一頁》，歷數成吉思汗、術赤等征俄故事，稱之為「吾國戰史上最有光彩最有榮譽之一頁」。之所以此時揭示而出，乃是希望以蒙元故事「告應付時局而固邊圉者」，「壯吾國後人之勇氣」〔註159〕。文公直則編出了《俄羅斯侵略中國痛史》一書。該書《序言》即指出：「與我陸地相連者，厥為俄國，而帝俄素抱帝國主義。自與我國交通，即一以侵略為念，蠶食不遺餘力。歷年以來，虎踞我邊陲，致我東北蹙地數百萬方里。其間，我國所受壓迫威脅之痛苦，誠有不忍言，且不勝言者。十月革命後之蘇俄，雖侈談公理，而其對於外蒙古之羅致，其心實有不堪問者。凡此種種，皆我之『痛史』，亟宜昭示國人，俾知憬〔警〕惕者也」〔註160〕。

　　知識界對於上述事件態度，頗可反映出時之反俄輿論的狂飆。其中原因是多方面的。

　　首先，知識界對共產主義，尤其是階級鬥爭理論不理解，懷有恐共心理〔註161〕。對於階級鬥爭，知識界大概有如下幾種意見：其一，有人認為，階級鬥爭就是擾亂社會，破壞社會。國家主義者曾琦認為，所謂階級鬥爭無非是「工與工鬥，農與農鬥，商與商鬥，士與士鬥，率獸食人，人將相食！」因此，提倡者就是擾亂社會的罪犯。〔註162〕其二，中國是貧窮的農業國，不配提倡階級鬥爭。「中國富力之薄弱，不足以言階級鬥爭」。中國貧弱不堪，出路在於「造產業，增加富力」，若鼓動階級鬥爭只會更大程度地破壞社會組織，

〔註157〕《中東路與國際關係》，《大公報》1929年7月15日。
〔註158〕《市民大會後之文電》，《申報》1929年7月31日，第4張第13版。
〔註159〕魯迅：《吾國征俄史之一頁》，《魯迅全集》第4卷，北京：人民文學出版社，第148頁。
〔註160〕姜俠魂：《序》，文公直編《俄羅斯侵略中國痛史》上海：新光書店，1929年版，第1頁。
〔註161〕鄭師渠：《南京國民政府成立初期自由主義知識分子的政治心態（1927～1932）》，《北京師範大學學報》2018年第4期。
〔註162〕曾琦：《抗英驅俄滅赤救國之意義》，《醒獅》1927年第124～125期。

使中國「轉為新式的或舊式的野心國家所吞併，以入於亡國滅種之途」。〔註163〕其三，否認中國有階級鬥爭存在。李劍農在十月革命後即指出：中國自古實行的即是以「放任以為無治」為基礎的「專制之政」，社會層級中沒有大地主大資本家，故而社會缺乏「階級嫉視之觀念」。進入民國後，社會一般平民「其所希望者，仍為恢復放任為治，各安生業之舊。政權操自何人，非一般愚民之所欲問」。對於知識界關於社會改良的分歧，社會平民更視之為與己無關的「隔壁王大娘之事」〔註164〕。因此，他認為中國「階級嫉視之觀念」甚為淡薄。陶保霖則從歷史著眼否認了階級鬥爭，認為中國在秦朝以前的鬥爭是貴族之間的鬥爭，秦以後則是「官民鬥爭」，官吏並非「特種階級」，官民之間可以流動。〔註165〕徐志摩不僅對陶氏的說法作了申述，還對「馬克思階級說的絕對性」表示了懷疑。他認為，中國有職業的差異，而無階級的差別。因為「我們只有職業的階級士農工商，並且沒有固定性。工人的子弟有做官的，農家人有做商的，這中間是不但走得通，並且是從不曾間斷過。純粹經濟性的階級分野更看不見了——至少目前還沒有」。因此，在他看來，談時之中國的階級鬥爭問題，無非「神經過敏」。〔註166〕

　　大革命後期，武漢、湖南等地工農運動的蓬勃發展的同時，出現了一些過激行為，例如武漢工潮中過高的經濟要求、無限制的遊行集會和罷工、湖南農民運動中阻止軍糧採運和剝奪均屬財產等等〔註167〕。這直接引發了知識界的「恐赤」「恐共」心理。報紙上《大恐怖之長沙：稍有資產者均栗栗危懼，金融緊迫，一般生計困難》《如狂如醉之長沙人民：湘人大流血再志》等等聳人聽聞的新聞屢見不鮮。1927 年 12 月 31 日，張奚若即指出「共產黨人的可

〔註163〕慎予：《赤化問題告朝野》《國聞週報》1925 年 12 月 2 卷 47 期；《共產黨在華失敗之批判》《大公報》1927 年 7 月 1 日

〔註164〕不過，李劍農也認為，軍閥的腐敗統治會導致「階級嫉視之觀念」，進而發生社會革命。他指出：「（軍閥）互植爪牙，互競權勢，斂財如山丘，役眾如犬馬，搜括不足，出賣國權，膏脂既竭，流亡愈眾。久而久之，階級嫉視之觀念漸深，社會所感之痛苦愈極。昔日之為種族革命者，其終將流為社會之革命。彼時人人皆揮紅色旗，家家皆藏爆裂彈。」滄海：《革命後之俄羅斯政變》，《太平洋》1917 年 11 月 15 日第 1 卷第 8 號。

〔註165〕景藏：《吾國之階級鬥爭》，《東方雜誌》1920 年 5 月 10 日第 17 卷第 9 期；又見《惺存遺著》卷四，商務印書館 1922 年版。

〔註166〕徐志摩：《列寧忌日——談革命》，《晨報副刊》1926 年 1 月 21 日。

〔註167〕盧毅：《大革命後期「左」傾錯誤的表現及影響》，《長白學刊》2014 年第 6 期。

怕，自前數月湘鄂擾亂及最近廣州大焚殺後，是人人都明白的了」〔註168〕。
羅隆基關於中國的共產問題的議論頗具代表性。他指出了「共產革命有可能
成功的論據」：中國經濟上的「無產可共」和政治上的「有權可分」，因為前者
意味著民不聊生，後者意味著民不安命。但是，羅氏並不樂見中國共產黨取
得全國政權，並舉出共產黨多數幹部缺乏治國之才和掌權後面臨國際干涉的
問題，認為中共立國的結果將是經濟上破產，政治上亡國〔註169〕。即是說，
羅氏一方面肯定中國存在階級革命的可能，但又竭力反對實行階級革命。這
清楚地顯示了知識界的「恐共」心理。

　　第二，國民黨發動宣傳機器，自上而下進行反俄宣傳。《中央日報》作為
國民政府的喉舌，在中東路事件爆發後，刊發了大量社評和報導，「列舉蘇俄
歷來陰謀破壞中國事實」，申明「破壞和平之責任在蘇俄不在中國」之意〔註
170〕。8月8日，國民黨中央訓練部，作出了「關於組織國民對俄交涉後援會
的提案」，要求國民黨各地支部組織對俄後援會，有系統的作出反俄宣傳。例
如，湖南的國民對俄交涉後援會便在省設立指導委員會，下轄長沙、湘鄉、
安化、衡陽、醴陵、安仁等各市縣分會，經費由國民黨縣黨部宣傳部轉請地
方政府撥給，要求各分會「每日黏發行關於中俄問題之壁報」，「每週須在該
縣報章上發行特刊」，「舉行反俄宣傳周，作普遍之宣傳使民眾得深切認識赤
俄之殘暴及其走狗——中國共產黨——在各處種種暴行，以引起人民之奮鬥
心」〔註171〕。該會通電全國，湖南「全省人民一致反俄」，要求一致對付蘇聯
「帝國主義之炮艦政策」，電請國民黨中央要求對俄宣戰〔註172〕。上海特別

〔註168〕張奚若：《書評：共產主義的批評》，《現代評論》1927年12月31日第7卷
　　　　　第160期。
〔註169〕他指出：「地方上一班稍有智識，稍有資望而政見與國共不同的人民，不為
　　　　　『資本階級』罪名的株連，就遭『土豪劣紳』招牌的誣陷，殺戮逃亡，幾已
　　　　　近盡。剩下一班市儈流氓，他們政見上朝秦暮楚，政績上行險僥倖。這種境
　　　　　況愈延長，地方政治愈險惡；地方政治愈險惡，人民愈紛擾，畢境〔竟〕政
　　　　　治上又走入決無休止的循環圈，直到真正亡國而止」。故而，「在今日中國的
　　　　　狀況下，為中國人民求生路計，自然只有希望國民黨剿共及早成功。諺謂『兩
　　　　　惡相權取其輕』即此意耳」。羅隆基：《論中國的共產：為共產問題忠告國民
　　　　　黨》，《新月》1931年6月第3卷第10期。
〔註170〕《國民政府對世界宣言》，《中央日報》1929年7月20日，第1張第1版。
〔註171〕《湖南各市縣國民對俄交涉後援會組織法》，《湖南國民對俄交涉後援會會
　　　　　刊》1929年7月。
〔註172〕《湖南國民對俄交涉後援會會刊》1929年7月。

市黨部訓練部，做了關於中東路事件的上海民意測驗，結果顯示在 11000 人中，在今後對俄策略中，有 3810 人主張強硬，3690 人主張絕交，2860 人主張和平自衛，還有 640 人主張宣戰。而對英、日策略，則有 5780 人主張不合作，3240 人主張和平自衛，1980 人主張強硬；對美、法策略，則有 4990 人主張親善，4720 人主張和平自衛，其他人不詳。若蘇聯武力奪取中東路，11000 人主張對俄作戰，並有 6640 人願意從軍，3300 人願從事宣傳，1150 人願從事救護，107 人願意捐款〔註173〕。此測驗既屬國民黨所做，其樣本的代表性亦難考證，不過頗可造成全民反蘇的印象，影響一般輿論的傾向〔註174〕。

　　第三，蘇聯、共產國際和中共政策的失誤。在相當長時間裏中國共產黨的活動被限定在共產國際的範圍之內。從大革命突遭慘重失敗，到遵義會議之前，中共連續犯了三次「左」傾錯誤，從「左」傾盲動主義到「左」傾冒險主義再到「左」傾教條主義，給中國革命事業造成了嚴重危害。這三次「左」傾錯誤都與共產國際、聯共（布）及其代表的錯誤指導有著密切的關係，其中尤以第三次的「國際路線」為最。1929 年，資本主義世界大蕭條爆發，正從事一五計劃建設的蘇聯當局因此擔心反蘇戰爭隨時到來。於是，聯共（布）掌控下的共產國際作出決議，認為「帝國主義對蘇聯的進攻乃是主要的危險」，希望各國發展本國革命運動，牽制帝國主義國家的力量，以「反對帝國主義戰爭，保護蘇聯」〔註175〕。中共的「左」傾領導人在執行這條「國際路線」之時，忽視了民族主義的力量，做出了錯誤的決定。例如，中東路事件爆發後，中共中央在 1929 年 7 月 17 日發表了《中國共產黨為反對帝國主義進攻蘇聯宣言》，要求廣大群眾舉行遊行示威，「反對帝國主義向蘇聯進攻」，「反對帝國主義的工具國民黨」。12 月 8 日，中共中央又發出了第六十號通告，號召群眾武裝保衛蘇聯〔註176〕。

〔註173〕《市訓練部發表反俄民意測驗總統計》，《申報》1929 年 8 月 8 日，第 4 張第 13 版。

〔註174〕蔣介石之所以樂見張學良反蘇，乃是以攘外促安內統一，用外爭壓制地方反蔣派的策略。上海黨部自然有充分的理由「做出」這樣的調查結果。見楊奎松：《蔣介石、張學良與中東路事件之交涉》，《近代史研究》2005 年第 1 期。

〔註175〕金沖及：《中國共產黨在革命時期三次「左傾」錯誤的比較研究》，《生死關頭：中國共產黨的道路抉擇》，北京：生活·讀書·新知三聯書店，2016 年版，第 76～136 頁。

〔註176〕《中央通告第四十一號——中東路事件與帝國主義國民党進攻蘇聯》、《中央通告第六十號——執行武裝保護蘇聯的實際策略》，中央檔案館編《中共中

　　總之，知識界恐共、國民黨反共絕俄以及蘇聯對華政策和中共政策的失誤等等因素共同造成了反俄輿論的狂飆。不過，「九・一八」事變之後，時移勢易，抗日救亡成為時代最強音，知識界對蘇聯的態度也隨之一變。尤其是1932年12月12日中蘇復交後，蘇聯在華形象開始轉趨正面。

　　《蘇俄評論》是研究蘇聯的專門刊物，其對俄態度轉變受到了「九・一八」事變的深刻影響。1931年，留俄同學會創辦蘇俄評論社，創刊《蘇俄評論》。該雜誌同人在《發刊詞》中指出，20世紀以來出演了「兩幕人間悲劇」，一個是歐戰，一個則是蘇聯。人類更因此「染上了兩種傳染病」，一個是「資本主義國家內的經濟恐慌」，一個則是「蘇俄對於各國的赤化陰謀的活動」。中國作為弱小的民族國家身處其間，不僅受到白色帝國主義的侵略壓迫，也受到了赤色帝國主義的劫持利用〔註177〕。本期出版雖在「九・一八」事變之後，但編輯卻在事變之前。11月1日，第二期「日俄關係問題專號」出版，隨即一改此前的反俄論調，轉而號召全國同胞對中俄復交與聯俄加以精深的研究了〔註178〕。1933年1月，《中國與蘇俄》雜誌創刊，更在《發刊詞》中直言蘇聯在世界格局，尤其是對於中國的重要性，提倡中俄竭誠合作，提攜互助。該雜誌認為，「在此世界經濟恐慌，國際戰雲彌漫，滿洲局勢愈形緊張之時，蘇俄舉足輕重，地位不容忽視。我國為切身利害計，尤應對之徹底瞭解，刻不容緩」。然而，知識界對於蘇聯的認識卻遠遠不夠，缺乏客觀態度和

央文件選集（一九二一──一九二五）》，北京：中共中央黨校出版社，1990年版，第382～384，561～575頁。早在1922年，中國共產黨召開第二次代表大會，除了決定加入共產國際，成為「國際共產黨之中國支部」外，還曾作出如下決議：「中國共產黨要召集中國工人們加入世界工人的聯合戰線，保護無產階級的祖國──蘇維埃俄羅斯──，抵禦資本主義的進攻；並要邀集中國的被壓迫群眾，也保護蘇維埃俄羅斯，因為蘇維埃俄羅斯也是解放被壓迫民族的先鋒」《關於「世界大勢與中國共產黨」的決議案》，中央檔案館編《中共中央文件選集（一九二一──一九二五）》，北京：中共中央黨校出版社，1989年版，第59頁。

〔註177〕「俄國爆發了空前未有的赤色革命，把沙皇的寶座打毀，送上了斷頭臺。以後俄羅斯便在共產黨的統治下實施軍事共產制度，因此一切社會秩序、經濟制度、政治制度、國際關係等，都變成了緊張、紊亂、恐怖的非常狀態。十五年來在『格柏烏』的秘密逮捕、秘密審判、秘密行刑之下，而犧牲的『反動』男女，已經在千萬以上，流亡於國外的白俄人，更是成千累萬，這也是斯拉夫民族空前未遭的劫運。」《發刊詞》，《蘇俄評論》1931年10月1日第1卷第1期。

〔註178〕《蘇俄評論・日俄關係問題專號》，1931年11月1日第1卷第2期。

研究精神，「或則肆意謾罵，詆為洪水猛獸；或則附和誇大，視為塵世天堂」。該雜誌認為，「俄人堅忍剛毅，宏大深沉，國性民風，頗堪取法，其五年計劃之成功，國家民族之復興，皆基於是」。〔註179〕

蘇聯五年計劃的偉大成就與世界經濟危機適成對比，引國人欣羨〔註180〕。蔣廷黻在莫斯科呆了三個月，「對莫斯的印象很好」，「感到充滿了希望和進取的氣氛」。在參觀了許多機構，「隨便和很多蘇聯人談話」之後，蔣氏作出了「蘇聯最高當局正以偉大方法從事許多偉大工作」的判斷〔註181〕。蔣廷黻指出：「一個民富國強的蘇俄是共產主義最好的宣傳」〔註182〕，此言不虛。就在資本主義國家爆發經濟大危機之時，蘇聯從1928年起開始實施「一五計劃」，並在1932年提前完成，居然把蘇聯從一個「純粹的農業國變成一個工業國」。這震撼了中國知識界，「計劃經濟」思潮在中國也從此興起〔註183〕。知識界認識到，「蘇聯的五年計劃上的新經濟生活，不單是該國的一大經濟的試驗，實在是人類全體的經濟生活之一大社會主義的試驗」〔註184〕。毛起鵬親往蘇聯遊歷，其觀察頗有說服力。他指出，蘇聯自實行五年計劃之後，已經比帝俄時代前進了一百年，「與帝俄時代比較，實有『非同日而語』之感」。他認為，蘇聯作為落後農業國能夠迅速工業化，能夠「獨樹一幟於世界」，決不是偶然的。其成功至少有「政權統一」「領袖清明」「人才集中」「有計劃」和「有毅力」等幾點要素〔註185〕。與蘇聯的巨大成績相比，同樣從1928年開始致力於建設的南京國民政府卻乏善可陳，毛氏因此呼籲中國知識界能夠反躬自省。《大公報》亦有類似感慨。該報指出：「觀夫蘇聯，五年之間建成國防工業！二十年來之中國，一言蔽之，虛度而已！」〔註186〕

嚴峻的民族危機和蘇聯日益強大，使得中國知識界開始熱切盼望改變絕

〔註179〕《發刊詞》，《中國與蘇俄》1933年1月1日第1卷第1期。

〔註180〕鄭大華、張英：《論蘇聯「一五計劃」對20世紀30年代初中國知識界的影響》《世界歷史》2009年2期。

〔註181〕蔣廷黻：《蔣廷黻回憶錄》，臺北：傳記文學出版社，1984年版，第156頁。

〔註182〕蔣廷黻：《蘇俄出售中東路》，《獨立評論》1933年7月9日第58號。

〔註183〕黃嶺峻：《30～40年代中國思想界的「計劃經濟」思潮》，《近代史研究》2000年第2期。

〔註184〕克己：《風靡世界的經濟統制論》，《東方雜誌》1933年8月1日第30卷第9號。

〔註185〕毛起鵬：《一個中國人眼光中的蘇聯》，《東方雜誌》1934年6月1日第31卷第11號。

〔註186〕《民國二十年國慶辭》，《大公報》1931年10月10日第1張第2版。

俄反俄的態度，轉而倡導對俄復交。1931 年 10 月，《大公報》觀察到，中國方面「一般頗重視此事（按：中俄復交），而近來趨勢，尤多熱望其成功」〔註187〕。《蘇俄評論》更在 3 日後直言「關於中俄復交和聯絡的問題，已由一種醞釀的呼聲，更進為具體的主張了」〔註 188〕。1932 年，中蘇復交後，知識界更是歡欣鼓舞，認為「這一舉動自足使舉此空氣為之震盪，我們對於兩國政府當局之敏腕與英斷，敬致其無限之歡欣與誠摯之祝賀」〔註 189〕。中國知識界之所以如此希望中蘇復交，一方面是因為，日本侵略咄咄逼人，中國不能再與另一個強鄰為敵。另一方面則在於，中蘇復交雖然並不是中蘇聯盟，但希望中蘇能合作抗日。

　　復交之後，對蘇聯的友好態度顯而易見。1932 年 12 月 15 日，魯迅即指出，因為中俄復交，「一個月以前，對於蘇聯的輿論，剎時都轉變了，昨夜的魔鬼，今朝的良朋，許多報章總要提起幾點蘇聯的好處，有時自然也涉及到文藝上：『復交』之故也」〔註 190〕。柳亞子、魯迅等中國作家更致電蘇聯政府，表示對中蘇友誼的珍視。該電指出：「蘇聯和中國現在恢復邦交了！我們相信兩國人民中間的友誼從此能夠更加進步。一年以來，日本帝國主義武力侵佔我們的東三省，國際聯盟的列強始終祖護日本，並且在幕後密謀瓜分中國共管中國了；中國人民已經認清了國際帝國主義的真面目，同時更加認清了蘇聯的和平主義。只有蘇聯是被壓迫民族的真正朋友！這次中蘇復交就是中國民眾熱烈期望的結果」〔註 191〕。中國知識界對蘇聯出賣中東路一事的態度可謂確證。1935 年，蘇聯將曾引起無數糾紛的中東路賣與日本。中國政府

〔註187〕　《熱望對俄復交之新趨勢》，《大公報》1931 年 10 月 28 日。

〔註188〕　《國難聲中之中俄復交研究》，《蘇俄評論・日俄關係問題專號》，1931 年 11 月 1 日第 1 卷第 2 期。

〔註189〕　尹若夫：《中俄關係的回顧與前瞻》，《中國與蘇俄》1933 年第 1 卷第 2 期。

〔註190〕　魯迅：《祝中俄文字之交》，《魯迅全集》第 4 卷，北京：人民文學出版社，第 475 頁。關於魯迅如何受到了俄國現實主義文學的滋養的問題。詳見王富仁：《魯迅前期小說與俄羅斯文學》，西安：陝西人民出版社，1983 年版；孫郁：《魯迅與俄國》，北京：人民文學出版社，2015 年版。

〔註191〕　署名作家有柳亞子、魯迅、茅盾、葉聖陶、夏丏尊、郁達夫、胡愈之、徐調孚、沈端先、宋雲彬、洪深、田漢、穆木天、鄭伯奇、傅彬然、何畏、適夷、穆時英、施蟄存、祝秀俠、張良輔、葉作舟、顧均正、沈起予、陳望道、蔡慕暉、杜衡、葉靈鳳、丁玲、白薇、楊騷、祝百英、張天翼、錢嘯秋、錢杏邨、李劍華等。見《中國著作家為中蘇復交致蘇聯電》，《文學月報》1932 年第 5～6 期。

對此兩次提出抗議，並照會日本駐華公使。時之駐蘇大使顏惠慶更明確指出，蘇聯出售中東路給日本屬於「破壞莊嚴條約的背信棄義」之舉。「從此國人對於蘇聯過去的種種花言巧語，更失信心，所謂『中蘇友好』無非口號而已」〔註192〕。不過，中國知識界對此事的看法與南京政府表態截然不同，不僅表示了相當的克制與諒解，甚至認為此舉亦有利於中國。吳其玉倡言，中國知識界必須努力促成「與蘇俄成立相當的諒解，或增進友好關係，千萬不可因他出賣中東路而即行仇視」〔註193〕。蔣廷黻亦認為，蘇聯賣路給日本雖然對中國是一個打擊，而不是友誼的表示。但是站在蘇聯的立場上考慮，「算盤卻並沒有打錯」。其原因在於，「現在日本在東北的政治和經濟的勢力大可以致中東路的死命。無論蘇俄售與不售，這條路是要成為日本囊中之物的」〔註194〕。從經濟上看，中東路本就是蘇聯的一個負擔。特別是在日本人新修築的鐵路運營後，中東路不僅經濟價值將繼續減低，軍事價值也將蕩然無存。將中東路賣給徹底控制東北的日本，蘇聯不僅可以獲得一筆資金，更重要的是為本國順利實現五年計劃爭取相對緩和的國際環境。「蘇俄出售中東路不但可為共產主義保留充分的試驗和發展的機會，且可使資本主義國家間的衝突更加緊急化，尖銳化。這真是可謂一舉兩得」〔註195〕。《大公報》也判斷，蘇聯出賣中東路「為對日之退卻與緩衝，就此案言，為犧牲中國。然其外交全體，則對我並無不利」。該報進而主張中國應始終否認賣路的合法性，並爭取自身合法權利到底。此外，該報還主張，中國政府還應借蘇聯有負中國的時機，積極與蘇聯磋商其他歷史懸案，為自身爭取權益〔註196〕。

中共歸趨民族主義，蘇聯調整對華政策，支持中國全民族抗日，這使得知識界克服恐共心理轉而「挺共」，西安事變和平解決最終使蘇聯形象轉為正面。

知識界克服恐共心理，最初來自於對國民黨獨裁統治的失望。「九·一八」事變之後，知識界，尤其是自由派知識分子，開始質疑國民黨「剿匪」的合法性，公開宣稱共產黨不是「匪」，應該是「有主義的政敵」〔註197〕。丁文江

〔註192〕顏惠慶著，姚崧齡譯《顏惠慶自傳》，北京：中華書局，2015年版，第298頁。

〔註193〕吳其玉：《中東路出售以後》，《獨立評論》1935年2月24日第139號

〔註194〕蔣廷黻：《日俄衝突的意義》，《獨立評論》1933年10月22日第73號。

〔註195〕蔣廷黻：《蘇俄出售中東路》，《獨立評論》1933年7月9日第58號。

〔註196〕《蘇聯賣路與中蘇關係》，《大公報》1933年6月15日。

〔註197〕鄭師渠：《自由派知識分子與國民黨的「剿匪」》，《北京師範大學學報》2019年第3期。

即指出，中國共產黨之所以存在，乃是貪污苛暴，「日日年年苛捐重稅而不行一絲一毫善政的政府造成的，是內亂造成的，是政府軍隊「養寇兵，資盜糧」造成的」〔註198〕。這與胡政之的「黑化論」，羅隆基的「無產可共，有權可分」論如出一轍，但立腳點則完全不同。丁氏直接希望國民政府正式承認中國共產黨不是匪，而是「有組織，有主義，有軍隊槍械的政敵」。丁氏如此立論，並非因同情共產主義，而支持中共的革命事業。恰恰相反，他認為中共革命事業不會成功，故而勸中共放棄共產主義，轉而在國民政府中與國民黨作政敵，共同禦侮〔註199〕。丁氏的具體意見受到了黃平凡的批評，但黃氏的立腳點卻與丁氏無甚根本差別，均對中共表示有限度的同情，但反對中國共產主義化；均認為「中國現當一嚴重之關頭，禦侮為第一大事，統一的政府團結的人心為最急需。無論任何主義均當先有其立足之地方可實現其計劃，民族主義實為世界主義之先驅」〔註200〕。丁氏、黃氏的看法雖然低估了中國共產黨，但畢竟看到了全民族團結禦侮的重要，畢竟在反共聲中發出了相對平和有力的「勸善」之聲。

遵義會議之後，中國共產黨克服了自身把馬克思主義教條化、把共產國際指示神聖化的缺陷，開始獨立自主地從實際出發開展革命運動，開始調整革命策略，轉而「融入世界」，並「轉向民族傳統」〔註201〕。1935年，華北事變使得中日民族矛盾進一步加劇，「一二・九」學生運動使得抗日救亡的呼聲空前高漲。紅軍長征到達陝北後，中共中央以民族利益為重，發表著名的《為抗日救國告全國同胞書》，積極建立抗日民族統一戰線，由「反蔣抗日」的鬥爭策略，調整為「逼蔣抗日」「聯蔣抗日」，從而贏得了時人的信任〔註202〕。例如，自由派新聞記者范長江在1935年7月至10月的西北採訪，在《大公

〔註198〕丁文江：《所謂剿匪問題》《獨立評論》1932年6月26日第6號。
〔註199〕丁文江：《評論共產主義並忠告中國共產黨員》，《獨立評論》1933年5月21日第51號。
〔註200〕黃平凡：《讀〈評論共產主義並忠告中國共產黨員〉後》，《獨立評論》1933年8月6日第62號
〔註201〕金沖及：《遵義會議：黨的歷史上的轉折點》，《生死關頭：中國共產黨的道路抉擇》，北京：生活・讀書・新知三聯書店，2016年版，第137～145頁；王檜林：《中國共產黨在抗日戰爭時期的兩種趨向：融入世界與轉向民族傳統》，《抗日戰爭研究》2001年第1期。
〔註202〕程中原：《中國共產黨與抗日民族統一戰線的建立》，《抗日戰爭研究》2005年第3期。

報》發表了《岷山南北：剿匪軍事之現勢》《毛澤東過甘入陝之經過》《從瑞金到陝邊——一個流浪青年的自述》等系列報導，一時震動全國，表達了國人反對國民黨內戰，要求國共兩黨一致抗日的普遍訴求。以王造時等「七君子」為代表的上海、北平文化界人士，更是積極推動抗日救國運動，不惜身陷囹圄。顧頡剛在日記中「今日之望共黨，正如清末之望革命」，「南京政府當又在被革命之列」〔註203〕之類的種種表示，頗可表明部分自由派知識分子的心聲。應該說，中共歸趨於民族主義助益了蘇聯形象的改善。

除此之外，蘇聯對華之和平政策為人所體認亦是影響蘇聯形象改善的重要因素。其中，西安事變的和平解決尤其重要。蘇聯援助中國革命乃是其東方政策的一部分。時人認為，東方政策的出臺，乃是蘇聯在西歐各帝國主義國家輸出共產革命失敗，轉而在東方各弱小民族援助各民族革命運動的結果，其目的「不獨是積極的利用東方民族為敵對列強的工具，並且在消極方面『利用民族主義的民主派之間的互相衝突而自取其利』以『直接取得政治上的獨立』，使東方各民族受統轄於蘇俄勢力之下」〔註204〕。因此，時人一度懷疑西安事變的爆發是蘇聯操縱的結果。日本報紙《日日新聞》也聲稱張學良成立了自治政府，並且與蘇聯訂立了「攻防同盟」。蘇聯《真理報》隨即發表了嚴厲指責張學良和西安事變的社論。在18日到19日間，南京國民政府通過電臺反覆廣播了這些文章〔註205〕。12月24日，該報再次刊發社論，駁斥上述謠言，指斥日本挑撥中蘇關係，聲明蘇聯「始終恪守不干涉他國內政的政策」，並號召中國人民團結起來，建立抗日民族統一戰線。〔註206〕西安事變最終和平解決，蘇聯的態度博得了知識界的好感。《時事新報》即認為，蘇聯的態度「足以示其善意，抑且使國人曉然於蘇俄人士輿情：同情於

〔註203〕 顧頡剛：《顧頡剛日記（1933～1937）》第三卷，1933年5月25日、11月20日條，臺北：聯經出版事業公司，2007年版，第49、113頁。

〔註204〕 楊幼炯：《俄國革命史》，上海：民智書局，1928年版，第147～153，164～172頁。楊氏是《中央日報》總主筆，上書影響較大，如國民黨浙江省執行委員會訓練部所編《最近國際現勢》中介紹「東方政策」的章節即取材於此。另見《蘇俄的東方侵略》，上海：赤俄研究叢書社，1931年5月版。

〔註205〕 楊奎松：《西安事變新探——張學良與中共關係之謎》，南京：江蘇人民出版社，2010年版，第359頁。

〔註206〕《中國發生事變（1936年12月24日）》，安徽大學蘇聯問題研究所、四川省中共黨史研究會編譯《蘇聯真理報有關中國革命的歷史文獻選編　1932～1937》，成都：四川省社會科學院，1986年版，第576～579頁。

我國之統一……肯定我國之民族本位與民族利益」。經此一事，中蘇兩國「頗能一掃中俄間歷久存在之疑雲」，不僅「使我國十分理解彼之最近態度」，也看到「彼之對我十分理解」，這種「事變以前所未嘗有」互諒是國人「可珍之收穫也」。〔註207〕1937年8月21日中蘇簽訂互不侵犯條約。這是蘇聯對中國全民族抗戰的重大支持。這不僅意味著蘇聯對我國抗戰給予了莫大同情和援助，還意味著日本將蘇聯拉入侵華陣營圖謀的破產，是對日本的「一個嚴重打擊」。知識界紛紛對蘇聯的善意表示肯定，認為《中蘇互不侵犯條約》「包含偉大之正義氣息，表示兩大國族之確為理智之族類」。〔註208〕「蘇聯正是平等待我之民族」，甚至認為「假使從一九二七至一九三一年，中蘇兩國不絕交，則暴日絕不敢發動『九一八』的事變；在復交後，假使兩國很快能取得密切的聯絡，能訂立互不侵犯這樣的定約，則這次第二個『九一八』也許不至於陷落的」。〔註209〕

小結

在20世紀的中俄（蘇）關係史上，蘇聯在華形象是變動不居的：它時而是中國的友邦，時而又是仇國；時而是同志加兄弟，時又需要嚴厲批判的「蘇修」。這就像一個「鐘擺」，不斷地在友好與仇視之間擺動。就大致線索上說，1917～1937年間中國知識界對俄態度的「鐘擺式」的變動可分為三個階段：1917～1924年間是以友俄為主的第一階段，1924～1931年間是友俄仇俄相激盪的，並走向仇俄的第二階段，1931～1937年是重歸於友的第三階段。當然，這種變動並非是單調的直線前進，而是波浪式地推進。即是說，對俄仇友問題一直在爭論之中，不過其重心隨時局變遷而推移。追根溯源，這種變動受到了中國近代民族主義的深刻影響。此外，蘇聯的對華政策、國共關係、知識界自身的分化等等方面也是重要影響因素。

〔註207〕公弼：《事變中之國際收穫》，《時事新報》1936年12月29日第1張第2版。
〔註208〕《與蘇俄締結不侵犯條約》，《時事新報》1937年8月30日，第1張第2版。
〔註209〕張仲實：《短評：中蘇互不侵犯條約》，《文化戰線》1937年第2期。

第二章　知識界的蘇俄革命觀

　　十月革命勝利，俄國從一個落後的專制國家，一躍成為先進的社會主義國家。用戴季陶的話說：這種「有力的事實」給對中國前途茫然失措的青年指示了「一條頂新的道路」〔註1〕。俄國革命深刻地影響了五四知識界的思想變動以及中國在 20 世紀 20 年代的道路選擇。這個重大歷史關節一直深受學界矚目，相關成果汗牛充棟，尤其在十月革命對中國的影響、中國知識分子如何走向馬克思列寧主義等問題上已有比較充分的論述。不過，從思想觀念史出發，依然有將相關方面進行「再綜合」（resynthesize）的必要，即探討五四知識界對「蘇俄」的複雜認知，勾勒五四時期的「蘇俄」圖景的必要。本章不能對此作面面俱到的探討，試圖以「蘇俄觀」為核心概念，討論五四知識界對「俄國革命」、布爾什維主義和對蘇維埃政制的認知。這三個方面相互連鎖，構成了「蘇俄」這一符號之下的不同方面。在當時的語境中，所謂「俄國革命」是今之「二月革命」與「十月革命」的統稱，「俄國式革命」則是十月革命的專稱。探討當時知識界對於二月革命、十月革命事件及其關係的認知，是理解其蘇俄觀的起點。當時知識界認為，蘇俄是「今日各種理想、各種主義之試驗場」，其中「多數主義」（即布爾什維主義）表徵了俄國革命，並通過蘇維埃政制得到落實〔註2〕。因此，探討知識界的蘇

〔註1〕戴季陶：《青年之路》，廣州：民族青年出版社，1942 年 4 月 20 日，第 6 頁。
〔註2〕W：《俄國蘇維埃制度之真相》，《東方雜誌》1920 年第 17 卷第 24 期；李達：《勞農俄國研究》，商務印書館，1922 年版，第 25 頁；〔日本〕岡悌治著，君實譯：《勞農共和國與理想社會》，《東方雜誌》1920 年第 17 卷第 18期。

俄觀，又不能不探討知識界對於布爾什維主義〔註3〕以及蘇維埃政制的認知。對上述方面進行綜合探討，有助於我們更系統深入地認識五四時期「蘇俄」在華圖景。

第一節　對「俄國革命」的認知

大體言之，時人對二月革命基本上持肯定立場，視之為民主的勝利。對於十月革命則有較大分歧，或視之為爭權奪位的「俄亂」，即二月革命的倒退；或視之為偉大的「社會革命」，即是由二月革命發展而來的必然歷史階段。

對於二月革命，無論是如陳獨秀、李大釗、胡適等新文化運動健將，還是如杜亞泉等相對保守的知識分子，都給予了高度讚賞，肯定其對於促進世界民主政治發展的歷史意義。胡適在得知二月革命成功之後，即在日記中興奮地記下了一時感受：「吾意俄國或終成民主耳。此近來第一大快心事，不可不記」〔註4〕。不僅如此，胡適專門作《沁園春》詞一闋，謳歌獲得自由民主的俄國，高呼「新俄萬歲」。在他看來，俄國革命者「愛自由」而謀革命，「囚拘流徙，摧辱慘殺而無悔」，因此「『新俄』之未來所以正未可量也」〔註5〕。胡適當時正在回國途中，未能繼續深入論述上述意見。李大釗等人則不但具體闡釋了二月革命的歷史意義，而且詳細探討了革命的必然性。其一，關於二月革命的歷史意義。李大釗認為，臨時政府頒布的政綱是「俄國之《大憲章》也，《權利宣言》書也，《獨立宣言》書也」，是顯示世界民主政治光輝的「莊嚴神聖之紀念物」，二月革命將使俄國奠定「自由政治之基礎」〔註6〕。

〔註3〕 在相關著作中，學界一般籠統地使用馬克思列寧主義。實際上「列寧主義」這一詞語雖然1920年即出現，但直到1924年列寧逝世後才有了比較確定的內涵並流行開來。當時通行的詞語是「布爾什維主義」。

〔註4〕 胡適：《胡適日記全集》（二），曹伯言整理，臺北：聯經出版事業股份有限公司2004年版，第486頁。

〔註5〕 其辭為：「吾何所思？凍雪層冰，北國名都。想烏衣藍帽，軒昂年少，指揮殺賊，萬眾歡呼。去獨夫『沙』，張自由幟，此意如今果不虛。論代價，有百年文字，多少頭顱。冰天十萬囚徒，一萬里飛來大赦書。本為自由來，今同他去；與民賊戰，畢竟誰輸！拍手高歌，『新俄萬歲！』狂態君休笑老胡。從今後，看這般快事，後起誰歟？」胡適：《胡適日記全集》（二），曹伯言整理，臺北：聯經出版事業股份有限公司2004年版，第491、508頁。

〔註6〕 李大釗：《俄國共和政府之成立及其政綱》，《李大釗全集》第二卷，第17～20頁。

他指出，受此俄國革命影響，「官僚政治」〔註7〕將在世界上無立足之地。俄國革命使俄國人民獲得了民主、自由與勝利，必將激勵德國人民反抗專制政府，爭取民主自由。由此，李氏預測歐戰的最終結果將是：「官僚政治、專制主義皆將與之俱終，而世界之自由政治、民主主義必將翻新蛻化，以別開一新面目，別創一新形勢，蓬蓬勃勃以照耀二十世紀之新天地」〔註8〕。時任《太平洋》雜誌編輯部主任的李劍農找到了二月革命與法國大革命九點相同之處，認為二月革命「其影響於民主主義者必甚大，必足為廿世紀世界之政史增一色彩」〔註9〕。陳獨秀則認為，俄國二月革命關乎世界大勢，不但革掉了「俄國皇室之命」，而且「革世界君主主義、侵略主義之命也」〔註10〕。其二，關於二月革命的起因。李大釗從俄國的歷史與現狀出發，系統分析了革命發生的必然性。在他看來，俄國專制傳統根深蒂固，革命醞釀最久，國民犧牲也最多。自1905年以來，俄國「雖被立憲之名，實則仍為君主獨裁政治」〔註11〕。君主專制之下，沙皇及官僚跋扈腐敗，生活困苦的農民、工人等無產者受「虛無主義」和「革命文學」的感召，起而推翻了沙皇的統治〔註12〕。《新青年》刊登的《俄羅斯大革命》一文亦指出，「革命之遠因」乃是俄國政界的沙皇、官僚階層與以國會為代表的廣大民眾之間的矛盾。「革命之近因」則是幾星期來，糧食缺乏，食品價格奇高，導致了工人大罷工。在時人眼中，俄國「政治之專制獨冠全球」，如拉斯普丁〔註13〕等官僚階層與親近下層民眾的俄國國家杜馬鬥爭劇烈，以至於「政局不獲一日安寧。十四月來，內閣總理更

〔註7〕　對於「官僚政治」，李大釗多次言及，但未予具體闡發。粗略言之，在李氏看來，「官僚政治」是民主的反動，乃是由君主政治、貴族政治發展而來的，以神化統治者個人才能品德為特徵，忽視廣大民眾力量的政治形式，如「新英雄主義」「哲人政治」「賢人政治」等皆是官僚政治的變體。見《俄國大革命之影響》，《李大釗全集》第二卷，第21～22頁。

〔註8〕　李大釗：《大戰中之民主主義》、《自由與勝利》，《李大釗全集》第二卷，第100、148頁。

〔註9〕　滄海：《廿紀世界之大變化：俄羅斯之革命》，《太平洋》1917年5月1日，第1卷第3期。

〔註10〕　陳獨秀：《俄羅斯革命與我國民之覺悟》，《新青年》1917年4月1日，第3卷，第2號。

〔註11〕　李大釗：《大戰中歐洲各國之政變》，《李大釗全集》第二卷，第75頁。

〔註12〕　李大釗：《俄國革命之遠因近因》，《李大釗全集》第二卷，第1～10頁。

〔註13〕　知識界對俄國妖僧拉斯普丁有非常具體的認識，《東方雜誌》即有杜亞泉的專文介紹。見君實：《俄國怪僧賴斯破丁傳略》，《東方雜誌》1917年4月15日，第14卷第4號。

迭三次，內務總長更迭八次。而所執政策，則始終一貫，不肯稍順輿情。俄報評論此事，謂執政易人，不過陳舊書籍改印新版，言內容初無差異也」〔註14〕。文化保守主義者杜亞泉也十分關注二月革命，分析了俄國人的革命思想來源以及「虛無黨」崛起的社會根源〔註15〕。

　　知識界對二月革命的讚頌與民國初年的政治文化狀況密切相關，寄寓了時人的民主理想。須知就在歐戰爆發，全世界倡行民主政治之時，中國——亞洲最早最大的民主共和國，卻接連上演了洪憲帝制、張勳復辟等醜劇和尊孔復古的思想逆流。先進的知識分子集結在《新青年》雜誌周圍和新改組的北京大學之中，熱誠宣傳民主，激烈批判封建專制。知識界受到二月革命激勵，從讚頌二月革命，轉而言說中國的民主理想。李大釗即認為，二月革命對中國「關係絕非淺鮮」，將「間接以灌溉吾國自由之胚苗」，「厚我共和政治之勢力」〔註16〕。李劍農也明白指出，俄國二月革命「必足以堅共和之信仰而寒帝政之魂膽」〔註17〕。李大釗在給李劍農等人的覆信中表示，俄國已經在歐戰之中「高樹赤旗」，「以奠自由民主之基」。這將大大鼓舞中國這個「老大衰朽之邦」的「新命誕孕」〔註18〕。

　　二月革命作為一場資產階級民主革命，激勵了五四時期蓬勃發展的民主浪潮，獲得了中國知識界的同聲讚揚。不過，對於隨之而來的十月革命，知識界卻有著明顯的分歧。

〔註14〕《俄羅斯大革命》，《新青年》1917年第3卷第2號。旅俄多年的申鳳章相比國內知識分子，更熟悉俄國內情，曾如此描述國家杜馬情形：「眾院議員悉由民選，革命分子實居多數，嫉閣員之剝奪民權，忿俄皇之信任德裔，故閣員有因事出席，報告國情者，議員等非頓足呼叱，即拍案斥責，秩序之紛擾失次，與閣員之局促難安，蓋有非言語所可形容者。」申鳳章：《論歐洲戰事與俄國革命之關係》，《東方雜誌》，1917年第14卷第5號。申鳳章（1889～1962），江蘇蘇州人，1915年肄業於東方大學，曾任中國駐棉蘭總領事、東吳大學俄文教授等職，旅俄多年。1932年發表《日俄戰爭論》、《中日俄關係》等時論。

〔註15〕高勞：《俄國大革命之經過》，《東方雜誌》，1917年第14卷第5號。

〔註16〕李大釗：《俄國大革命之影響》，中國李大釗研究會編注《李大釗全集》第二卷，北京：人民出版社，2013年版，第22頁。

〔註17〕滄海：《廿紀世界之大變化：俄羅斯之革命》，《太平洋》1917年5月1日，第1卷第3期。

〔註18〕李大釗：《此日——致〈太平洋〉雜誌記者（一九一七年十月十日）》，中國李大釗研究會編注《李大釗全集》第二卷，北京：人民出版社，2013年版，第168頁。

　　或以為，十月革命是一場「俄亂」，即二月革命的倒退。對於俄國再次爆發革命，不少人感到意外。當時輿論認為，克倫斯基因勇於任事、臨機敏捷見譽於時的「俄國之救主」，臨時政府也頗有作為〔註19〕。不虞臨時政府土崩瓦解，布爾什維克黨迅速取勝〔註20〕。出於心理慣性，他們不但嚴厲指責列寧等布爾什維克黨人，而且將十月革命定性為「俄亂」〔註21〕。例如，《大公報》即直指列寧等布爾什維克黨人是賣國通敵的「親德急進黨」「過激派」，是「可以亂全球、害國家、戕無數無辜人民之生命財產」的「世界窮極兇惡之惡魔」，十月革命則是他們為了竊取國柄所發動的政變，是「俄人之劫運」〔註22〕。與科倫斯基形成鮮明對照，時人眼中的列寧也是一個專制君主，「民政之仇敵」。《東方雜誌》刊載文章稱，列寧是「過激社會黨中之帝皇」「善窺人心之隱微，而巧投合之」〔註23〕。與攻擊布爾什維克一致，關於蘇俄糟糕現狀及渺茫前途的說法也充斥報章。《申報》即刊登了《中國宜防過激派主義之侵入說》一文，認為「俄國自過激黨得勢以來，國事日非，紊亂日甚，良士云亡，暴徒紛起，國內精華消耗幾盡，民間事業廢弛已極」〔註24〕。

　　這種惡感的成因是多方面的，既有對俄國情形十分隔膜的客觀因素，也有部分知識分子厭棄革命、恐懼革命的主觀心理。

　　革命時期，政局瞬息萬變，日報所記載難以系統全面。加上正值歐戰，信息不暢，故而中國知識界對革命情形難窺全豹。革命在 11 月 7 日爆發後，直到 12 日方見國內報導。而且，報導的消息多有矛盾舛誤之處。例如，有

〔註19〕滄海：《革命後之俄羅斯革命》，《太平洋》1918 年底 1 卷第 8 期。

〔註20〕據報導：十月革命時，俄國「變更政體，並未流血」，「俄京表面上極為平靜，人民對於所發生之事無甚感覺」。《俄國又革命——克倫斯基內閣倒》，《時事新報》1917 年 11 月 10 日；《俄國之時局》，《順天時報》1917 年 11 月 11 日；《俄京變動之情形》，《順天時報》1917 年 11 月 12 日。

〔註21〕關於中國知識界對十月革命認識的轉變，可參考王雪楠：《從「俄亂」到「俄式革命」——再論「十月革命」對中國的「參照」作用（1917～1921）》，《中共黨史研究》2014 年第 12 期。

〔註22〕冷觀（胡政之的筆名）：《送民國六年》，《大公報》1917 年 12 月 31 日。《俄京二次政變記》，《大公報》（長沙）1917 年 11 月 17 日，轉引自《社會主義思想在中國的傳播資料選輯》（中），中共中央黨校科研辦公室發行，1985 年版，第 431 頁。

〔註23〕善齋：《述俄國過激派領袖李寧》，《東方雜誌》，1918 年第 15 卷第 3 期，第 29～34 頁。

〔註24〕《中國宜防過激派主義之侵入說》，《申報》1919 年 1 月 25 日第二張第六版。

兩條電文都登載在了《大公報》11 月 16 日第一張，所言俄國情形截然相反。有的說克倫斯基勝利，並以叛國罪懲處列寧；有的則說克倫斯基被列寧所擒。可見當時知識界對俄國革命情形的隔膜之深。《大公報》也自承：「俄國消息互相矛盾：一方謂克倫司基首相已入俄京，李寧黨徒逃走；一方謂克氏與闊尼羅夫將軍為李寧之黨所敗；又一方云克氏於十號入俄京，但為亂黨所捕，故俄京情形實屬紛亂雲」〔註 25〕。受限於國內有限的瞭解渠道，各大報刊常常轉引英國、日本等國通訊社所發電文和分析。英、法、日本等國由於意識形態以及自身利益的關係，視蘇俄為仇讎，對之加以抹黑污蔑，諸如反覆鼓吹蘇俄政府崩潰論，渲染俄國革命亂局，以共產公妻聳人聽聞等等皆是〔註 26〕。有人即為污蔑之詞所迷惑。如《晨報》就曾引「哥卑納給八日電據莫斯科消息」，說托洛茨基下令逮捕了列寧，掌握了政府全權，「將更施虐政」。該報由此評論道：「杜氏（「杜洛茨基」，今譯「托洛茨基」）與列寧乃係同類，今竟相殘如此，可知過激派果不足與為矣」〔註 27〕。而且，看到蘇俄政府「外招列國之惡感，內受反對派之咀罵，目下正在四面楚歌之中」，該報亦不免對其前途感到悲觀。知識界既然對俄國內情尚不瞭解，也不清楚布爾什維主義的內涵（詳後），自然不能深入理解十月革命的歷史意義。

〔註 25〕《俄京消息之不一》，《大公報》1917 年 11 月 17 日，第一張。此類矛盾消息不止一次傳出，如該報 11 月 22 日第一張又有《俄京消息之兩歧》的報導。黃凌霜在 1919 年尚指出「我們稍注意世界大勢的人，心中總不免有一個疑問，以為俄國國內的情形，究竟是怎麼樣。報紙所載，今日如此，明日如彼，這種靠不住的消息，不但不能考見俄國的真相，並且令閱報的人生厭了。」兼聲：《敘言二》，《一九一九年旅俄六周見聞記》（Authur Ransome 著），《晨報》1919 年 11 月 12 日，第七版。

〔註 26〕鄭振鐸曾指出：「現在資本家的英、美……各國，對於『社會主義的國家』（Socialist state）的俄國也是閉著眼睛瞎批評。美國的 Diterary Digest 雜誌，所有關於俄事的插畫，都把『巴爾札維克』畫作『狗』『狼』……的樣子，別的報紙也把他們畫為『全身武裝』，腰插短刃，手執手槍的人。其實，這個『狗』『狼』（野蠻、殘忍、軍國主義的人類）比他們自己還文明得多呢。他們沒有封鎖人家，欲使無辜的人民飢餓而死，他們也沒有用軍隊來幫助別國，以延長戰爭。不惟如此，他們的提倡文化的熱心，比之英、美、日……之擴充軍備的熱心還甚得多呢。然而——英、法、美、日的批評者竟稱他們為『野蠻人』『狗』『軍國主義者』！」鄭振鐸：《人的批評》，《民國日報·批評》第一號，1920 年 10 月 20 日。

〔註 27〕《列寧被捕》，《晨報》1919 年 1 月 12 日第 2 版。

此外，一些人因民國政情而對革命產生的厭棄心態，亦是重要原因〔註28〕。辛亥革命後，政局動盪，亂象百出，時人認為「共和既成，革命終結」，渴望以建設代替革命。國內輿論也從此前的競言「革命」，轉變為諱言「革命」。加上舊立憲派刻意渲染辛亥革命的負面作用，「革命」未能維持其崇高地位，轉而逐漸負面化，甚至變為妖魔化政治對手的標籤〔註29〕。尤其是二次革命爆發，似乎證實了梁啟超《革命相續之原理及其惡果》一文的看法：學理上與歷史經驗都表明，「革命只能產出革命，決不能產出改良政治」。因此，「凡謀國者必憚言革命」〔註30〕。俄國二月革命和十月革命相繼發生，很難不使人聯想到民初二次革命後的中國政治亂局〔註31〕。有人甚至認為「革命以後非經三番五次之搗亂，萬難一蹴而幾共和之治」〔註32〕。章錫琛

〔註28〕即使是孫中山也未能立即從讚頌二月革命中轉變過來。直到十月革命之後約八個月，他才向列寧發出了賀電。孫中山對十月革命態度的轉變，李玉剛：《孫中山對俄國二月革命和十月革命的反應》，《歷史研究》1994年第6期。

〔註29〕陳忠純：《「革命」的負面化與民初政爭形勢的發展》，《北京師範大學學報》2014年第1期。

〔註30〕梁啟超：《革命相續之原理及其惡果》，《飲冰室合集·文集之三十》第3冊，北京：中華書局，1989年版。梁啟超在其雄文《異哉所謂國體問題者》中也說：「夫變更政體為進化的現象，而變更國體則為革命的現象。進化之軌道恒繼之以進化，而革命之軌道恒繼之以革命。此征諸學理有然，征諸各國前事亦什九然也。是故凡謀國者必憚言革命，而鄙人則無論何時皆反對革命。」該文發表後受到了廣泛關注，《庸言》（1913年1卷14期）刊登後，《新聞報》（1913年7月30日至8月3日）、《時報》（1913年7月31日至8月2日）、《協合報》（1913年3卷46／47期）等皆轉載。

不過，後來梁氏的看法受到了高一涵、李大釗等人的批評。高氏指出，力求免除「革命相續之慘禍」的用心固然不錯，但要注意的是：「革命」是指對現行政治體制的根本變革，往往起於「理勢之無可逃避」，只要能夠適合國情歷史，能夠「謀最大多數之幸福」即是建設新政治的正當方法。李大釗則指出，革命的目的不是暴力和破壞，恰恰相反，「革命恒為暴力之結果，暴力實為革命之造因」。就中國的具體情形而言，是軍閥政治的暴力與惡政導致了革命，而非相反；與之相應，依附軍閥而反對革命之人則應該自省。見高一涵：《讀梁任公革命相續之原理論》，《新青年》，第1卷第4號，1915年12月。李大釗：《暴力與政治》，《李大釗全集》第二卷，第239～249頁。

〔註31〕此種聯想實源於中俄兩國相似的國情，例如深厚的專制傳統（瞿秋白即持此論）。對於二月革命和民國政爭迭起的原因，李大釗即認為都是「新舊思想之衝突，官僚與非官僚之暗鬥」，急進派與緩進派之鬥爭。甚至「俄國此次革命之成功，未始不受吾國歷次革命之影響」。見《關偽調和》與《俄國大革命之影響》，《李大釗全集》第二卷，第163、22頁。

〔註32〕無妄：《俄國又革命》，《大公報》1917年11月12日，第二張。

也指出：俄國自革命以來，政權已經三易其手，從米留可夫的立憲派，到克倫斯基，再到「過激派」。這種「俄國政權移易之現象」，時人不免有下喬入谷之慨〔註33〕。

與批評十月革命者不同，也有不少知識分子肯定十月革命的偉大意義，視之為偉大的社會革命，即由二月革命發展而來的必然歷史階段。

第一，報導「實行社會共產主義之俄國」的真相，澄清知識界對蘇俄的誤會。1918 年初，國民黨人所主辦的《民國日報》在一片「俄亂」聲中肯定了布爾什維克黨人的作為。該報指出：「城中自歸過激黨管理後秩序更佳，過激黨政府極有實力，辦事堅決，電中並否認過激黨不許民選國會開會之說」〔註34〕。後來，上海《民國日報》連載《勞農政府治下之俄國》，指出要打破知識界此前的誤會和訛傳，為國人介紹「實行社會共產主義之俄國」的真相〔註35〕。該文詳述了蘇俄政府在教育、政府組織、輿論宣傳、產業政策、失業保險、財政狀態、軍事組織、男女平權、銀行國有、廢棄國債、猶太人問題、布爾什維主義等等方面具體情形，澄清了知識界對蘇俄的不少誤解，例如勞農政府在教育上「只重體力，不重智力」、蘇俄政府是「兇暴的政府」等。尤其值得注意的是，該文明確指出，布爾什維主義並非什麼無政府主義，或法國式「Syndioalism」，或美國式 The Industrial Workers of the World 主義，而是「馬克思的社會主義」。時人視布爾什維主義為過激主義，則不過是「皮相的觀察」「感情的議論」〔註36〕。該報提醒知識界注意，中國人原本認為實屬空想的土地國有及其平等的分配辦法也已經實行起來，獲得了「大多數人民的謳歌」。因此，該文認為蘇俄政府很近於理想的政府，「我們看他這一種建設的懷抱，是很不凡的，是很有手腕的」〔註37〕。該報最後得出結論，認為知識界應轉變對蘇俄的仇視態度，應該在細心研究蘇俄的主張及行動之後，才可以「下一個公正的批評」，不應「學英美資本家的口吻，去謾罵他們，也不宜學官僚軍閥的腦筋，去仇視他們」〔註38〕。

〔註33〕高勞：《續記俄國革命之近狀》，《東方雜誌》1918 年 1 月，第 15 卷第 1 號。
〔註34〕《俄德奧媾和之進行》，《民國日報》1918 年 1 月 3 日第七版。
〔註35〕《勞農政府治下之俄國》，《晨報》1919 年 4 月 10 日第三版。此文在 1919 年 4 月 10 日至 26 日的《晨報》和 1919 年 4 月 12 日至 5 月 4 日的《民國日報》連載。
〔註36〕《勞農政府治下之俄國》，《晨報》1919 年 4 月 26 日第二版。
〔註37〕《勞農政府治下之俄國》，《晨報》1919 年 4 月 13 日第二版。
〔註38〕《勞農政府治下之俄國》，《晨報》1919 年 4 月 13 日第二版。

　　國民黨知識分子戴季陶也有感於輿論所傳的俄國革命多是無根謠言，缺乏可靠的材料，故而翻譯了美國前陸軍情報局長布里特（William O. Bullitt）的俄國調查報告。戴氏指出：「關於俄國的事情，外間所傳佈的，十九都是浮說。但是因為沒有實在可靠的材料，所以那些浮說，也就很能得人相信。近來漸漸這些浮說已經打消了好多了。比如關於苦魯泡特金、哥齊兩個學問家被布爾塞維克殺了的話，已經由他們兩人自己寫出來的信，證明他的虛假。至於報上所說李寧被托洛茨基殺了趕了的話，也不止有幾十次，每次謠言都不能過十天就打消了。『恐怖政治』的惡名，隨最近廢止死刑的布告漸漸消滅……現在也還有許多無識的蠢才，並不去考察實際的真象如何，以為俄國行的無政府主義，以為俄國是充滿了殘殺、掠奪、姦淫的罪惡，正是奇怪極了」〔註39〕。戴氏的文章影響較大，發表在上海《星期評論》，後被福建的《閩星》轉載，甚至還要被翻譯為福建方言，「翻印成小冊子」〔註40〕。

　　中共及其早期組織也在《新青年》《先驅》等刊物上大量報導蘇俄狀況。《新青年》從1920年7月的第八卷第一號開始，建立「俄羅斯研究」專欄，發表了98篇相關文章介紹列寧以及蘇俄的狀況。《先驅》則從創刊號起，就或發表單篇文章，或出版「蘇維埃俄羅斯五週年紀念」專號，介紹新經濟政策、蘇維埃政制以及蘇俄的文化教育等等方面，並駁斥一系列加諸蘇俄的種種污蔑和謠言。

　　受此影響，有關布爾什維克的污名得到一定程度的澄清。「公妻」是「過激派」的污名之一。1918年8月28日，《申報》即刊登了《俄無政府黨之公妻制》一文，詳細登載了俄國薩拉土夫無政府黨自由會社禁止私有婦女的命令。〔註41〕到1919年，已經有不少人澄清此事，轉而宣傳蘇俄的女權情況。如高一涵在即指出，「什麼公妻和女子國有兩個傳說，從法律上和事實上搜索，連一點影子都沒有。」〔註42〕《東方雜誌》也有文章指出，「男女平權，為俄國革命之一產物。」並且，在「過激派女傑柯龍臺女士」在蘇俄政府擔任「濟世大臣」後，「女界勢力大振，凡演說會及公共事業等，皆有女子參與其間。當選舉運動之際，女子之活動尤著」〔註43〕。時人觀念中，社會革命是相比

〔註39〕季陶：《勞農政府治下的俄國》，《星期評論》1920年2月20日，第39號。
〔註40〕季陶：《勞農政府治下的俄國》，《閩星》1920年3月1日，第3卷第1號。
〔註41〕《俄無政府黨之公妻制》，《申報》1918年8月28日第五張第17版。
〔註42〕高一涵：《俄國新憲法的根本原理》，《太平洋》1919年11月5日第2卷第1號。
〔註43〕善齋譯《歐俄之真相》，《東方雜誌》1919年11月15日，第16卷第11期。

於政治革命更為徹底的革命形式。製造蘇俄公妻謠言，歸根到底，是為了否定十月革命的社會革命性質。澄清謠言，自然提升了蘇俄的吸引力。江亢虎即指出，「熱心遠識之士，深有鑒於政治革命之不徹底，而社會革命之不容已，亟思步俄後塵。」〔註44〕

　　第二，認為十月革命是由二月革命發展而來的一場偉大的「社會革命」，代表了世界發展新方向。

　　首先，肯定十月革命是一場全面的社會革命。早在1917年末，張奚若即對俄國十月革命表示了讚賞。張氏認為，假如蘇俄能夠順利退出歐戰，「俄新政府或有機會將其社會革命政策從容實施」，假以時日，那麼「此為人類歷史第一大事，如能成功，其影響何可限量」。他將十月革命視為「蘇俄社會主義試驗」，認為即使是不幸失敗了，「亦是政治學社會學上一大『嘗試』，向前看者不必稍挫其氣也」〔註45〕。張氏已在美研習政治學多年，其意見雖然籠統，但頗為重要。藍公武是研究系中堅之一，擔任北京《國民公報》社長，是五四時期較早宣傳馬克思主義，對俄國革命理解較深者之一〔註46〕。他認為，蘇俄十月革命是一場社會主義革命，其訴求「決非增加工金減短時間等枝葉問題，而在改造社會以實現其共同生活之要求」〔註47〕。由吳稚暉主編的宣傳無政府主義的《勞動》雜誌，則明確指出十月革命是「驚天動地的俄國社會大革命」，是「世界的革命，社會的改革」，「不可不以新眼光觀察之」。該雜誌特別強調了十月革命的平民立場、勞動者立場，認為舉凡蘇俄政府解散憲政議會，召集農兵工大會，退出一戰等等舉措皆符合平民的利益，「蓋俄人這回革命，係爭個人的自由，正大光明，誰不羨之」？〔註48〕對於列寧，《勞動》則評之為「素來主張大同主義的最熱心

〔註44〕江亢虎：《三十節國慶在俄感言》，汪佩偉編《中國近代思想家文庫・江亢虎卷》北京：中國人民大學出版社，2015年版，第331頁。

〔註45〕《張奚若致胡適（1917年12月28日）》《胡適來往書信選》（上）北京：中華書局1979年版，第8頁。

〔註46〕藍公武及其所主編的《國民公報》積極宣傳新文化，胡適、傅斯年等人把他引為同道。關於藍公武、《國民公報》與新文化運動的關係問題，彭鵬作出了初步探討。詳見彭鵬：《研究系與五四時期新文化運動：以1920年前後為中心》第六章，廣州：中山大學出版社，2003年版，第130～161頁。

〔註47〕知非：《俄國過激派之研究》，北京《國民公報》，1919年4月11日至5月10日，轉引自《社會主義思想在中國的傳播資料選輯》（中），中共中央黨校科研辦公室發行，1985年版，第485頁。

〔註48〕一純：《俄國過激派施行之政略》，《勞動》第1卷第2號1918年4月20日，

家」，認為他「對於狹小的祖國、愛國的主義，固毫不介意，只曉得人類的
幸福，是要這地球上的人來做成的」〔註49〕。上述觀點中的「社會革命」
雖然不是馬克思所說的含義，但是無一不反映了先進知識分子對十月革命
的讚賞與欣羨。正如瞿秋白所指出，正是因為「俄國布爾什維克的赤色革命
在政治上、經濟上、社會上生出極大變動，掀天動地」，所以全世界都受到
它的影響，尤其在「在中國這樣黑暗悲慘的社會裏，人都想在生活的現狀裏
開闢一條新道路，聽著俄國舊社會崩潰的聲浪，真是空谷足音，不由得不動
心」〔註50〕。

　　其次，無論是激進的民主主義者，還是新青年，都不約而同地把十月革
命稱為「俄國式革命」，作為繼法國大革命或者俄國二月革命之後，開創二
十世紀新潮的偉大革命。李大釗在《法俄革命的比較觀》一文中，熱情頌揚
了十月革命作為一場社會革命和世界革命的偉大意義，指出了俄國文明的
特殊性。他認為應該跳出一時局勢的紛擾來看待俄國十月革命，要看到這
場革命不單單是俄國人心理變動的徵兆，更是「二十世紀全世界人類普遍
心理變動之顯兆」。李氏指出，如果說法國大革命是愛國精神、國家主義興
起的表徵的話，那麼十月革命則是「愛人的精神」「世界主義」興起的表徵。
此後，李大釗又在《庶民的勝利》《BOLSHEVILSM 的勝利》《新紀元》等
文章中申述，俄國革命是開啟新紀元的「二十世紀式的革命」，認為在歐戰
中勝利的是「世界人類的新精神」，不是武力；是「全世界的庶民」，而不是
哪一個國家的軍閥或者資本家政府；是強調互助精神、平等自由的民主主
義和勞工主義的勝利，是軍國主義的失敗。如「大日耳曼主義」「大斯拉夫
主義」等等，就是「專制的隱語」，就是「仗著自己的強力蹂躪他人欺壓他
人的主義」。歐戰勝利意味著新紀元的開創，「今後的世界變成勞工的世界」
〔註51〕。不獨李大釗如此認為，如羅家倫、張君勱皆有類似的看法。學生

　　　　轉引自《社會主義思想在中國的傳播資料選輯》（中），中共中央黨校科研辦
　　　　公室發行，1985 年版，第 452 頁。
〔註49〕持平：《俄羅斯社會革命之先鋒李寧事略》，《勞動》第 1 卷第 2 號 1918 年 4
　　　　月 20 日，轉引自《社會主義思想在中國的傳播資料選輯》（中），中共中央黨
　　　　校科研辦公室發行，1985 年版，第 462 頁。
〔註50〕瞿秋白：《俄羅斯名家短篇小說集·序一》，北京：新中國雜誌社，1920 年 7
　　　　月版。
〔註51〕李大釗：《庶民的勝利》、《BOLSHEVILSM 的勝利》、《新紀元》，《李大釗全
　　　　集》第二卷，第 254～263、266～268 頁。

領袖、新青年的代表人物羅家倫則在《今日之世界新潮》中聲言，二十世紀的世界新潮是 1917 年俄國革命造就的，「現在的革命不是以前的革命了！以前的革命是法國式的革命，以後的革命是俄國式的革命！」所謂法國式革命，是「政治革命」；「俄國式的革命」則是「社會革命」，是平民的革命，有著三個特徵：一是民主戰勝君主，二是平民戰勝軍閥，三是勞動者戰勝資本家〔註52〕。張君勱在讀了《六星期之俄國》（按：實際上就是 Authur Ransome 的《一九一九年旅俄六周見聞記》）後，正是從俄國革命中理解了「真革命」的含義，並對二月革命與十月革命的關係作出了具體論述。他認為，二月革命是「十九世紀式之革命」，「所革者異族而已，專制而已」；十月革命則是「二十世紀之革命」，「由侵略的國家主義而進為平和的國際主義也」，「由私產主義而進為公產主義也」，「由代議政治而進為蘇維埃政治也」〔註53〕。三人看法實在大同小異。在他們看來，法國大革命與俄國二月革命均是反對君主專制，倡導個人自由的民主革命，民族國家、代議制政治和資本主義則是其善果。與上述兩場革命相比，十月革命則表徵了新的時代精神，不但以「世界主義」否定「國家主義」，而且將民主範圍擴大到平民階級〔註54〕。三人雖然皆未從馬克思列寧主義之五種社會形態說的理論高度立論，闡釋作為無產階級革命的十月革命對二月革命（以及法國大革命）的更替，但是畢竟看到了十月革命對二月革命的超越，點出了十月革命所蘊含的平民立場及其偉大意義。與前述對十月革命的批評相比，上述觀點新穎獨到，反映了持論者的思想境界。

　　著眼於較長時段地整體觀察，晚清時期俄國「中央集權官僚全盛之雄國」形象因俄國革命而煥然改觀。在五四知識界的視野中，舊俄國一躍成為了令人刮目相看的「新俄」。「新俄」作為各種主義與理想的「試驗場」，其根本特徵則表現在布爾什維主義和蘇維埃政制上。知識界對二者的認知遂構成了蘇俄觀的重要內容。

〔註52〕羅家倫：《今日之世界新潮》，《新潮》1919 年 1 月第 1 卷第 1 期。

〔註53〕君勱：《讀〈六星期之俄國〉》（及續篇），《改造》1920 年第 3 卷第 1～2 號。

〔註54〕《青年進步》上的一篇譯文《俄露斯革命之真相》認為，二月革命是憲政革命，十月革命是社會革命，「俄國之亂已從社會革命撲倒憲政革命，使無餘地可容。」該雜誌是基督教青年會的刊物，雖然其觀點帶著宗教偏見，但反過來點到了十月革命相對於二月革命的進步意義。Charles Johnston：《俄露斯革命之真相》，錢泰基譯，《青年進步》1918 年 6 月第 14 期。

第二節　對布爾什維主義的認識

　　五四時期，各種「主義」競相登場，頗讓人眼花繚亂、目不暇接。時人對某種主義的一知半解，甚至誤讀，均不可避免〔註 55〕。五四時期，知識界對布爾什維主義〔註 56〕的認知狀況頗為複雜。一方面，有人意識到其中蘊含著巨大的時代力量。有人即指出「其主義中必有勝人之堅甲利兵者」，認為它不僅將征服俄國，還會征服全世界〔註 57〕。不過，在北洋政府和日本宣傳的影響下，還有另一種聲音，以為布爾什維主義是「過激主義」〔註 58〕。這提示我們，只有清理時人所說「過激主義」與布爾什維主義之間的關係，才能夠

〔註55〕王汎森曾對中國近代知識界對「主義」的接受與理解的演化作出具體分析。見王汎森：《「主義時代」的來臨——中國近代思想史的一個關鍵發展》，《思想是生活的一種方式：中國近代思想史的再思考》，北京：北京大學出版社，2018 年版，第 138～219 頁。

〔註56〕在此需要做一點詞源的說明。關於 Bolshevism 一詞，有人譯為「布爾什維克主義」（布爾塞維克主義等），比如孫志曾編的《新主義辭典》（光華書局 1933 年出版）、石川禎浩的《中國共產黨成立史》（袁廣泉譯，社會科學文獻出版社，2006 年版）等；也有人譯為「布爾什維主義」，比如孟森的《中俄通好後之政治與經濟》（《申報》1924 年 6 月 20 日，「時論」欄）一文，《辭海》（試行本，第 5 分冊，1961 年版）、《列寧選集》等等。應該指出，前者或是「布爾什維克的主義」的略稱。從音譯上考慮，「布爾什維主義」顯然是更準確的，這也是近來學界的通常做法。對於 Bolshevism 的具體內涵，俄國學者 B.M.梅茹耶夫認為，「布爾什維主義」起源於俄國歷史和俄國革命的特殊條件，而非馬克思主義。其含義偏重於專政、暴力和集權，是非民主的，且與共產主義是背離的；經由列寧解釋後，轉而與馬克思主義相結合，階級鬥爭的含義被解釋為無產階級對資產階級的暴力鎮壓，進而產生無產階級的民主而非所有人的民主。在這個過程中，政黨領導無產階級，無產階級專政事實上不是階級的政權而是黨的政權。見 B.M.梅茹耶夫：《馬克思主義與布爾什維主義》，馬瑞主編《馬克思主義研究資料》第 23 卷，2015 年版。

〔註57〕知非：《俄國過激派（Bolsheviki）之研究》，《北京國民公報》1919 年 4 月 11 日。日本旅俄記者布施勝治認為「俄羅斯終將為過激主義之捕虜」，傅斯年則認為「俄之兼併世界不在土地國權而在思想」。見善齋：《述俄國過激派領袖李寧》，《東方雜誌》，1918 年 3 月 15 卷第 3 期。傅斯年：《社會革命——俄國式的革命》，《新潮》1919 年 1 月 1 日第 1 卷第 1 號。對於布爾什維主義在歐洲、美國的傳播，時人亦有議論。參加品今：《勞動問題談片》，《解放與改造》第 1 卷第 5 期。

〔註58〕有人明確指出，「過激主義〔是〕自俄語 Bolshevism 翻出來的」，「過激主義（Bolshevism），這就是指布爾什維克主義而言。」保和：《論預防過激主義》，《青年進步》1920 年第 29 期；梁耀南編《新主義辭典》，上海：陽春書局 1932 年版，第 348 頁。

更好地理解中國知識界所認知的布爾什維主義。簡單地說，「過激主義」無非是一個含義曖昧的污名。魯迅和胡適曾異口同聲地指出了如下情形：時人雖然不知具體含義，卻都在「痛恨痛罵『過激主義』」〔註59〕。

這種情形一方面源於知識界對俄國革命情形的隔膜，以及部分人對十月革命的惡感，另一方面則與當時布爾什維主義的傳播狀況有關。上文已對前者作出了說明，對後者需要注意以下兩點。

第一，「過激主義」一詞之所以充斥於中文各報刊與日本有密切關係。面對新誕生的蘇俄，日本政府與英、法等國一道對其進行武裝干涉，並嚴厲打擊日本國內重興的社會主義思潮。布爾什維克的「過激派」之名即由此而來。日本黎明會的福田德三就曾指出，「過激派是日本武斷的命名」〔註60〕。日本是中國知識界社會主義思想的重要來源，中國人對布爾什維主義的認識當然也受日本人看法的影響。布爾什維主義也因此在中國有了「過激主義」的惡名。〔註61〕加上此時的北京政府受親日的皖系軍閥控制，在日本人的影響下，多次下令查禁布爾什維主義的宣傳。例如，1917年12月30日，北洋政府總

〔註59〕「近來時常聽得人說，『過激主義來了』；報紙上也時常寫著，『過激主義來了』。於是有幾文錢的人，很不高興。官員也著忙，要防華工，要留心俄國人，連警察廳也向所屬發出了嚴查『有無過激黨設立機關』的公事。著忙是無怪的，嚴查也無怪的；但先要問什麼是過激主義呢？這是他們沒有說明的，我也無從知道。」唐俟：《隨感錄·「來了」》，《新青年》1919年5月15日第5期；「現在中國有幾個人知道這一個名詞做何意義？但是大家都痛恨痛罵『過激主義』，內務部下令嚴防『過激主義』，曹錕也行文嚴禁『過激主義』，盧永祥也出示查禁『過激主義』。前兩個月，北京有幾個老官僚在酒席上歎氣，說，『不好了，過激派到了中國了。』前兩天有一個小官僚，看見我寫的一把扇子，大詫異道，『這不是過激黨胡適嗎？』」見胡適：《多研究些問題，少談些「主義」！》，《每週評論》1919年7月20日第31號。

〔註60〕太悲：《從虛偽的德莫克拉西到真正的德莫克拉西》（三），《民國日報·覺悟》1919年8月26日第8版。

〔註61〕「過激主義」一詞與布爾什維主義聯繫在一起，或始於1918年的《申報》。該報轉載了「英國每日郵報」對日本外相後藤新平的訪談，其中提到日本在中國留日學生中傳播「過激主義」的問題。原文如下：「問：世人往往疑日本之動機在於西伯利亞及中國，以為日本煽動之，使無秩序，並以過激主義蔓延於學生之間，抑亦有此說乎？答：余固知有謂，日本人士以此思想感染中國學生者，至若謂日本因中國無秩序而為日本之利益，則余所不解。中國平靜乃日本之福也。過激主義乃今日德國防備至嚴，惟恐其侵入國境，吾人亦有同心。故惟望中國之恢復秩序，傾向和平也。」見心危：《東京通信·日本出兵與後藤外相談話》，《申報》1918年6月23日第3版。

統府秘書長張一麐和國務院秘書長惲公孚在接受神州通信社記者採訪時，即以「過激黨」稱呼布爾什維克。以王揖唐為代表的安福系隨後也開始研究「過激派」「危險思想」〔註62〕。1919 年 2 月 5 日，日人主辦的《順天時報》曾發表文章，指出「俄國過激思想宣傳隊現已潛入中國，希望中國當局趕早築成數十萬丈厚的長堤」〔註63〕。在日人的教唆下，北洋政府多次命令查禁「過激主義」。北京政府在五四運動時，封禁「煽惑軍隊，鼓蕩風潮」的《益世報》，對《晨報》《國民公報》作檢查發稿處理，對「妨害治安，敗壞風俗……專以鼓吹社會革命、無政府、同盟罷工、共產等邪說為宗旨」的《進化》、《民生叢刊》等雜誌一律查禁〔註64〕。《新青年》第 6 卷第 5 號的出版波折也是因為上海群益書社害怕「風潮」〔註65〕。此後，北京政府又多次發布命令禁止「過激主義」的傳播，這與日本政府亦有密不可分的關係。1919 年 7 月 31 日，《申報》轉載了中美合辦的《大陸報》社論，其中即指出：段祺瑞控制下的北洋政府，藉向蒙古派兵，以防止過激主義傳入中國的名義，再向日本借款，「此直為賣國手續中之又一步也」〔註66〕。9 月 20 日，唐紹儀在談話中表示，「過激主義」已經蔓延於西伯利亞，中日兩國「固應有互相扶助以拒此害之條約」〔註67〕。

第二，布爾什維主義被視為「過激主義」與無政府主義者的宣傳有關。近代中國的無政府主義派雖然主要在日本、法國的同盟會員中形成，但無不與俄國虛無主義思潮密切相關。1903 年「《蘇報》案」爆發之後，無政府主義開始在中國留日學生中大受歡迎。《民報》《浙江潮》《大陸》等刊物翻譯發表了不少介紹俄國虛無黨（Nihilist）的文章，盛讚其以暗殺等激烈手段，推翻

〔註62〕《府院兩秘書長之時事談》，《申報》1917 年 12 月 31 日第三版；鄧野：《王揖唐的「社會主義」演說和「問題與主義」論戰的緣起》，《近代史研究》1985 年第 6 期。
〔註63〕《順天時報》1919 年 2 月 5 日。
〔註64〕《查禁「妨害治安」的集會出版之經過》，《每週評論》1919 年 6 月 1 日第 24 號。查禁出版物名單，李永春：《五四時期北京政府查禁的書報傳單目錄》，《五四時期社會改造思潮研究》，北京：中國社會科學出版社，2017 年版，第 674～683 頁。
〔註65〕王素莉：《「五四」前後馬克思主義在中國傳播的若干問題探討——也評石川禎浩〈中國共產黨成立史〉的有關論述》，《中共黨史研究》2010 年第 5 期。
〔註66〕《西北出兵聲中之外人觀察》，《申報》1919 年 7 月 31 日第二張第六版。
〔註67〕《唐少川君談話紀》，《申報》1919 年 9 月 20 日第三張第十版。

沙皇專制政府的革命事蹟。這一度激勵了革命派採用暗殺等手段推翻滿清政府〔註68〕。五四時期的無政府主義者拋棄了晚清時的恐怖主義主張，整合了社會主義理想和個人自由，提倡「勞動」與「互助」，是最早地介紹布爾什維克的知識分子群體之一〔註69〕。在他們的宣傳中，十月革命是「無政府黨、虛無黨」等黨派領導的。《勞動》雜誌即指出「所謂過激派，是主張無政府的，主張共產的」〔註70〕。受此影響，不少人遂以為布爾什維克黨人是無政府主義者。例如，《東方雜誌》曾有文章點出，布爾什維克「故國之觀念甚為淡薄」〔註71〕。《大公報》更認為布爾什維克黨人繼承俄國「虛無黨及恐怖黨之衣缽」，「其宗旨務毀滅世界現在之政府，不問為專制為共和。」〔註72〕美國傳教士李佳白甚至認為：「過激主義已遞嬗為無政府主義，其於勞農制之宗旨，初尚相去甚遠」〔註73〕。可以說，無政府主義者的宣傳是時人誤解布爾什維主義的原因之一。

不過，中國知識界畢竟與北洋政府不同，沒有簡單地接受這套說辭。以中國早期馬克思主義者為代表的知識分子不僅為之正名，還指出了其被污名化的原因。1918 年末，《大阪每日新聞》批評列寧的民族自決主張為「過激主義」。該報認為，德國以民族自決的名義，支持列寧等人推翻臨時政府，從而獲得了俄國退出一戰這樣的「意外之便宜」。據此，該報斷言民族自決不僅在今天「足以破壞現狀」，還是「將來之一亂原〔源〕」〔註74〕。日本人這種包

〔註68〕關於清末民國時期的無政府主義研究，可參考〔美〕阿里夫·德里克，孫宜學譯《中國革命中的無政府主義》，桂林：廣西師範大學出版社，2006 年版；〔韓〕曹世炫：《清末民初無政府派的文化思想》，北京：社會科學文獻出版社，2003 年版等著作。

〔註69〕如 Authur Ransome 所著，黃凌霜翻譯的《一九一九年旅俄六周見聞記》曾在 1919 年 11 月 12 日至次年 1 月 7 日的《晨報》「俄國研究」專欄連載，並結集成書。該書影響較大，1920 年 6 月 7 日被京師警察廳是「跡近傳播過激主義」的名義查禁。

〔註70〕《歐戰與勞動者》、《擾到支那人的清夢》，《勞動》1918 年 3 月 20 日第 1 卷第 1 號。

〔註71〕善齋譯《歐俄之真相》（續），《東方雜誌》1919 年 11 月 15 日，第 16 卷第 11 期。

〔註72〕《俄京二次政變記》，《大公報》1917 年 11 月 17 日；Charles Johnston：《俄露斯革命之真相》，錢泰基譯，《青年進步》1918 年 6 月第 14 期。

〔註73〕李佳白：《論行於東亞之過激主義》，《尚賢堂紀事》1920 年第 11 卷第 8 期。

〔註74〕《東報反對民族獨立之論調》，《申報》1918 年 12 月 2 日，第二張第六版。

藏禍心的論調，自然不會被中國知識界接受。恰恰相反，中國知識界對列寧的民族自決理論讚譽有加。中國知識界雖然也誤認布爾什維主義是「過激主義」，但是這與日人所言含義不同。邵飄萍在《綜合研究各國社會思潮》中即提醒道：「所謂布爾薩維克者，不過為俄國社會民主黨多數派之名稱。吾人固不能強同其主義，亦不必妄加形容之詞，如日人所諡之為過激派者，愚意我國新聞記者記事等，勿應從日人之『故意的曲解』，不如直稱曰『多數派』為適當也」〔註75〕。李大釗在《再論問題與主義》中指出，迷戀「資本主義軍國主義的日本人」為了抹黑蘇俄，便把 Bolshevism 譯成了「過激主義」〔註76〕。陳獨秀則不獨指出了日本人「硬叫 Bolsheviki 做過激派」的事實，還點出了「各國政府資本家」因為都痛恨蘇俄，所以異同攻擊蘇俄的情況〔註77〕。福建《閩星》說得更為直白，「過激派」這個惡名是「中國一般的蛆蟲政客」從日本拿來，攻擊革命者的說辭〔註78〕。

　　緣是，不少敏銳的知識分子在介紹布爾什維主義時，已經明顯有了自覺。例如金侶琴在從英文翻譯列寧的《俄國的政黨和無產階級的任務》一文時，認為將「布爾什維克」翻譯為「過激派」或者「廣義派」都不妥善，應從音譯為「鮑爾雪維克」〔註79〕。邵飄萍也認為，我們固然不能完全同意布爾什維主義，但也不能聽從日本人「故意的曲解」——稱布爾什維克為「過激派」〔註80〕。陳國榘在翻譯《布爾什維主義的心理》一書時則指出，「Bolshevism 一個名詞，原難將他底意義儘量表現，日人譯為『過激主義』不過想拿這話嚇人，我不願用他，而用現在的音譯『布爾什維主義』」〔註81〕。「淨生」則

〔註75〕邵振青編《綜合研究各國社會思潮》，商務印書館，1920 年 4 月初版；邵振青：《俄國新政府之過去、現在、未來》，《東方雜誌》1920 年 5 月 25 日第 17 卷第 10 期。

〔註76〕李大釗：《再論問題與主義》，《每週評論》1919 年 8 月 17 日，第二版。

〔註77〕陳獨秀：《隨感錄・過激派與世界和平》，《陳獨秀著作選編》第二卷，上海：上海人民出版社，2010 年版，第 132 頁。

〔註78〕兩極：《世界最新之兩大組織》，《閩星》1919 年 12 月 8～11 日第 1 卷第 3～4 號。

〔註79〕李寧著，金侶琴譯《鮑爾雪維克之所要求與排斥》，《解放與改造》1919 年 9 月第 1 卷第 1 期。

〔註80〕邵振青：《俄國新政府之過去、現在、未來》，《東方雜誌》1920 年 5 月 25 日第 17 卷第 10 期。

〔註81〕施羅戈著，陳國榘譯《布爾什維主義的心理・譯者前言》，商務印書館，1921 年版。

直白指出，日本帝國主義對於布爾什維克推翻沙皇專制耿耿於懷，「兔死狐悲，因嫉生恨，遂加廣義派一個過激的頭銜，百端嘲罵，幾有滅此朝食的樣子」。而中國的「萬惡滿清遺毒下來的一般武人官僚」，既思想陳舊，又頭腦簡單，中了日本人的簽訂軍事密約以抵制廣義派的圈套。於是乎，日本人在中國國內操縱輿論，「故意張大其詞，誣衊勞農政府，迎合我華武人官僚底心理，加廣義派以種種罪名：有如公妻共產，撲滅中流社會，慘殺無罪良民，形容得廣義派和洪水猛獸一般」。在他看來，「勞農政府成立以來，即拿他們誅戮皇帝，殲滅貴族兩端而論，已經是痛快淋漓替正義人道作見證，對帝國主義的獸道主義下一當頭棒喝了。」中國與日本不同，已經沒有神一般的至高皇帝，也沒有貴族和資本家，因此對於「廣義派的主張」的態度要與日本截然相反，「當一一反其道而行之，才可以不致於有遺憾咧」〔註82〕。

名詞上的糾紛容易澄清，但是思想立場的分歧決定了知識界對於布爾什維主義的複雜態度。

其一，畏聞階級鬥爭的知識分子仍然認為，布爾什維主義是一種「過激主義」。具體地說，則是批評布爾什維主義的實行方法太過激進。藍公武對俄國革命頗為瞭解，澄清了不少事實，但這不影響他的另一個判斷：布爾什維克在實行革命的政策上太過激進〔註83〕。《勞政府治下之俄國》曾在《晨報》、《民國日報》等大報連載，是當時少有的主張對蘇俄應仔細研究、公正批評的文章。該文也認為，布爾什維克「實行方法，太過急」，結果使全俄國都變混亂了〔註84〕。這裡所說的「過激方法」，主要有兩個方面內涵。一方面，針對布爾什維克用暴力革命的方式推翻臨時政府，用強迫手段重新分配土地等具體措施而言。《青年進步》即攻擊布爾什維克繼承的是俄國「虛無黨及恐怖黨之衣缽」，採用暗殺主義，只知破壞，「其宗旨務毀滅世界現在之政府，不問為專制為共和」〔註85〕。在他們眼中，布爾什維克將土地分配給無地農民，將工廠國有化這一事實充滿著暴力與血腥，「其罪其惡比之俄皇有過之無不

〔註82〕淨生：《我們對「廣義派」應執的態度》，《民國日報·覺悟》1920年9月27日第四版。

〔註83〕知非：《俄國過激派之研究》，北京《國民公報》，1919年4月11日至5月10日，轉引自《社會主義思想在中國的傳播資料選輯》（中），第485頁。

〔註84〕《勞農政府治下之俄國》，《晨報》1919年4月26日第二版。

〔註85〕Charles Johnston：《俄露斯革命之真相》，錢泰基譯，《青年進步》1918年6月第14期。

及」。張劍光即指出，「他派遣土地委員，教他們各各便宜行事，所以這種委員，稱意施行，無所顧慮，各處農民因此相繼屠殺土主與其家族。其對於工廠等，及資本家，搶掠殘殺，慘不忍聞。俄皇拗執倔強，而過激派過於自信，強人服從，雖壓迫他人意志的自由，亦所不惜。」〔註86〕另一方面，針對階級鬥爭、無產階級專政而言。章錫琛指出：「過激主義最大之特色」是以無產階級專政反對貴族專政和資產階級專政〔註87〕。在部分人看來，這無非是「用平民壓制中等社會，殘殺貴族及反對者」，自然是「過激派的錯處」〔註88〕。上海聖約翰大學主辦的《約翰聲》刊載《過激主義之真相》一文亦有類似的觀點。該文指出「過激主義非他，欲以庶民政治代共和政治耳，欲以革命學說代進化學說耳。」該文所謂「庶民」是指「工人及下等社會」，「庶民政治」即是「均富主義」，目的是消除階級，消滅「中上流社會」，因而「過激主義即庶民的笛克推多〔dictator〕政治，而非自由主義」。其革命手段則「多出於情慾上暴動，社會上煽惑」〔註89〕。張劍光則細緻描繪了他眼中蘇俄階級競爭的結果——「社會情形驟變，一種淒風苦雨之象」，其中指出「有向為士官者，奔走於市，以賣新聞紙為糊口之計；有大家閨秀、女校學生，亦以售新聞紙為生涯者，或出售其家具裝身具金銀寶石首飾等以謀生活者，其家主等，因不動產國有法之實施，所有產業均遭沒收；向為律師裁判官者，皆因裁判制度之撤廢而失業，謀食無策，或降為書記、為門差苟延殘喘，或為御者，或為搬運夫，忽營勞動之生活。近時政府大擴張編制新軍之計劃，舊將校等頗受歡迎，工場技師亦蒙優待，此輩咸欣然色喜。」〔註90〕

其二，熱烈擁抱新思想的知識分子在社會主義思潮之下，對布爾什維主義的高遠理想表示了高度讚賞。研究系諸人的看法可為代表。張君勱認為，布爾什維主義只可以作為思想學說加以研究，而不可以效法。他在給張東蓀的信中，將十月革命的勝利歸於列寧的天縱英才，據此以為中國人以俄為師只會是「畫虎類狗」。除此之外，他還十分詳細地說明了反對理由：第一，根

〔註86〕張劍光：《什麼叫做過激派？》，《時事新報》1919 年 7 月 12 日第三張第四版。

〔註87〕譯自日本《新公論》雜誌，君實譯《過激主義與民主主義之對抗》，《東方雜誌》1919 年第 16 卷第 8 期。

〔註88〕《俄國包圍過激派之運動》，《每週評論》1919 年 1 月 12 日，第 4 期。

〔註89〕劉麟生：《過激主義之真相》，《約翰聲》1919 年 4 月第 3 號。

〔註90〕張劍光：《什麼叫做過激派？》，《時事新報》1919 年 7 月 12 日第三張第四版。

本上不贊同蘇維埃制度，認為無產階級專政是「同種相殘」，「大非平等之義」；第二，反對以暴力革命的方式取得政權，認為這會導致連綿不斷的革命，是「禍國殃民之暴舉」；第三，蘇俄以強迫手段實行銀行、礦山等國有化和無產階級專政，不符合「法治主義之大原則」〔註91〕。不過，他又在「勞動為人人共有之義務」和「排斥歐洲列強之侵略政策」兩個方面服膺「過激主義」。他認為「此二端者，真人類平等之理想，而斯世大同之塗輒也。」〔註92〕在瞭解更多蘇俄情況後，張君勱對布爾什維主義的看法似乎有所變化。他指出：「真革命者，必有主義。真革命者，不獨行其主義於國中，且欲以其主義易世界。真革命者，以行其主義之故，雖犧牲其舊時代之所謂領土利益而不顧。真革命者，以行其主義之故，其所採手段，常為全世界所駭怪。真革命者，以行其主義之故，雖招全世界之反對，而猶獨往獨來，孤行所信。真革命者，以行其主義之故，常能獨驅使其信徒，以抵抗外敵。真革命者，雖在政治上有成有敗，制度上有得有失，而其所信仰之主義，則已足震撼一世，且影響於千百年之後。」〔註93〕在張君勱的論述中，「主義」幾乎成為判斷一場革命是否是「真革命」的唯一條件，至於革命是否過於暴力，是否損害國家利益，是否受到普遍反對，成功與否以及所建立制度的得失等等均成為次要的問題。研究系幹將藍公武也認為，「過激主義」固然有不適宜中國社會的地方，但是「有益處的地方也並非絕無」，故而合乎情理的做法是：取布爾什維主義之長，「以補他種主義之不足」〔註94〕。

除了研究系之外，中國知識界還有不少人認識到布爾什維主義是俄國共產黨人對馬克思主義的發展，是改造中國社會的可借鑒的理論。1920年，鄭

〔註91〕君勱、東蓀：《中國之前途：德國乎？俄國乎？》，《解放與改造》1920年7月14日第2卷第14期。李漢俊翻譯了日本評論家山川菊榮的《戰後世界思潮之方向》，意見與張氏相左。其中認為，德國革命始終未能踐行「平民主義」，只有俄國革命預示了「平民階級互相呼應、互相結合運動」的重大趨勢，才是「世界民眾運動先驅」。〔日〕山川菊榮：《戰後世界思潮之方向》，《民國日報》（上海）1919年9月5／6日。

〔註92〕張君勱：《俄羅斯蘇維埃聯邦共和國憲法全文·後附致張東蓀信》，《解放與改造》1919年11月15日第1卷第6期。

〔註93〕君勱：《讀〈六星期之俄國〉》（及續篇），《改造》1920年第3卷第1～2號。1926年，張君勱在《蘇俄評論》（新月書店，1926年版）一書中極詆蘇俄，到1930年代初期則又發表《我之俄國觀》（《再生》創刊號）長文，說明其對蘇俄態度的變化。

〔註94〕知非：《問題與主義》，《每週評論》1919年8月3日第二版。

振鐸曾指出，資本主義的危機使得社會改造運動應運而起，其中布爾什維主義即是「直接的社會革命」的代表。鄭氏繼續指出：「俄國的廣義派他們是信奉馬克思的國家主義」，在俄國實行了土地、銀行、鐵路的國有政策，主張推翻資本主義，實行「大多數平民的執政」。因此鄭氏認為「這種主義，實在是社會改造的第一步」，目之為「過激主義」的若非神經過敏，即是資本家恐慌心理在作崇〔註95〕。郭紹虞在研讀了日本室伏高信的《社會主義批判》一書後，則指出了兩層意思：其一，淵源於馬克思主義，但卻是俄國特有的產物。其二，與馬克思主義一樣，將成為全人類共同的理論武器〔註96〕。用李大釗的話說就是，「Bolshevism 這個字，雖為俄人所創造，但是他的精神，可是二十世紀全人類人人心中共同覺悟的精神」〔註97〕。這雖然不意味著嚴格意義上的認同，但卻表明了時人對布爾什維主義認知的深化，「走俄國人的路」已經呼之欲出了。

　　不僅如此，還有人進一步探求了布爾什維主義能夠在中國流行的社會根源。「冥冥」拋開了「過激主義」的是非對錯，從中國社會的惡劣狀況尋找到了「過激主義」在中國流行的根源。他指出，「過激主義種子，實在是因為社會上不滿意的事太多」，「那社會上的一切不平、不安穩、不公道的事體，就是他的肥料」〔註98〕。《申報》也指出，中國是俄國黨人宣傳其主義的「最宜之地」，因為「中國內情與過激黨主義最易接近。國人方疾首痛心於軍閥，捨此而就過激黨或亦其所甘心。蓋橫受壓制之民眾，學識不足，怨憤尤深，過激黨主義乃乘隙而入也」〔註99〕。《晨報》也指出，拜「北京軍人派之壓制」所賜，被壓迫

〔註95〕鄭振鐸：《現代的社會改造運動》，《新社會》1920 年 2 月 11 日第 11 號。當時，鄭振鐸在北京的鐵路管理學校讀書，與瞿秋白、耿濟之、瞿世英等四人創辦了《新社會》旬刊，提出了他們的改造社會綱領。陳獨秀曾對他們進行了指導。1919 年 12 月 15 日，鄭振鐸翻譯的列寧《俄國的政黨和無產階級的任務》一文，發表在《新中國》月刊第 1 卷第 8 期上，題為「俄羅斯之政黨」。詳見陳福康：《鄭振鐸年譜》（上冊），上海：上海外語教育出版社，2017 年版，第 32～39 頁。

〔註96〕紹虞：《布爾塞維克的批判》，《解放與改造》1920 年 8 月 15 日第 2 卷第 16 號。

〔註97〕李大釗：《Bolshevism 的勝利》，《李大釗全集》第二卷，263 頁。

〔註98〕冥冥：《讀者言論·過激派的引線》，《每週評論》1919 年 3 月 2 日第四版。

〔註99〕《申報》所載評論出自中美合辦的《大陸報》。該社論影響較大，不僅《申報》轉載，基督教刊物《興華》也在 1919 年 3 月 19 日的 16 卷 11 期轉載，題為《傳播過激主義之危險》。《過激主義侵入之外論》，《申報》1919 年 3 月 7 日第二張第六版。

的中國人民「無知輕信」，國內盜匪如毛，軍人腐敗不堪。職是之故，布爾什維主義「一轉瞬間由空言而成為事實」也並不奇怪。有人正言直告政府當局，「過激主義」的流行，主要原因「不在文字語言之煽誘」，而是國內民生困難，「軫民之食而使趨於飢饉，是直為傳佈過激主義者效絕大之勤勞耳」〔註100〕。

此外，還需簡單說明早期馬克思主義者對布爾什維主義認知狀況。俞秀松是中共上海發起組成員，他1920年7月10日的日記透露出對布爾什維主義茫無頭緒〔註101〕。瞿秋白也曾指出，青年們對於社會主義的流派、含義等問題都不十分清楚，不過是「隔著紗窗看曉霧」〔註102〕，但是他們卻對社會主義有無限興味。應該說，他們雖然在知識層面上的認知未見得全面深刻，但這並未影響其信仰層面上的認同〔註103〕。

第三節　對蘇維埃政制的認知

對於蘇維埃政制〔註104〕的歷史價值，戴季陶曾作出高度肯定。他認為，俄國革命的意義有兩個：「一個意義是俄國自己國內政治組織和社會的改革，一個是對全世界政治組織、社會組織改革機運的最大刺激」〔註105〕。蘇俄誕

〔註100〕庸：《為漕運事告北京當局》，《申報》1919年7月20日第三張第十一版。

〔註101〕俞秀松是中共上海發起組成員，他便在其1920年7月10日的日記中記載：「經過前回我們所組織底社會共產黨以後，對於安那其主義和波爾雪佛克主義，都覺得茫無頭緒，從前信安那其主義，的確是盲從的，此後不是自己對於現在社會有很明瞭很正確的觀察，應取甚樣的方法來改造他是不行。」瞿秋白也指出，「社會主義的討論，常常引起我們無限的興味，然而究竟如俄國十九世紀四十年代的青年思想似的，模糊影響，隔著紗窗看曉霧，社會主義流派，社會主義意義都是紛亂，不十分清晰的。」《俞秀松烈士日記（1920年6～7〔月〕）》，《上海革命史資料與研究》，1992年，第297頁。

〔註102〕瞿秋白：《瞿秋白文集·餓鄉紀程》，北京：人民文學出版社，1953年版，第23頁。

〔註103〕可參考許紀霖：《五四知識分子通向列寧主義之路》，《清華大學學報》2020年第5期。

〔註104〕在本文中，「蘇維埃政制」主要是指列寧時期布爾什維克領導的，工農無產階級專政的蘇俄政治制度。據張君勱言，「蘇維埃」之譯名，首見於張氏譯文《俄羅斯蘇維埃聯邦共和國憲法全文》（《解放與改造》1919年11月15日第1卷第6期），見張君勱：《我之俄國觀·第八節》，《再生》第1卷第7期。

〔註105〕戴季陶：《東方問題與世界問題》，《〈民國日報〉特刊·中國國民黨改組紀念》，1924年2月。

生之後，既享有人類「理想國」的讚譽，又受到「洪水猛獸」的污蔑。「理想國」主要是針對共產主義理想而言，蘇維埃政制即是其起點。有人明確指出：「俄國革命後，其政治上最為世人所稱道者，厥惟蘇維埃制度」〔註 106〕。蘇維埃政制是蘇俄作為一個社會主義國家的根本特徵。如何評價蘇維埃政制，很大程度上反映了知識界如何認識俄國革命和俄國社會主義道路。概括地說，五四知識界在蘇維埃政制的民主性問題上有較大爭議，但在整體上肯定了其「試驗價值」。

　　蘇維埃政制的民主性問題是五四知識界著力探討的重要問題。李達曾指出，布爾什維克受到的諸如「被德國金錢買動的賣國奴」「人道之敵」「共產公妻」等等非難都不值一駁，「唯一有力的非難」則是批評蘇維埃政制是「獨裁政治」〔註 107〕。1923 年由北京政府參議院出版的《現在之勞農俄國》一書指出「蘇維埃政治，民主制也」，但同時又指出「蘇維埃政治，專制政治也」，「與希臘羅馬時代之寡頭政治相彷彿」〔註 108〕。這種矛盾論述顯示了當時人對蘇維埃政制認知的複雜樣態。

　　於五四知識界而言，蘇維埃政制民主性問題基本可以化約為無產階級專政的性質問題。他們普遍認識到蘇維埃政制的核心是「勞農專政」（無產階級專政），而且布爾什維克黨在其中居於領導地位。例如，邵飄萍認為，蘇俄政治組織以蘇維埃（「勞兵農會」）為基礎，布爾什維克則是「中心勢力」，「勞動者以外」，比如「中產階級、智識階級之反對社會主義者」皆被排除在政權之外，「此固布爾薩維克之唯一特色」〔註 109〕。《民國日報》也認為「勞農專政」

〔註 106〕〔日本〕岡悌治著，君實譯：《勞農共和國與理想社會》，《東方雜誌》1920年第 17 卷第 18 期。

〔註 107〕李達編譯：《勞農俄國研究》，上海：商務印書館，1922 年 8 月版，第 26～28 頁。

〔註 108〕孫潤宇譯：《現在之勞農俄國》，北京：新共和印刷局，1923 年 10 月版，第8～9 頁。孫潤宇（1879～1960），原名潤家，字滋含，一字子涵，吳縣人。1902 年畢業於北洋大學堂預科，1908 年於日本法政大學專門部畢業，1909年被授予法政科舉人。1912 年，上書臨時大總統孫中山，建議施行律師制度，後與章士釗等人創辦民國法律學校，並擔任為江蘇律師總會會長。1913年當選國會眾議院議員及憲法起草委員會委員。1916 年組織憲政討論會，是國會議員吳派首領，後支持曹錕賄選。抗戰爆發後，擔任偽天津市治安維持會委員、總務局局長。見李峰編《蘇州通史·人物卷》（下），蘇州：蘇州大學出版社，2019 年版，第 71 頁。

〔註 109〕邵飄萍：《新俄國之研究》，日本：東瀛編譯社，1920 年 8 月版，第 25、30 頁。

是蘇維埃政府施政的唯一特點〔註110〕，郭紹虞則將之稱為「布爾塞維克主義基礎的特質」〔註111〕。

否定蘇維埃政制民主性的意見，歸結起來有如下四種理由：

第一，精英民主論者攻擊蘇維埃政制是一種「暴民政治」。《東方雜誌》發表了君實譯的《過激主義與民主主義之對抗》一文，認為世界已經從「過激主義與保守主義對抗之世界」，進入到「過激主義與民主主義對抗之世界」。蘇俄布爾什維主義抹殺了中等階級對於民主自由的要求，不過是一種多數人壓迫少數人的「特權主義」。該文甚至認為，與沙皇尼古拉斯二世的少數人專制相比，列寧的多數人專制「為愈不合理之專制政治」。因為，多數人專制是「愚鈍者」支配的政治，是一種暴民政治，少數人專制反而是開明政治〔註112〕。

第二，普遍民主論者以為，無產階級專政是一種有限民主，不符合民主精神。他們主要是資產階級民主主義擁護者以及無政府主義者〔註113〕。例如，王世杰便認為，「吾人對於德謨克拉西的精神，卻有兩種簡單觀念：第一，政權操諸公民全體；第二，公民直接行使政權」〔註114〕。照此觀察，無產階級專政當然不符合「德謨克拉西的精神」。張劍光說得更直白：「過激派」的組織本質上是「最下等工人的握權」，國家處於「工黨」的實際操縱下，資產階級不能參與政權，故而「他們的組織是『非民主』的」〔註115〕。無政府主義者主張絕對自由和個人主義，同情克魯泡特金的互助論，反對一切國家和政府，既反對資產階級專政的「現代國家」，也反對無產階級專政的「未來國家」〔註116〕。他們認為，強權意味著反對個人自由，布爾什維克「事事用強權」的做法就是「摧殘個人」，因此他們宣稱不僅「不承認資本家的強權」，更不

〔註110〕《勞農政府發展史》，《民國日報》1920 年 4 月 15 日第二張第七版。

〔註111〕紹虞：《布爾塞維克的批判》，《解放與改造》1920 年 8 月 15 日第 2 卷第 16 號。

〔註112〕君實譯《過激主義與民主主義之對抗》，《東方雜誌》1919 年第 16 卷第 8 期。

〔註113〕朱志敏認為，主要是國民黨人和自由主義知識分子。以孫中山為代表的國民黨人，將自己的政治理想概括為「全民政治」，其中蘊含著實行「直接民權」制度在內的三重意義。見朱志敏：《五四民主觀念研究》，北京：北京師範大學出版社，1996 年版，第 180 頁。

〔註114〕王世杰：《德謨克拉布西與代議制》，《東方雜誌》1921 年第 18 卷第 14 期。

〔註115〕張劍光：《什麼叫做過激派？》，《時事新報》1919 年 7 月 12 日第三版。

〔註116〕丁守和、殷敘彝：《從五四啟蒙運動到馬克思主義的傳播》，北京：生活・讀書・新知三聯書店出版社，1979 年第 2 版，第 320～344 頁。

會承認更糟糕的「勞動者的強權」〔註117〕。

第三，反對布爾什維克一黨專政，並污蔑列寧是獨裁者。周鯁生認為，布爾什維克黨通過全俄蘇維埃及其中央執行委員會，控制了俄國最高權力，能夠「指揮蘇俄一切政治的及經濟的行政機關」。他認為，自十月革命「一切權力歸蘇維埃」之後，蘇維埃就已經名不副實，「蘇維埃今不過為宣傳之工具，為執權的政黨所利用，以維持其勢力而已」。故而，他得出結論說，蘇維埃政制「與近世民主主義之精神不相容」〔註118〕。《新中國》雜誌則認為，蘇俄政府受到列寧和杜洛斯基專擅，蘇維埃政制不過是寡頭政治，「彼所謂過激派者，亦乃專制主義之別一名詞也」，「所取手段皆與前日專制政府無異」〔註119〕。君實翻譯了日本岡悌治的文章，說得更為直白：「此專制政治，雖有勞動者專制之稱，其實不過李寧一人為勞動者，指導各專門智識階級所行之專制政治而已」〔註120〕。

第四，批評蘇維埃的選舉制度不完善。例如柳詒徵認為，蘇維埃政制雖然克服了歐美「金錢選舉」的弊端，但其選舉制度是「強制之選舉」「片面之選舉」「無所謂民意，更無所謂自由」〔註121〕。周鯁生從兩個方面說明此點：一，就選舉主體而言，不僅「抹殺有產階級及非共產黨之投票權」，而且工人、農民的選舉權也並不平等；二，就選舉程序而言，「蘇俄之選舉不是秘密的⋯選舉之公允未有保障」，且「不反對重複投票權」〔註122〕。

精英民主論者的看法影響較小，頗不符當時知識界的平民主義思想潮

〔註117〕《我們反對「布爾札維克」》，《奮鬥》1920年2月第2號；《為什麼反對布爾塞維克？》，《奮鬥》1920年4月第8／9號。

〔註118〕松子：《蘇俄的政治組織》，《太平洋》1924年12月5日第4卷第9號。

〔註119〕張鏐公譯：《所謂過激派》，《新中國》1919年5月15日，第1卷第1號。《布爾札維克黨之第一日》，《新中國》1919年5月15日，第1卷第1號。

〔註120〕〔日本〕岡悌治著，君實譯：《勞農共和國與理想社會》，《東方雜誌》1920年第17卷第18期。

〔註121〕柳詒徵：《選舉闡微》，《學衡》1922年4月5日第4卷第9號。

〔註122〕松子：《蘇俄的政治組織》，《太平洋》1924年12月5日第4卷第9號。《民國日報》也明確指出了農民與工人選舉權的不平等問題：「其於會議中所許派之代表亦頗不平等。如省議會中，農人方面每選舉一萬人中得派代表一人與會，而工人則僅須於二千人派代表一人。其於全俄會議中尤取嚴格，每農人十二萬五千人中始得派代表一人，而工人方面則於二萬五千人中派代表一人。」《勞農政府之成敗觀》，《民國日報》1920年5月18日。轉引自《社會主義思想在中國的傳播資料選輯》，中共中央黨校科研辦公室發行，1985年版，第609頁。

流〔註123〕。歐戰後，平民主義思潮的興起，中國知識界對「勞農」表同情的大有人在。在慶祝歐戰勝利的大會上，蔡元培大聲疾呼「勞工神聖」「此後的世界全是勞工的世界」〔註124〕。研究系的「壽凡」則指出，「智識階級與勞動階級之合同運動，為世界最近之趨勢」〔註125〕。即使是主張「賢人政治」的張東蓀也認為，中國知識階級存在諸多弱點，改造則要「與勞動階級合併」〔註126〕。在許多人看來，「勞農政府」是平民的政府，其意義自然偏向正面，蘇維埃政制則合乎民主。彭一湖便認為，十月革命使世界進入了新時代——真正的民主時代。他指出，Democracy 按其希臘語源，應作民眾政治解。在亞里士多德那裡，即是「以貧者為政」的意思。後來，該詞的含義擴展了，出現了政治的、社會的、經濟的和文化的 Democracy。但無論那一種，「都是一切以民眾為主的思想」〔註127〕。顯然，這裡所說的民主，帶有平民主義色彩，是以工人、農民、城市貧民等平民階層的民主。蘇維埃以憲法的形式保障工人、農民等勞動者（約占俄國人口的 97%以上）的政治權利，剝奪了資產階級、沙皇貴族、僧侶等階層的選舉權利，故被稱作「勞農政府」。應該說，蘇維埃政制徹底埋葬了沙皇專制，實現了俄國最廣泛的

〔註123〕 五四時期的平民主義一定程度上帶有著民粹主義的影子。詳見顧昕：《從「平民主義」到「勞農專政」——五四激進思潮中的民粹主義和中國馬克思主義的起源（1919～1922 年）》，原刊美國《現代中國研究》（Modern Chinese Studies）1999 年第 2 期（總第 65 期）轉引自 http://www.aisixiang.com/data/5361.html；林紅：《發現民眾：歷史視野中的民眾與政治》，北京：中央編譯出版社，2017 年版，第 231～295 頁。

〔註124〕 蔡元培：《勞工神聖》，高平叔編《蔡元培全集》，北京：中華書局，1984 年版，第 219 頁。

〔註125〕 〔日本〕米田莊太郎著，壽凡譯：《中國智識階級的解放與改造·譯者附識》，《解放與改造》，第 1 卷第 3 期。

〔註126〕 張東蓀認為，「中國人中最壞的就是士大夫」，這是一個「真理」。因為「中國的智識階級最沒有互助的道德和團結的引力，從道德方面看去，中國的智識階級實在具有許多的不道德比不上其他的階級。例如中傷的競爭、自慢的輕狂、黨同伐異的私見、顛倒是非的造謠、趨炎附勢的無恥以及其他等等。」東蓀：《中國智識階級的解放與改造》，《解放與改造》，第 1 卷第 3 期。

〔註127〕 「所謂社會的『得莫克拉西』就是掃除社會上貴族階級，用一般民眾組成一個完全平等的社會團體。所謂經濟的得莫克拉西，就是廢止資本主義的生產，用一般民眾造出大家是勞動者，大家作了大家用的一個平等的經濟組織。所謂文化的得莫克拉西，就是教育的恩惠，不叫他成了一部分貴族的專有物，人人都要平等享受。」一湖：《新時代之根本思想》，《每週評論》1919 年 2 月 9 日第 8 號。

民主。這種歷史性的巨大進步是無法否定的。邵飄萍則對蘇維埃政製表示了相當的同情。他明確指出：「列寧等主張中央集權，實則更主張執政權於一人之手。蓋以俄國國民知識程度之不足，故自居於指導之地位。而欲實行社會主義，必為中產階級所反對。故排斥一切反對者，恒用激烈之手段。然其目的之在實行社會主義，與專制自私者不同。觀其改造教育之設施，大開人民求學自由之路，此必非專制愚民者之所為也」〔註128〕。

對於普遍民主論者的意見，中國早期馬克思主義者作出了反駁。陳獨秀認為，那些「拿『德謨克拉西』和『自由』等口頭禪來反對無產的勞動階級專政」的人的錯誤在於無視無產階級的民主自由，他反問道「經濟制度革命以前，大多數的無產階級勞動者困苦不自由，是不是合於『德謨克拉西』？」〔註129〕周佛海則從闡述無產階級專政的歷史作用入手為之辯護。他認為，無產階級專政是實現社會主義的唯一手段，是「達到普遍的民主主義的目的」的唯一手段〔註130〕。李漢俊則指出，百分之九十的俄國人民在蘇維埃中有代表，這才是「真正的德謨克拉西」〔註131〕。以今日眼光來看，上述反駁雖然正確，但不夠有力。相比之下，李達的思考更為系統。他在《勞農俄國研究》一書中，系統引證了列寧的相關論述，指出了民主的階級性問題，指斥了所謂普遍民主論的虛偽荒謬，點出了所謂「民主主義」是資產階級民主（又是「資本階級獨裁政治」）的本質，並點明了以無產階級專政取代資產階級民主的必然性和合理性。他認為，蘇維埃政制是「有組織的民眾」——即覺悟了的無產階級的獨裁，而非列寧的「一個人底獨裁」；是「俄國無產階級從革命的行動中必然發達的政治組織」，是通向全民民主的過渡階段〔註132〕。照列寧的看法，普遍民主論者是指「社會主義的叛徒」、第二國際的代表人物「謝德曼之流」和「考茨基之流」。列寧認為，他們「高談『純粹民主』或一般『民主』來欺騙群眾，掩蓋現代民主的資產階級性質」，這「實際上是拋棄無產階級觀點，轉到資產階級那邊去」〔註133〕。普遍民

〔註128〕邵飄萍：《新俄國之研究》，日本：東瀛編譯社，1920年8月版，第27頁。
〔註129〕獨秀：《答柯慶施（勞動專政）》，《新青年》1920年11月1日第8卷第3號。
〔註130〕無懈：《俄國共產政府成立三週年紀念》，《共產黨》1920年11月7日第1期。
〔註131〕Wilfred K. Humphries 著，漢俊譯《我在新俄羅斯的生活》，《新青年》1920年第8卷第1期。
〔註132〕李達：《勞農俄國研究》，商務印書館，1922年，第38、65頁。
〔註133〕見列寧：《論「民主」和專政》，《列寧選集》第三卷，第710～714頁。

主論者不承認民主的階級性，自然不可能承認無產階級專政的民主性。換句話說，否定無產階級專政的民主性，其實是在否認無產階級的民主權利。這對於馬克思主義者是無法接受的。此外，他們還闡述了蘇維埃政制的產生與發展。李漢俊，認為蘇維埃制度本不是布爾什維克根據馬克思主義理論創造的，而是俄國人民在階級鬥爭中發展起來的。布爾什維克最先看透了蘇維埃的歷史意義，並將之確定為「無產階級國家的組織」，並使得「一切權力歸蘇維埃」〔註 134〕。不過，中國早期馬克思主義者畢竟在理論上不夠成熟，對於一黨專政、蘇維埃政制的不完善之處未能作出較好的反駁和說明。

關於蘇維埃政制民主性問題的意見大致如上。我們看到，是否承認民主的階級性、是平民立場還是精英立場，都是影響知識界判斷的重要原因。按照馬克思主義，一個階級的民主必然是對其他階級的專制。泛泛談論蘇維埃政制的民主性問題是不會有統一的結論的。中國知識界在蘇維埃政制觀上雖然立場各異，但是這種分歧顯然助益了以俄為師、「走俄國人的路」的問題的分化。總體上看，五四知識界除了早期馬克思主義者之外，多數人不認可蘇維埃政制的民主性。這是他們的思想侷限。

不過，還需指出的是，知識界對蘇維埃政制民主性的疑慮不意味著他們完全否定了蘇維埃政制的歷史價值。相反，他們從矯正資本主義代議制民主的弊端上，肯定蘇維埃政制對人類社會的「試驗」價值。1917 年 12 月，留學美國哥倫比亞大學的張奚若，在致信胡適時表示：蘇俄實行的「社會革命政策」，是「人類歷史上第一大事」，即使失敗了「亦是政治學社會學上一大『嘗試』」〔註 135〕。周鯁生也有相似的看法，他說「就制度本身著眼，蘇俄的政治組織，在政治學上供給了一種新的政治的模型」〔註 136〕。1918 年 7 月 10 日，蘇俄《俄羅斯蘇維埃社會主義共和國憲法》正式頒布。留美政治學博士張慰慈也表達了類似觀點〔註 137〕。他在比較德國、波蘭、俄國等國歐戰後頒布的新憲法後，認為俄國憲法最有研究的價值，「在政治史上開一破天荒的事業」。

〔註 134〕均：《勞農制度研究》，《共產黨》1921 年 6 月 7 日第 1 卷第 5 號。
〔註 135〕張奚若：《致胡適（1917 年 12 月 28 日）》，《張奚若文集》北京：清華大學出版社，2019 年版，第 415 頁。
〔註 136〕松子：《蘇俄的政治組織》，《太平洋》1924 年 12 月 5 日第 4 卷第 9 號。
〔註 137〕關於張慰慈對俄國政治制度的研究，可參考李宗樓、吳漢全：《中國現代政治學史上的張慰慈》，蕪湖：安徽師範大學出版社，2018 年版。

他指出，蘇維埃政制保證了勞動者（「工作的人民」）的政治權利，並且「把工業團體作為代議的根據」，實現了「政治的組織與實在的社會組織相應合」，而且「如果能夠試驗有效，將來也許有別國摹仿」〔註138〕。峙冰則認為，這個實施共產主義的憲法對於研究俄國革命，研究共產主義極有價值，即使蘇俄政府不幸被顛覆了，也「甚有歷史上之價值」，不禁感慨「醉心社會革命之俄人，竟於世界革命史上放一異彩」〔註139〕。張君勱甚至觀察到蘇維埃政制與議會制相頡頏的新趨勢，不禁疑惑「今後之政治，其殆巴力門與蘇維埃之相濟為用乎？其殆巴力門與蘇維埃制蟬蛻乎？」〔註140〕在知識界眼中，蘇維埃政制最具創意的地方在於，以職業而非地域為單位組織議會，保證了國家政權不會被貴族或者資產階級所獨佔〔註141〕。李漢俊說得最為明白。他指出，資產階級民主「隱卻階級對立的事實，以地方的代表為基礎」，而蘇維埃政制則是根據階級對立的事實，「以產業的單位所舉的代表做基礎」〔註142〕。

中國知識界對蘇維埃政制的肯定，既與歐戰前後社會文化思潮變動密不可分，也反思中國腐敗政治狀況的結果。面對歐戰的慘痛教訓和巴黎和會的屈辱，中國知識界普遍否定西方資本主義，考問「合理的社會制度」〔註143〕。梁啟超認為，近百年來歐洲在一種「病的狀態」中，代議制「在歐洲確為一種階段，而在中國則無此可能性」。「西方經濟之發展，全由資本主義，乃係一種不自然之狀態，並非合理之組織」。〔註144〕張君勱隨同梁啟超遊歐，也認為「歐洲政治社會制度之不能久存」，「物質文明之不適於今後」。歐洲各國人

〔註138〕慰慈：《俄國的新憲法》，《每週評論》1919 年 6 月 29 日。慰慈：《俄國的土地法》，《每週評論》1919 年 7 月 6 日。

〔註139〕峙冰：《俄國新憲法之研究》，《民心週刊》1919 年 12 月 13 日，第 1 卷第 2 期。

〔註140〕君勱：《讀〈六星期之俄國〉》（續篇），《改造》1920 年第 3 卷第 2 號。

〔註141〕W：《俄國蘇維埃制度之真相》，《東方雜誌》1920 年第 17 卷第 24 期，第 44～45 頁。《蘇維埃俄羅斯》，「少年史地叢書」，商務印書館，1923 年版，第 14 頁。還需指出的是，章士釗曾主張「聯業救國論」「業治論」，以為通過聯合士農工商軍五個行業的從業者，改造議會成員的職業構成，即能實現中國的政治改良。這脫胎於英國的基爾特社會主義，與蘇維埃政制有相通之處。見〔日〕森川裕貫：《政論家的矜持：章士釗、張東蓀政治思想研究》，社會科學文獻出版社，2017 年版，第 78～101 頁。

〔註142〕均：《勞農制度研究》，《共產黨》1921 年 6 月 7 日第 1 卷第 5 號。

〔註143〕鄭師渠：《歐戰後國人的「對西方求解放」》，《北京師範大學學報》2011 年第 2 期。

〔註144〕梁啟超：《梁任公在中國公學之演說》，《東方雜誌》1920 年 3 月 25 日第 17 卷第 6 號。

士普遍認識到需要革除「政治上之帝國主義」與「社會上之資本與財產私有主義」，因此，在「人人思所以改造此狀況，而苦於無法，忽焉俄過激派振臂一呼，以試驗其主義於俄國，於是與之作桴鼓應者，遍於全歐」。〔註145〕議會制度是資本主義代議制的重要制度，「向視為實行民主主義必不可缺之政治形式」。不過時人對之大失所望，認為議會已不能代表一般民意。「昔塵」由此指出，隨著十月革命勝利和蘇俄勞農政府的鞏固，「近來主張直接行動之非議會主義（Anti-Parliamentarism）大得勢力。政治之傾向遂帶急進的革命的色彩。所謂革命的民主主義，今已展其羽翼於世界諸國」〔註146〕。張東蓀也認為「人民方面則厭惡國會的心理與對於代議制的懷疑卻一天高深一天」〔註147〕。事實上，資本主義代議制的破產與蘇維埃政制的凸顯是一個問題的兩個面向，適成參照。

反觀時之民國，則先後出現了袁世凱稱帝、張勳復辟、曹錕賄選等等亂相。這表明在軍閥干政亂政之下，多黨競爭的議會政治實際上已然破產。1919年五四運動之後，知識界認識到要根本解決中國政治問題，應該改造「最古的為野蠻時代所做成的」社會制度。用傅斯年的話說，中國已經進入「社會改造運動的時代」了，「斷不能以政治改政治」〔註148〕。「社會改造」成為新的具有綱領性質的口號，知識界也把眼光從思想文化問題轉移到現時政治問題上〔註149〕。適成對比，蘇俄走上社會主義道路，在內憂外患中鞏固了自身

〔註145〕張君勱：《俄羅斯蘇維埃聯邦共和國憲法全文·後附致張東蓀信》，《解放與改造》1919年11月15日第1卷第6期。陳惠芬曾具體地探討過張君勱對歐洲代議制改造的看法，陳惠芬：《知識轉型與國家改造——張君勱對戰後歐洲各國代議制改造的考察（1919～1921）》，《法制史研究》，2016年第29期。

〔註146〕「近時諸國之議會政治，日漸墮落，反背社會民心之期待。議會之意思與國民之意思，大相疏隔，議會與國民全然兩歧之狀態漸著，即今日社會一般漸失望於議會政治，而覺決難賴之以建立真實之民主制，如勞動運動，欲依之以達所期之目的，尤覺永無可望而對於議會政治之信念遂根本動搖矣。」昔塵：《議會政治之失望》，《東方雜誌》1920年9月10日第17卷第17期。

〔註147〕東蓀：《憲法上的國會問題》，《東方雜誌》1922年11月10日第19卷第21期。

〔註148〕陳達材：《社會改制問題》，傅斯年：《新潮的回顧與前瞻》，均出自《新潮》1919年10月第2卷第1號。

〔註149〕「從五四運動到人民共和國成立」課題組：《胡繩論「從五四運動到人民共和國成立」》，北京：社會科學出版社，2001年版，第57、81頁。關於社會改造思潮，李永春的研究最為細緻。詳見李永春：《五四時期社會改造思潮研究》，北京：中國社會科學出版社，2017年版。

政權。這啟發了知識界從蘇維埃政治制度上尋求借鑒。邵飄萍即指出,「其鞏固不搖之基礎,乃建築於多數人之勞動階級之上,且使多數國民對於政治,皆發生直接密切之關係故也」〔註150〕。

　　總之,五四知識界對於蘇維埃政制的認知是複雜的,雖然在其民主性問題上存在爭議,但對其歷史價值則是認同的。

第四節　「走俄國人的路」──羅素的建議及其反響

　　知識界在俄國革命、布爾什維主義以及蘇維埃政制三個方面的爭論與分歧,決定了他們在是否「走俄國人的路」的問題上的分化。1919～1920 年間,羅素來華講學,他的蘇俄觀及其引起的爭議,是我們觀察這個分化的很好的切入點。

一、羅素的蘇俄觀:論戰之緣起

　　羅素是西方名哲,在遊俄〔註151〕後受邀來華。在時人眼中,他不僅思想深邃,還對蘇俄實際情形十分瞭解。故而,羅素的蘇俄觀受到中國知識界推重。

　　羅素的蘇俄觀頗具張力,大致有相反相成的兩個方面:

　　首先,他認為蘇俄現狀與共產主義理想相去甚遠。1920 年 10 月,羅素在湖南長沙演講《布爾塞維克與世界政治》,演講稿也隨即在《大公報》(長沙)、《民國日報》等報刊發表。在此次演講中,他表示「不十分贊成布爾塞維克」,認為其共產主義理想「在五十年內沒有實行的希望」,並指出了兩點原因。其一,布爾什維克黨人奉行無產階級專政,不僅導致了世界資本主義國家的反對,還激化了國內的反叛,使「俄人大半反對政府」;其二,以農立國,但糧食不能自給,工業落後又得不到國外的先進技術和原料輸入〔註152〕。羅素在

〔註150〕邵飄萍:《新俄國之研究》,日本:東瀛編譯社,1920 年 8 月版,第 33 頁。
　　　　此外,城市蘇維埃選舉權大於鄉村蘇維埃,將中產階級、智識階級中反對社會主義者排除政權之外,皆是蘇俄迅速鞏固的原因。邵飄萍:《新俄國之研究》,日本:東瀛編譯社,1920 年 8 月版,第 28～30 頁。
〔註151〕1920 年 5～6 月間,羅素曾隨英國工黨代表團訪俄。訪俄期間,羅氏不僅與列寧、托洛茨基等人會面,還在南俄等地廣泛考察,並在英國 Nation 雜誌中發表了不少通訊。這些文章後來結集為 Practice and Theory of Bolshivik Russia,1921 年 2 月在倫敦出版。
〔註152〕羅素:《布爾塞維克與世界政治》,袁剛、孫家祥、任丙強編《中國到自由之路──羅素在華講演集》,北京:北京大學出版社,2004 年版,第 26 頁。

此前也表示過類似的看法。如在上海中國公學演講「社會改造原理」時，他即指出蘇俄「目前情形漸失革命本意」〔註153〕。在《教育之效用》的演講中，他也指出「俄方試辦一種新制度，用意極好，今則漸漸失其真意」〔註154〕。這裡的「本意」「真意」指的是學理意義上的共產主義〔註155〕。

其次，肯定布爾什維主義給予人類以希望，是「文化的進步」。羅素雖然在《布爾塞維克與世界政治》演講中指出了蘇俄的種種弊病，但對布爾什維主義的讚賞還是顯而易見的。羅素明確指出，「現在世界上最要緊最有趣的東西，就是布爾塞維克主義」〔註156〕。他認為，資本主義已經到了末路，世界上興起了救濟資本主義的潮流，布爾塞維克正是緣此而生。俄人雖然不十分清楚布爾塞維克的確切含義，但俄人還是從布爾塞維克蘊含的共產主義理想中獲得了新希望。在羅素看來，布爾什維主義是俄國式的共產主義（Bolshevism is simply a Russian form of Communism）〔註157〕，「是一種好學說」，是「文化的進步」；蘇維埃政制則代表了俄國廣大人民的利益，「平常的男男女女，都有一份在政治上基本的權力」，「根本的說起來，也很合於德謨克拉西的」〔註158〕。因此，他對中國聽眾聲言「現在我們不能反對布爾塞維克」〔註159〕。羅素後來在北京女子高等師範學校演講《布爾塞維克的思想》時，再次對蘇俄大加肯定，希望中國這樣的文明古國能夠輔助蘇俄，「更希望世上個個文明國，都應當以這種大好新主義來實地試驗」〔註160〕。

羅素的長沙演講是關於蘇俄情形的第一次專門演講，其中批評蘇俄的部分引起了中國知識界的劇烈反響，肯定布爾什維主義的部分則幾乎無人關心。

〔註153〕《羅素在滬之講演》，《晨報》1920年10月17日第三版。

〔註154〕《教育之效用》，《晨報》1920年10月24日第七版。

〔註155〕羅素在長沙第四次演講的題目即是「Why Bolshevism has failed and how Communism could succeed」。見楊端六：《布爾箚維主義與共產主義之異同》，《太平洋》1921年1月5日，第2卷第9號。

〔註156〕羅素：《布爾塞維克與世界政治》，《中國到自由之路——羅素在華講演集》，第12～27頁。

〔註157〕《大公報》（長沙）1920年10月31日第九版，轉引自李健美、江麗萍：《還原羅素長沙講演對布爾什維克的真意述論》，《江西社會科學》2011年第6期。

〔註158〕羅素：《社會結構學》，《中國到自由之路——羅素在華講演集》，第262頁。

〔註159〕羅素：《布爾塞維克與世界政治》，《中國到自由之路——羅素在華講演集》，第13頁。

〔註160〕羅素演講，廷謙筆記《布爾塞維克的思想》，《民國日報·覺悟》1920年11月29日第三版。

張東蓀等研究系知識分子引羅素為同調，認為「依我們所觀察，羅素這種評論，實完全與我們意見相同」。他認為，共產主義意味著社會權力的高度集中，「一切事物都受成於社會，實完全消滅我們之自由」，共產主義這種「乾枯無味之理想」，實在「非人性之所近」〔註161〕。與此同時，羅素的批評使那些對蘇俄懷抱好感的知識分子感到驚異。講演的記錄者「湘江少年」不禁感慨，羅素是「以英國自由主義的眼光，批評俄國布爾失委克，而歸結於共產主義之必應促使實現，見解頗與時流異趣」〔註162〕。兩方之「社會主義論戰」隨即展開。

張東蓀先在《時事新報》上發表《由內地旅行而得之又一教訓》一文，認為「中國的唯一病症就是貧乏」，「救中國只有一條路，一言以蔽之，就是增加富力」〔註163〕。後來，他又在《改造》發表《現在和將來》《一個申說》等文章，繼續申述自己主張在中國要發展資本主義，並不能實行「勞農主義」的意見。簡單地說，張東蓀的主張受到了羅素觀點的影響，本質上是一種「階段論」，認為發展實業是中國現階段的任務，非資本主義不足以「救窮」，還沒有到以社會主義反對資本主義的階段〔註164〕。他指出，中國的實際情況是軍閥政治之下，勞動階級力量尚小，甚至還沒有形成「階級的自覺」，故而「只能建立兵匪階級的國家而絕對不能建設勞動階級的國家」。通過組織共產黨，並以暴力革命方式推翻軍閥政治的「蘇俄之路」是行不通的。張東蓀明確反對中國「暫時用狄克推多制貫徹勞農主義」，認為「真的勞農制度決組織不成」〔註165〕。因此，張氏認為，改造中國只能採取緩進的道路：依靠正在發展壯

〔註161〕該文又為《東方雜誌》轉載。穎水：《評論羅素遊俄之感想》，《東方雜誌》1920 年 10 月 25 日第 20 號。

〔註162〕湘江少年：《羅素在長沙講演「布爾失委克與世界政治」》，《晨報》1920 年 11 月 2 日，第六版。

〔註163〕東蓀：《由內地旅行而得之又一教訓》，《時事新報》1920 年 11 月 6 日，第二張第一版。

〔註164〕東蓀：《現在和將來》，《改造》1921 年第三卷第四期；《一個申說》，《改造》1921 年 11 月 6 日，第三卷第六期。此外，張東蓀的《大家須切記羅素先生給我們的忠告》、《答高踐四書》、《長期的忍耐》、《再答頌華兄》、《我們與他們》、《東孫先生致陳獨秀底信》等，都收在了陳獨秀《關於社會主義的討論》（《新青年》1920 年 12 月 1 日第八卷第四號）上。梁啟超則發揮了張氏的觀點。見梁啟超：《復張東蓀書論社會主義運動》，《改造》1921 年 11 月 6 日，第三卷第六期。

〔註165〕東蓀：《現在和將來》，《改造》1921 年第三卷第四期。後來，張東蓀又申述

大的「紳商階級」和外國勢力開發實業，產業發達之後則實行基爾特社會主義，最終制服軍閥〔註166〕。須知，張東蓀曾一度主張實行暴力革命和無產階級專政〔註167〕，甚至受邀參與籌建上海共產主義小組。張東蓀隨羅素往湖南，思想竟發生如此重大變化，這使陳獨秀、李達、陳望道等中國早期馬克思主義者感到震驚。

　　對於羅素的蘇俄觀和張東蓀的轉變，中國早期馬克思主義者作出了駁論。一方面，陳獨秀發表了給羅素的公開信，明確要求羅素澄清相關問題（即，他是否同意在中國提倡社會主義的問題），以免「貽誤中國人」，以免「進步的中國人對你失望」〔註168〕。《共產黨》雜誌則直斥，「羅素來中國全是由於政客利用他出風頭，擴張黨勢，和中國思想界關係很少」〔註169〕。胡愈之也觀察到，「凡是表同情於蘇維埃政府的，對於羅素的新俄觀都很反對」〔註170〕。另一方面，陳望道、陳獨秀等人重申反對資本主義，倡導社會主義的理由。他們指出，「中國官僚武人與紳士土豪互相結託的資本主義」比外國純粹資本家的資本主義危害還要大，即是促進了實業發展，也「決不能使多數人得著生活」，「到底仍然免不了社會革命」。此其一。講求教育，開發實業是改造中國的重要方面，自不待言。但資本主義不是發展這兩項事業的唯一途徑，社會主義是另一條更合理的道路。李達即明確指出：「在今日而言，開發實業最好莫如採用社會主義」。此其二。中國工人階級雖然弱小，但說中國沒有「真正的勞動者」則是罔顧事實。中國勞苦大眾受到了外國資本主義和本國軍閥豪紳的壓迫，改造中國就是要打破這種現狀。「跟著社會現狀走」，「指望利用他人做出現成的」都是錯誤的〔註171〕。此其三。「因為中國的特殊情形，是

　　　　上述意見。見張東蓀：《中國政制問題》，《東方雜誌》1924 年 1 月 10 日第 1 期。

〔註166〕　東蓀：《現在和將來》，《改造》1921 年第三卷第四期；《一個申說》，《改造》1921 年 11 月 6 日，第三卷第六期。張東蓀：《東蓀先生致獨秀底信》，《新青年》1921 年 12 月 1 日第八卷第四號。

〔註167〕　君勱、東蓀：《中國之前途：德國乎？俄國乎？》，《解放與改造》1920 年 7 月 14 日第二卷第 14 期。

〔註168〕　陳獨秀：《致羅素先生底信》，《陳獨秀著作選編》第二卷，上海：上海人民出版社，2010 年版，第 303 頁。

〔註169〕　《短言》，《共產黨》1920 年 12 月 7 日第 1 卷第 2 號。

〔註170〕　愈之：《羅素新俄觀的反響》，《東方雜誌》1921 年 4 月 25 日第 8 號。

〔註171〕　陳獨秀：《關於社會主義的討論》，《新青年》1920 年 12 月 1 日第 8 卷第 4 號；李達：《討論社會主義並質梁任公》，《新青年》1921 年 5 月第九卷第一號。

一方面要開發實業，一方面要不流入資本主義」，基爾特社會主義「不過是主張資本主義的別名」，所以基爾特社會主義尤其不適合中國。只有仿照俄國，實行「共產主義」才是正確道路。此其四。〔註172〕

由羅素長沙演講，直接引起了研究系和中國早期馬克思主義者的論戰。檢視雙方論戰，有三點值得注意：其一，論戰與羅素的蘇俄觀密不可分，雙方對羅素的褒貶也立足於此。其二，雙方所言的「社會主義道路」實際上是俄國人的路，至少是以之為參照的道路。當事人張東蓀甚至認為，陳獨秀所擬的「關於社會主義的討論」這個題目並不切題，應該改為「Bolshevism 的討論」〔註173〕。其三，論戰焦點在於中國是走資本主義道路，還是走社會主義道路的問題。這實際上偏離了羅素的本意。羅素在長沙演講中發表的只是對蘇俄的觀察，並不是討論中國問題。即是說，羅素批評蘇俄並不意味著支持中國走資本主義道路，肯定蘇俄也不是要支持中國走社會主義道路。論戰雙方對羅素的意見，尤其是批評蘇俄的部分，作出了過度解讀。這是顯而易見的。

這種狀況至少有三個思想背景：其一，中國知識界對羅素滿懷期待，視其意見為救中國之「藥方」。羅素來華之前，俞秀松就曾致信羅素，希望其來華「救治中國學生的歷史性的思想病」，表示多數學生並不滿意杜威的「保守的學說」，「亟欲求得關於社會革命哲學的知識」〔註174〕。周作人也曾表示，「我們歡迎羅素的社會改造的意見，這是我們對於他的唯一的要求」〔註175〕。可以說，中國知識界對羅素懷抱相當期待。其二，想當然的以為羅素在中國

〔註172〕徐新凱：《共產主義與基爾特社會主義》，《民國日報·覺悟》19212 年 11 月 22 日第四張；又見《新青年》1921 年 9 月 1 日第九卷第五號；存統：《讀新凱先生底〈共產主義與基爾特社會主義〉》，《新青年》1922 年第九卷第六期。

〔註173〕蔡國裕：《1920 年代初期中國社會主義論戰》，臺北：商務印書館，1988 年版，第 237 頁。東蓀：《答覆兼反問》，《時事新報·學燈》1920 年 12 月 8 日第四張第一版。

〔註174〕需要指出的是，《羅素自傳》將俞秀松誤譯為「袁瓊生」。俞秀松，浙江諸暨人。1920 年 5 月，他與陳獨秀、陳望道在上海發起馬克思主義研究會，並在隨後參與籌備上海共產主義小組，8 月 22 日在霞飛路漁陽里 6 號成立中國社會主義青年團，並擔任首位書記。該信末尾的作者身份與通信地址信息可為確證。其詞為：「中國無政府主義者—共產主義者聯盟書記，1920 年（11？）10 月 6 日，中國上海霞飛路漁陽里 6 號」。見〔英〕波蘭特·羅素著，陳啟偉譯《羅素自傳》（第二卷），北京：商務印書館，2015 年版，第 206 頁。

〔註175〕仲密：《羅素與國粹》，《晨報》1920 年 10 月 19 日，第七版。

問題（即中國以資本主義，還是社會主義發展實業）上持基爾特社會主義立場。早在羅素來華之前，張申府即在《新青年》介紹羅素的思想傾向——「傾向無政府主義的一種『行會 Guild 社會主義』」，並提醒知識界「這全是幾經思索幾經考察的結果，必不可輕輕看過」〔註176〕。這隱含著一個判斷：羅氏對中國似乎也主張基爾特社會主義。尤其是邀請並接待羅素的講學社以梁啟超、張東蓀等研究系要人為主腦，更給人增添了羅素主張在中國實行基爾特社會主義的印象。其三，認為中俄國情類似，俄國人的路更值得借鑒。梁啟超早在1901年即認為「中國與俄國相類似之點頗多，其國土之廣漠也相類，其人民之堅苦也相類，其君權之宏大而鎮久也相類，故今日為中國謀，莫善於鑒俄」。不僅如此，梁氏還指出，相似的國情決定了中俄兩國的發展道路的一致性，都將「由專制主義而變為自由主義是已」〔註177〕。俄國在十月革命後走上了社會主義道路，那麼，中國是否走社會主義道路也就成為問題。中國早期馬克思主義者多認為中俄國情類似。周佛海即指出，「據我個人底觀察，中國底情形，簡直和俄國是一樣（內中當然也有不同的地方，但不過是小異罷了）」〔註178〕。李漢俊也認為，俄國十月革命說明資本主義必然崩潰。既然中俄國情類似，資本主義均未發展，那麼向蘇俄一樣，「努力使中國趕快進化到社會主義」自然也是可行的〔註179〕。

　　與上述論戰雙方相比，梁敬�、張申府等人對於羅素蘇俄觀的看法則客觀全面得多。梁敬�是留歐學生，與羅素一同乘船來華，是最早通讀 Practice

<hr>

〔註176〕張崧年：《羅素》，《新青年》1920年10月1日第八卷第二號。
〔註177〕梁啟超：《飲冰室自由書·俄國之自由主義》，《清議報》1901年第96期。此後，李大釗、沈雁冰、鄭振鐸、魯迅以及日本學者升曙夢等人都曾指出了中俄文化上的相似性，甚至有「中國乃是東方的俄國，俄國乃西方的中國」等說法。林精華認為，這種「中俄文化相似性」是被製造出的，是造成時人誤讀俄羅斯的基礎。詳見林精華：《誤讀俄羅斯——中國現代性問題中的俄國因素》，北京：商務印書館，2005年版，第104～133頁。
〔註178〕他認為，中俄兩國都是工業落後的農業國，這是最基本的情況。此外，「中國底武人、官僚、財主底跋扈，與俄國底貴族、僧侶、資本家、大地主的有什麼不同？中國底小政客、小官僚及一般受過教育的無恥之徒底可惡，與俄國底小有產階級及知識階級的有什麼不同？中國底無產階級底無自覺，無訓練，無組織，與俄國的有什麼不同？情形是一樣了」。無懈：《俄國共產政府成立三週年紀念》，《共產黨》1920年11月7日第1期。
〔註179〕李漢俊：《中國底亂源及其歸宿》，《民國日報·覺悟增刊》1921年1月1日第一張；《我們如何使中國底混亂趕快終止》，《民國日報·覺悟增刊》1922年1月1日，第二張。

and Theory of Bolshivik Russia〔註180〕一書原稿的中國人。這幫助梁氏更為準確全面地理解羅素的蘇俄觀。梁氏認為，羅素是對馬克思主義有深刻理解的哲學家，「以酷信無產主義自期」，甚至為此兩次入獄，相比於詆毀蘇俄之輩可以「公允」地觀察蘇俄。他較好地說明了羅素蘇俄觀的複雜性。梁氏指出，羅素對蘇俄的困境有清楚的認知，甚至認為布爾什維克將要「犧牲一時代之人類幸福」，列寧等人不致力於發展工業和對外貿易，轉而鼓吹階級戰爭和世界革命，結果將是「標共產主義之名而行帝國專制之實」的蘇俄恐不能長久。但這與羅素是否認同布爾什維主義是兩回事。梁氏準確地把握到了羅素蘇俄觀的重點，並提醒讀者不要誤會，「蓋（羅素）對於俄黨所揭櫫之主義已根本贊成。所審擇者，即何種手段始能達到真目的，何種手段始為最適宜耳」〔註181〕。張申府是當時公認的「羅素研究專家」。他在此前就指出，羅素認為「布爾什維克的方法」雖然未必適用於西歐的特殊情況，但大概卻是「在俄羅斯用以成功的唯一方法」，而且「社會主義之傳佈於歐洲大陸已成了一個決不遠的可能」〔註182〕。等到羅素在北京女高師演講《布爾塞維克的思想》後，目光銳利的金毓黻方恍然大悟：「羅素氏亦極贊成過激主義。然則羅氏認俄國勞農政府舉措之不滿人意，乃其手段，非根本反對也」〔註183〕。胡愈之也有類似的感悟：「羅素對於李寧政府的策略，大概可以說是贊同的，只是有幾種情形，卻不能使他滿意」而已〔註184〕。

　　總之，羅素的蘇俄觀本身具有張力，但中國知識界在特殊的思想背景下作出了過度解讀。這既使得羅素長沙演講成為論戰的導火線，也使得羅素蘇俄觀成為論戰的重要內容之一。如上指出，中國知識界想當然地認為，羅素在中國問題上持基爾特社會主義立場。那麼，羅素如何認識中國問題呢？

〔註180〕該書集中體現了羅素的蘇俄觀。知識界曾將之譯介到中國。翻譯的篇目如下：雁冰譯《遊俄之感想》，《新青年》第 8 卷第 2 號；愈之：《羅素的新俄觀》，《東方雜誌》第 17 卷第 19／20 號；方東美則轉述了羅素的意見，見方東美：《羅素眼中蘇維埃的俄羅斯──一九二〇年》，《少年中國》第 1 卷第 10 期；劉麟生譯《一九二〇年之俄國蘇維埃政府》，《改造》第三卷第二號。
〔註181〕梁敬錞：《與羅素同船之一封書》，《晨報》1920 年 10 月 23～26 日第三版。
〔註182〕羅素著，張崧年譯：《民主與革命》，《新青年》1920 年 10 月 1 日第八卷第二號。
〔註183〕金毓黻：《靜晤室日記》（一）瀋陽：遼瀋書社，1993 年版，第 216 頁。
〔註184〕愈之：《羅素新俄觀的反響》，《東方雜誌》1921 年 4 月 25 日第 18 卷第 8 號。

二、以俄為師：羅素對於中國問題的最終意見

1921 年 7 月 6 日，羅素發表告別演講——《中國到自由之路》，鄭重提出了如下建議：借鑒俄國的經驗，用「一萬個人的組織」進行政治改革。他認為，中國同俄國一樣，「人民沒智識，實業不發達」，故而「俄政策適合中國」（Russian Methods Suited to China）。羅素指出：「改革中國的政治，最好是採用俄國的方法，不宜於用西方的平民政治……所以欲使現在中國的國民智識普及，實業發達，而又不染資本主義的流毒，只有採用俄國共產黨的方法為最合宜了」〔註185〕。

這個建議十分重要。其一，這是羅素長時間考察、思考後所得出的結論，具有重大的現實意義。中國知識界對羅素改造中國社會的意見滿懷期待。羅素來華之初，也表示不瞭解中國實情，不能武斷表明社會改造意見。這個建議是羅素的臨別贈言，是羅素對中國的深入觀察的善果。其二，建議發表之時，正是中國共產黨將要誕生之際。陳獨秀直言羅素給了一個「大大的暗示」，表示中國不僅要走俄國革命的道路，還要聚集人才，創建中國的布爾什維克黨。〔註186〕羅素的建議極具象徵性，在某種意義上既為思想界社會主義論戰劃上了句號，象徵著中國知識界對蘇俄道路的認同，又為中國共產黨成立加上了最好的注腳。

對於羅素的臨別演講，以張東蓀為代表的研究系大失所望且「大驚不已」，表示「不能不說幾句不滿意的話」。張氏認為，羅素最後的建議與其向來的主張矛盾，其中一萬個好人團結一致的建議更是一種「夢話」。結論就是羅素不明瞭中國的實際情形，其「思想還未確定」，故而不能採納其建議〔註187〕。對於社會主義、蘇俄道路，研究系諸人一向在學理上肯定其價值，但又否定在中國實行的可能性。如梁啟超就曾指出，「社會主義自然是現代

〔註185〕 羅素：《中國到自由之路——羅素告別演講》，《民國日報·覺悟》（上海），1921 年 7 月 11 日；羅素講演，品青記《中國的到自由之路》（續），《晨報》1921 年 7 月 17 日第七版。

〔註186〕 陳獨秀：《卑之無甚高論》、《政治改造與政黨改造》，《陳獨秀著作選編》第二卷，上海：上海人民出版社，2010 年版，第 387、389 頁。兩文刊於《新青年》第 9 卷第 3 號，通常認為出版於 1921 年 7 月 1 日。實際發行日期或在 8 月份。

〔註187〕 東蓀：《後言》，《時事新報》1921 年 7 月 31 日第一張第二版。胡適與張東蓀的意見基本一致，亦對羅素大表不滿。詳見胡適的白話詩《一個哲學家》。

最有價值的學說」，不過在提倡它時，「精神和方法不能並為一談，精神是絕對要採用的」，「至於實行方法，那就各國各時代種種不同」〔註188〕。張君勱的看法也是如此。他認為，蘇俄道路不適於中國，布爾什維主義可以作為一種僅供研究的思想學說，但是不可以作為中國「對症之藥」〔註189〕。從思想立場來看，張東蓀對羅素臨別演講的反應並不奇怪。不過，羅素在中國問題上基本觀點前後確有變化，因而張氏所說羅素「思想還未確定」問題尚需深究。

來華之初，羅素確曾反對在中國以社會主義的方式發展中國工業，甚至認為應該借助最強大的工業國——美國的力量。對於中國社會中反對資本主義、反對資本家的聲浪，楊端六（羅素來華講學的翻譯之一）曾心懷疑慮。當羅素到中國公學演講的時候，楊氏「第一句話就是問他對於中國排斥資本主義的意見」，後來坐船到別處演講時楊氏再次舊事重提。羅素認為，發展實業是中國最要緊的事，其中有三個途徑：其一是資本主義，有資本家主導；其二是國家社會主義，由政府主導；其三是基爾特社會主義，有勞動階級自己主持。考慮到中國勞工階級力量弱小，國家組織不完備，軍閥專制，政治不佳，因而基爾特社會主義和國家社會主義都行不通，只能依靠資本家的力量來發展實業〔註190〕。楊氏所言不虛。羅素在一次談話中曾表示，中國改良應從開發實業和發展平民教育入手，兩者都有成績之後才能考慮採用社會主義。他指出：「若未到這種程度，即行採用，如俄國今日大多數人民智識尚未發達，一旦實行社會主義、共產主義，恐怕不免於失敗的」。〔註191〕其理由有如下幾種：其一，共產主義應在發達的工業國實現，這是「科學的公律」〔註192〕。

〔註188〕梁啟超：《歐遊心影錄·歐洲中之一般觀察及一般感想》，湯志均、湯仁澤編《梁啟超全集》第十集，北京：中國人民大學出版社，2018年版，第80頁。

〔註189〕張君勱：《俄羅斯蘇維埃聯邦共和國憲法全文·後附致張東蓀信》，《解放與改造》1919年11月15日第1卷第6期；君勱、東蓀：《中國之前途：德國乎？俄國乎？》，《解放與改造》1920年7月14日第二卷第14期。

〔註190〕楊端六：《和羅素先生的談話》，《東方雜誌》1920年11月25日第17卷第22號。

〔註191〕《講學社歡迎羅素之盛會》，《晨報》1920年11月10日第三版。

〔註192〕羅素演講，伏盧筆記《社會結構學第一講·今日世界混亂之諸原因》，《羅素月刊》第4期、《民國日報·覺悟》1921年3月2日、《法政學報》1921年第2卷第10期、《教育公報》1921年第8卷第4期；羅素演講，廷謙筆記《社會結構學》（一），《北京大學日刊》1921年3月2日第三版。

中國是工業幼稚的農業國，自然不能例外。其二，他認為，中國要發展工業，將不得不依賴外國的機械，借鑒外國的工業化經驗。俄國正受他國封鎖，中國如果依賴俄國將「同時不得不引起全世界之仇視」，因此「假使我有統治中國工業之權，我將不求助於俄而求助於美，其次則求助於英，我將竭力去避去完全倚賴外人之手續，必使中國之工業漸次收歸中國人之手，同時不忘卻共產主義將來可以見諸實行焉」。〔註193〕

1922年，羅素回國後整理出版了《中國之問題》一書，其中又明確指出：布爾什維主義不適於中國。時人皆知羅素不善演講，且因翻譯的準確性問題引起過風波。《中國之問題》是羅素對中國問題更系統更成熟的表述，似乎比告別演講更有說服力。由此，羅素最後建議的真實性似乎成為了問題。

羅素在《中國之問題》中說：「〔俄國〕仍能在亞洲各國組織過激派之宣傳。宣傳之效力，大部由於允許代為亞洲人民脫離歐洲之羈軛而發生。其在中國本部，除年歲較輕之學生，以過激主義為發達工業可不經過私產階級外，幾不受其影響。異日者，過激派不得不逐漸復採資本主義，而中國學生之信仰，自當減少。且也在俄羅斯所實行之過激主義，不能應用於中國者，有以下之原因：一、過激主義必待一中央集權鞏固之國家，而後能行；中國則政府之勢力極薄弱，日趨於聯邦政治。二、過激主義必待政府之干涉而後能行，個人生活所受干涉之多為前所未有。中國則個人自由之程度發達異常，無政府主義或反能實行。三、過激主義反對私人貿易，而中國之生涯除讀書人外，私人貿易之現象，幾乎隨在皆是。以上述原因之故，過激主義為一種之信條，不能在中國得大進步。但過激主義為一種政治之勢力，自與過激主義為一種之信條不同」。〔註194〕

英文原文是：「Russia is still able to organize Bolshevik propaganda in every country in Asia. And a great part of the effectiveness of this propaganda lies in its promise of liberation from Europe. So far, in China proper, it has affected hardly anyone except the younger students, to whom Bolshevism appeals as a method of developing industry without passing through the stage of private capitalism. This

---

〔註193〕羅素著，楊端六譯《未開發國之工業》，《東方雜誌》1921年1月15日第18卷第1期。

〔註194〕〔英〕伯特蘭·羅素：《中國問題》，趙文銳譯，上海：中華書局，1924年版，第172頁。

appeal will doubtless diminish as the Bolsheviks are more and more forced to revert to capitalism. Moreover, Bolshevism, as it has developed in Russia, is quite peculiarly inapplicable to China, for the following reasons: (1) It requires a strong centralized State, whereas China has a very weak State, and is tending more and more to federalism instead of centralization; (2) Bolshevism requires a very great deal of government, and more control of individual lives by the authorities than has ever been known before, whereas China has developed personal liberty to an extraordinary degree, and is the country of all others where the doctrines of anarchism seen to find successful practical application; (3) Bolshevism dislikes private trading, which is the breath of life to all Chinese except the literati. For those reasons, it is not likely that Bolshevism, as a creed will make much progress in China proper. But Bolshevism as a political force is not the same thing as Bolshevism as a creed.」〔註 195〕

　　該書由趙文銳〔註 196〕翻譯，梁啟超署檢，出版於 1924 年。趙譯本在內容上略有增刪〔註 197〕，反對布爾什維主義的立場也較為明顯。不過，對照英文原文，以上引文大體是準確的。應該說，羅素在提出最後的建議的前後，確實有著看似相反的表述。其原因是否是時人誤會了羅素的原意？眾所周知，時人對羅素的瞭解是很不夠的，甚至因翻譯問題發生過爭論〔註 198〕。1920 年 10 月 12 日，羅素抵達上海，國人的誤會隨之而來。時人以為，與羅素同來的勃拉克女士（Miss Dora W Black）為羅素妻子。事實上，二人雖然「交好彌篤」，但尚未結婚。得悉真相後，《申報》「致函羅博士道歉，深咎我儕之誤會」。羅素與勃拉克覆信表示諒解，其中指出「蓋余與勃辣克女士除法律上之解釋外，其關係與夫婦無異」〔註 199〕。不過，《申報》及時人的失誤不止於此。張申府即在給《時事新報》的信中指出，「羅素並未受過博士學位，昨夜好幾個

〔註 195〕Bertrand Russell, *The Problem of China*, London: GEORGE ALLEN & UNWIN LTD. 1922, p.176.
〔註 196〕趙文銳是第三次庚子賠款留美學生，中國經濟學社成員，曾提議創設《中國經濟季刊》，其生平不詳。
〔註 197〕〔英〕伯特蘭・羅素：《中國問題・譯者前言》，秦悅譯，北京：經濟科學出版社，2013 年版，第 11 頁。
〔註 198〕李健美、江麗萍：《還原羅素長沙講演對布爾什維克的真意述論》，《江西社會科學》2011 年第 6 期。
〔註 199〕《羅素博士之談話》，《申報》1920 年 10 月 16 日，第三張第十版。

人拿這個叫他，未免使他不好意思」。〔註 200〕張氏是時人公認的羅素研究專家，可謂羅素的中國知者。但他也犯錯了。對於羅素 1921 年 2 月在倫敦出版的 Practice and Theory of Bolshevik Russia 一書，張氏便誤以為書名是 Bolshevism in Practice and Theory〔註 201〕。

因此，重新考察羅素最後建議的真實性問題很有必要。第一，目前所見，羅素告別演講的文本主要有傅銅（羅素的學生）從英文底稿翻譯的《哲學》本、《東方雜誌》本、品青筆記的《晨報》本、《民國日報‧覺悟》本、瞿世英《羅素月刊》本、姚道洪譯本和錢星海的《京報副刊》本等七種版本。〔註 202〕七者譯文雖然有差異，但意思是清楚明確的，當是羅素本人原意。第二，照羅素自己的說法，「這些意見都是我與諸君接觸之後漸漸發生出來的，實非初到中國就是胸有成竹的」〔註 203〕。人所共知，羅素是一位嚴肅學者，不肯輕易表示對中國問題的看法。楊端六在陪同羅素考察演講時，曾詢問其對於中國的觀察。羅素表示，因來華日短，只接觸了極少數的受教育的中國人，不敢有所論斷。〔註 204〕1921 年 3 月，羅素在保定演講後不幸身染肺炎，一度病重。杜威前去探望時，羅素曾向其表示正計劃參與社會主義討論〔註 205〕，這

〔註 200〕以下兩篇文章題名為本文作者所加。張崧年：《致〈時事新報〉》，《時事新報》1920 年 10 月 15 日，第三張第二版；張崧年：《致〈晨報〉》，《晨報》1920 年 10 月 27 日第七版。

〔註 201〕張崧年：《致〈晨報〉》，《晨報》1920 年 10 月 27 日第七版。

〔註 202〕見《中國人到自由之路：羅素離京末次講演》，《東方雜誌》1921 年 7 月 10 日第 18 卷第 13 號；羅素演講，品青記：《中國的到自由之路》，《晨報》，1921 年 7 月 13～17、20 日第七版；羅素：《中國人到自由之路》，《民國日報‧覺悟》1921 年 10 月 1 日；羅素演講，瞿世英筆記《中國的到自由之路》，《羅素月刊》第四號；傅銅：《羅素之「中國的往自由之路」》，《哲學》1921 年 9 月第三期；姚道洪記《中國的到自由之路》，《羅素五大講演社會結構學‧附錄一》，新知書社，1920 年版，第 11 頁；錢星海譯《中國的到自由的路》，《京報副刊》1925 年 2 月 22 日第 68 號。

〔註 203〕羅素演講，品青記：《中國的到自由之路》，《晨報》，1921 年 7 月 13 日第七版。

〔註 204〕楊端六：《和羅素先生的談話》，《東方雜誌》第 17 卷第 22 號。

〔註 205〕根據 Ralph Schoenman 的研究，「During Dewey's visit to a dying Russell in Peking in 1921, Russell outlined plans for ending national disputes, discussed avidly the situation in China's intellectuals and his debates with the leader of the Chinese Communist Party, Chen Tu-Hsu, debates which had gripped China's intellectuals and which influenced the young Mao Tse-tung and Chu Teh.」轉引自 George Dykhuizen, The Life and Mind of John Dewey, London and Amsterdam: Southern Illinois University Press, 1974, p.198.

應是告別演講內容的由來。傅銅既是羅素的學生，又是羅素講學的翻譯之一，對羅素的思想最為瞭解。傅氏也明確指出，羅素前後言說的歧異，根源在於對中國理解的深化〔註206〕。他的說法是可靠的。應該說，羅素的告別演講應該視作其思想深化的結果，視作與中國知識界互動的結果。

既然建議的真實性確定無疑，那麼為何《中國到自由之路》與《中國之問題》表述看似矛盾？在《中國之問題》中，從引文看，羅素所說的「Bolshevism」內涵有三，既是蘇俄實現工業化方法（as a method of developing industry without passing through the stage of private capitalism），又是一種共產主義理想（as a creed），還是一種政治改造方式（as a political force）。羅素的意思可以歸結為兩層：首先，作為實現工業化的方法，布爾什維主義不適合中國，那是因為時之中國政府是弱勢政府，對地方社會、個人生活、經濟活動掌控力有限。布爾什維主義不能使中國實現工業化，自然也不能使中國實現共產主義理想。在工業化與共產主義的關係問題上，羅素贊同馬克思的主張。他一向認為，沒有工業化，便不會實現真正的共產主義。他認為，蘇俄的工業現狀是不能支撐起蘇俄的共產主義理想的。這也是他對蘇俄的失望的主要原因〔註207〕。其次，布爾什維主義在中國受中國青年的歡迎，是因為蘇俄以民族自決相號召。在這個意義上，布爾什維主義作為一種政治改造方式，切實地對中國青年發生了影響。其中要害在於，羅素以中國現狀為邏輯起點，推導出作為一種實現工業化方法和共產主義理想的布爾什維主義不適於現在中國的結論。與此同時，他並未否定布爾什維主義作為政治改造方式時的有效性，反而肯定了其對中國青年的吸引力。在《中國到自由之路》中，羅素的立腳點則是改造中國的現狀。建議中國人要借鑒俄國共產黨的經驗教訓，從政治變革入手，造成強有力的政府，才能發展工業，使中國到「自由之路」。這實際上與《中國之問題》中的說法沒有矛盾。簡單地說，羅素面對不同言說對象，在不同意義上使用了「布爾什維主義」這一概念，得出了看似不同的結論，其實他的邏輯是自洽的。

還需注意的是，羅素實際上指出了中國革命發展的階段性問題。他在臨

〔註206〕另外，傅氏還指出羅素此前主張基爾特社會主義，「乃為歐美各國說法」，時人所說羅素主張中國也應行基爾特社會主義是「傳言之誤」傅銅：《致張東蓀先生書》，《哲學》1921年第三期。

〔註207〕羅素：《布爾塞維克與世界政治》，《中國到自由之路——羅素在華講演集》，第12～27頁。

別演講中指出，中國應首先改良政治（Political Reform First），其次才是以國家社會主義（State Socialism）的方式發展實業，最終實現共產主義理想。陳獨秀等中共早期領導人正確理解了這一點，創建中國共產黨，致力於民主革命。張東蓀等人蔽於自身成見，不能理解中國革命道路與其最高目標的辯證關係，只能退回了泛泛談論發展實業的老路。另外，還有一事可作旁證。當羅素演講引發的社會主義論戰正在熱烈進行之時，羅素參與了北京大學羅素學說研究會的一次討論。該討論長達三小時，主題是「共產主義何以不能實現於現在的中國」。最終，大家接受了這樣的結論：無論是贊成方還是反對方，都有充分的理由。與會者「聯合兩說」之後認為，「現在時機未到，不可實行」，強行實施只會招致外國干涉。「如日與美與俄或其他的各國發生戰事，才是可收〔以〕實行共產主義的機會」。〔註208〕該題目已討論一次，但雙方意見爭持不下。討論者只能邀請羅素參與，這多少有些尋求羅氏定案的意味。〔註209〕因此，所得結論與羅素關係密切，甚至某種程度上可以看作羅素本人的意見。此結論有趣之處在於，事實上肯定了雙方的意見，最終只能以「時機未到」，會招致外國干涉的理由勉強為之。這意味著如果時機成熟，共產主義還是可以在中國實現的。這個意見背後的邏輯與羅素在《中國到自由之路》和《中國問題》中的「矛盾」表述如出一轍，隱含著中國實現共產主義理想的階段性問題。

三、中國知識界的迴響

五四新文化運動後，如何改造中國社會，中國應該走什麼樣的道路成為中國知識界努力求索的問題。新民學會是中國早期馬克思主義者的組織，其內部亦有一場關於是否「走俄國人的路」的討論。1920 年 7 月，蔡和森等留法會員討論「改造中國與世界」的問題，出現了仿傚俄國十月革命與實行溫

〔註208〕果航：《羅素學說研究會開會》，《晨報》1920 年 12 月 16 日第六版；果航：《記羅素學說研究會》，《晨報》1920 年 12 月 30 日第六版。

〔註209〕12 月 21 日，該會即開始討論，但沒有結果，於是邀請羅素參加。見《羅素學說研究會紀事》，《民國日報》1920 年 12 月 25 日第二張第八版。後來，羅素回憶到：「我講課很忙，而且還有一個高年級大學生的討論班。除了一人（他是滿清皇帝的侄子）例外，他們全都是布爾什維克派。他們常一個一個地悄悄溜到莫斯科去。他們是可愛的青年，很機敏又很有才智，渴望瞭解世界，擺脫中國傳統的束縛。」〔英〕波蘭特·羅素著，陳啟偉譯《羅素自傳》（第二卷），北京：商務印書館，2015 年版，第 194 頁。

和革命兩種意見。蔡和森於是兩次致信毛澤東，說明持論，並聽取國內會員的意見。蔡氏在信中指出：在中國「行俄式革命」符合世界大勢，無產階級專政是「現世革命唯一制勝的方法」，希望毛澤東準備組織共產黨，「做俄國的十月革命」〔註210〕。1921 年初，新民學會繼續討論「走俄國人的路」的問題。毛澤東舉出了四點理由對蔡氏的主張「表示深切的贊同」，認為「俄國式的革命，是無可如何的山窮水盡諸路皆走不通了的一個變計，並不是有更好的方法棄而不採，單要採這個恐怖的方法」〔註211〕。反對者是肖子昇和李維漢等人。他們懷疑俄國人的路在中國走不通，對於俄國式革命「根本上有未敢贊同之處」。他們主張，應該用教育的手段，實行溫和的革命。最終，新民學會大部分會員認識到俄國「勞農專政」的辦法，「係諸路走不通了新發明的一條路」〔註212〕。事後，李維漢受到蔡和森的影響，也改變了主張，認為「只有走十月革命的道路才能達到『改造中國與世界』的目的」〔註213〕。這場論戰主要在中國早期馬克思主義者之中進行，是「社會主義論戰」的小規模預演。

　　相比之下，「社會主義論戰」則影響巨大，將是否走俄國人的路的問題推到了整個知識界面前。其中，羅素的作用不能低估。羅素是當時最負盛名的哲學家之一，既對西方資本主義制度的弊病有深切認識，又親往蘇俄考察，故而他的思想觀點見重於時。從泛泛談論中國應重視教育、發展實業，到具體指出中國要走俄國人的路，羅素實現了思想的自我超越。不惟如此，羅氏與中國早期馬克思主義者聲氣相應，將「以俄為師」問題推到了整個知識界面前，有力地助益了中國知識界思想的深化與分化。羅素臨別演講雖然不像《布爾塞維克與世界政治》那樣一石激起千層浪，但這無損於它的思想史意義。如果說，《布爾塞維克與世界政治》是社會主義論戰的引線，那麼《中國到自由之路》某種意義上就是論戰的句號。費覺天的轉變頗可說明問題。費氏思想取向原來頗接近研究系，反對階級鬥爭和唯物史觀，此時卻認為羅素

〔註210〕 蔡和森：《蔡林彬給毛澤東（1920 年 8 月 13 日）》，《蔡和森文集》（上），北京：人民出版社，2013 年版，第 55～60 頁；《蔡林彬給毛澤東（1920 年 9 月 16 日）》，第 67～77 頁。

〔註211〕 毛澤東：《致蔡和森等》，《毛澤東書信選集》，北京：人民出版社，1983 年版，第 6 頁。

〔註212〕 表決結果如下：12 人贊成布爾什維主義，2 人贊成民主主義，1 人贊成溫和方法，2 人棄權。《新民學會會務報告（第二號）》，湖南省博物館歷史部校編《新民學會文獻彙編》，長沙：湖南人民出版社，1980 年版，第 135～136 頁。

〔註213〕 李維漢：《回憶新民學會》，《歷史研究》1979 年第 3 期。

與他不謀而合。他指出：「羅素先生對於改革中國的意見，完全是採用布爾塞維克底方法，一點不含糊，並且斷定若採用西洋平民政治是不能行，若用資本主義是有害無利」〔註214〕。他將羅素的意見歸結為「以政治支配經濟」，獲得了的施存統的高度贊同。施存統認為，就現實而論，「到自由的路」也應從實際出發分步進行，而第一步「就是赤俄同志所走的那一步」。對此，他作出了明確的說明：「要救中國社會，應當實行社會主義，要實行社會主義，應當先使生產社會化；要使生產社會化，必須借助政治的權力；要借助政治的權力，必須先掌握政權；要掌握政權，必須先幹革命；要幹革命，必須大家努力宣傳準備實力。」〔註215〕

幾年之後，又有知識青年重新回味臨別演講時，對羅素的建議表示了高度認同。1922年，陳獨秀發表了《對於現在中國政治問題的我見》一文，繼續申述如下主張：要推翻軍閥政治，反抗帝國主義，只有「集中全國民主主義分子組織強大的政黨」這一個方法。對此，即使是對羅素頗有意見的胡適也表示了贊同〔註216〕。1922年末，張君勱試圖組建「社會改造同志會」。他在其號召書中即特別強調了三點：一，「去人的結合而代之以主義的結合」；二，「去政客之播弄而代以群眾運動」。三，「去人的起伏而代以制度的變更」〔註217〕。張氏名義上說要仿傚費邊社，但上述三點實際上與他對布爾什維克黨的理解密切相關。1924年，一個筆名「思勤」的青年，在《孤軍》雜誌上講述了他思想轉變歷程。他肯定了羅素的主張「全篇都是負責任的懇懇切切的忠告，都是醫治中國的良方」。尤其對於「中國政治改革當採用俄國共產黨方法」這一點，他表示：「羅素的這個主張，我當從前初聽見的時候，並沒有十分注意，近來因為覺悟了中國的改造，當先由改革政治著手，所以就聯想

〔註214〕 費覺天：《從羅素先生底臨別贈言中所見的「政治支配經濟策」》，《覺悟》1921年9月1、2日第四張。1920年12月2日，費氏列名李大釗組織的「北京大學社會主義研究會」。見《北京大學社會主義研究會通告》，《北京大學日刊》1920年12月4日第四版。

〔註215〕 C.T.《讀費覺天君底〈從羅素先生底臨別贈言中所見的「政治支配經濟策」〉》，《民國日報·覺悟》1921年9月25日第一張。

〔註216〕 陳獨秀：《對於現在中國政治問題的我見》，《陳獨秀著作選編》第二卷，上海：上海人民出版社，2010年版，第470頁；胡適：《陳獨秀〈對於現在中國政治問題的我見〉附言》，《胡適全集》第21卷，合肥：安徽教育出版社，2003年版，第292頁。

〔註217〕 君勱：《懸擬之社會改造同志會意見書》，《改造》1922年11月第4張第3版。

到他的這個主張。他的這個主張，理由當然是很充足的。而我們對於他的主張懷疑而不決者，無非因為太〔過〕於激烈而已。倘除了此種主張之外，並無他路可走，則此主張雖激烈，亦不能不採用，雖須有若干的犧牲，亦不能不忍痛」。〔註218〕1925年2月，孫伏園在其主編的《京報副刊》上又發表了錢星海重譯的羅素臨別演講。孫氏和錢氏都認為「這篇稿子雖是老點，意思卻不老。於現在社會的情形，實在是對症下藥」。〔註219〕

　　總之，羅素在「社會主義論戰」中發揮了獨特作用，不但為中國知識界提供了符合歷史發展大勢的「社會革命知識」，而且在一定程度上引導了時人的思考方向。他「以俄為師」的臨別建議尤其真誠有力，既象徵著「社會主義論戰」的終結，又為中國共產黨的創建寫下了最好的注腳。

小結

　　1917～1924年間，中國知識界聚焦於俄國革命，討論了三個方面的內容。第一，關於「俄國革命」的討論。時人所言的「俄國革命」包含了二月革命與十月革命兩階段。對於二月革命，時人皆持肯定立場，但對於十月革命與二月革命的關係及其得失的理解則各有不同。大體而言，或以十月革命是二月革命的倒退，是俄國的內亂；或以為十月革命是由二月革命發展而來的，偉大的社會革命。分歧的產生，既受到信息來源等客觀因素的影響，也與個人的思想取向密不可分。第二，關於布爾什維主義的討論。「過激主義」曾是時人對布爾什維主義的一種認識。其原因不僅在於日本的影響，還有無政府主義者的宣傳。中國早期馬克思主義者為之正名，從而影響了不少知識分子。不過，即使是認識到布爾什維主義蘊藏著巨大的時代力量以及高遠理想，知識界中畏聞階級鬥爭者仍認為布爾什維主義太過激進。第三，關於蘇維埃政制的討論。該討論的核心是蘇維埃政制的民主性問題。大體言之，持平民立場的知識分子，多認為蘇維埃政制是繼資產階級民主制之後的新式民主。相反，精英民主論者則視之為新式獨裁。不過，作為新生的社會主義國家政治制度，蘇維埃政制的「試驗價值」仍然獲得了時人的認可。五四知識界對「俄

〔註218〕思勤：《經濟政策討論：討論中國改造一封書》，《孤軍》1924年5月第2卷第4期。

〔註219〕錢星海譯《中國的到自由的路》，《京報副刊》1925年2月22日第68號。

國革命」、布爾什維主義和蘇維埃政制的爭論和分歧構成了其蘇俄觀的三個主要方面。這展示了中國現代思想史上複雜的「蘇俄」圖景，而且在事實上已經隱含著日後「洪水猛獸」與「人間天國」這兩種極端化評價。

　　十月革命為人類開創了嶄新的社會主義道路，吸引了中國知識界的目光。羅素作為西方名哲，經過深沉思索，在中國共產黨成立之際鄭重地對中國知識界提出了以俄為師的最後建議，受到了陳獨秀等人的讚賞。不過，梁啟超、張東蓀為代表的研究系則大失所望，堅持認為應當走基爾特社會主義道路。在幾年後，知識界不少人亦理解了羅素建議的合理性。1924 年，孫中山等國民黨人實行聯俄容共政策，推動國民革命，事實上走上了俄國人的路。中國知識界的蘇俄觀亦隨之轉進到下一個階段。

第三章　國民革命與聯俄仇俄之爭

　　1924 年，周鯁生在一次演講中指出，歐戰後世界政治雖然「進於國際主義的時代」，但是「民族主義今後尚有重大的任務」。據他看來，民族主義和「國際主義」都深刻影響著世界政治局勢，都是一種不能輕易忽視的「活的勢力」〔註 1〕。後來，胡適也認為，在「集團主義時代」中，民族主義與共產主義是「反個人主義」的兩大思想話語〔註 2〕。周、胡二人共同指出了民族主義與共產主義在五四後思想界中的重大影響。從上述兩種視角觀察，中國知識界對蘇俄產生了三種評價：其一，在擁護孫中山及國民黨左派的知識分子

〔註 1〕 周鯁生：《民族主義與國際主義》，《太平洋》1924 年第 4 卷第 8 期。丁雲孫在《西洋近百年史》（高中教科書）中也認為，歐戰後國聯之成立，標誌著世界進入「國際主義時代」。在此時代，「國際主義當然為支配歐洲局面之新勢力。然除國際主義外，尚有民族主義與帝國主義，亦在繼續發展之過程中。國際主義，固可促進和平，減少民族衝突；但所謂列強者，表面雖擁護國際主義，而實際則以帝國主義之威力，壓迫弱小民族，同時弱小民族亦極力掙扎，以期解脫帝國主義之壓制。故此一時代，實國際主義、帝國主義、民族主義三種勢力對抗之時代。」丁雲孫：《西洋近百年史》，上海：商務印書館，1933 年版，第 150 頁。

〔註 2〕 1933 年末，胡適在與人談中國現代思想分期時，認為以 1923 年國民黨聯俄容共為界可以分為兩期。第一期是「從梁任公到新青年，多是側重個人的解放」，稱之為「維多利亞思想時代」。第二期是「集團主義時代」，民族主義運動、共產主義運動風起雲湧，展現了顯明的「反個人主義的傾向」胡適：《日記·「1933 年 12 月 22 日」條》，《胡適全集》第 32 卷，合肥：安徽教育出版社，2003 年版，第 238 頁。有趣的是，自稱為反共而奮起的國家主義派也認為，「最近的國家主義運動發端於民國十二年」。見陳啟天等著《近代國家主義運動史》，方慶秋主編，中國第二歷史檔案館《中國青年黨》，北京：檔案出版社，1988 年版，第 58 頁。

看來，俄國不僅是可以團結的「平等待我之民族」，更是中國革命需要師法的
友邦；其二，在醒獅派為代表的國家主義者、研究系以及國民黨右派看來，
俄國的在華活動、對華政策，無不映襯著其「帝國主義俄國」形象；其三，在
中國共產黨（以下簡稱「中共」）及親共知識分子看來，蘇俄則是國際主義的
代表，是無產階級的祖國。在國民革命時期，這三種觀點圍繞著蘇俄對華政
策、在華活動等方面互動交鋒，此消彼長，是五四後，尤其是國民革命時期，
知識界蘇俄觀的重要部分。

　　1925 年末，聯俄仇俄之爭爆發，集中展現了知識界對俄態度之分歧。在
國民革命大背景之下重新觀察，我們就會發現：這場轟動一時的論戰貫穿國
民革命始終，起於國民黨聯俄，終於國民黨分共，不但深受國民革命成敗得
失的影響，而且其展開不脫離國民革命「聯俄」與「以俄為師」的意涵。即，
這不僅是關於「外交」層面的對俄態度或者中俄關係之爭，實際上還有「內
政」層次上的「俄化」與反「俄化」的意義。其中後者更具根本性意義，本質
上是中國革命道路之爭。正如《晨報副刊》在發起這場討論時所指出的：「本
刊創立，即發起對俄國問題的討論。對於俄國問題，不是局部問題，實是目
前中國如何建國之大問題」〔註3〕。劉侃元則指出，對俄態度問題根本上取決
於中國採取的「根本國策」為何。如果「步資本主義諸國的後塵以建國」，蘇
俄自然是仇人。「如想脫除資本主義諸國的壓迫而建國，蘇俄自然理論與實際
都是我們的友人」〔註4〕。應該說，時人如何認識蘇聯在國民革命中的作用，
決定了聯俄還是仇俄的思想取向。

　　在國民革命時期，「聯俄」問題是關係中國革命的重大問題。中國知識界
以「一切社會和政治運動的指導者」自居，對於國共合作推動的國民革命，
尤其是國民黨「聯俄」問題，有其獨特看法。條陳各派意見，縷析個中得失，
有助於我們更好地理解國民革命以及當時的政治思想言說。前賢聚焦於 1925
年末的「聯俄仇俄之爭」，著重探究了知識界對俄態度的分歧，知識界的「國
家主義」立場，「高度意識形態化」的蒙古問題以及「反帝」思潮等方面〔註5〕。

〔註3〕《晨報副刊・對俄問題討論號》，1925 年 11 月 13 日。
〔註4〕劉侃元：《中國的建國策與對蘇俄》，《晨報副刊》1925 年 11 月 4／7／9／14
　　　日，章進編《聯俄與仇俄問題討論集》第 197 頁。
〔註5〕相關研究的成績見《緒論》。值得指出的是，章進曾有續編《聯俄仇俄討論集》
　　　的計劃，不過未能成書。某種意義上，這也提示我們要擴大視野，不能以 1925
　　　年末的論戰高潮自限。

本章試圖在此基礎上進一步探究知識界聯俄仇俄之爭與國民革命的內在關聯，以期對論戰之來龍去脈、參戰各方力量及其論戰焦點等重大問題作綜合研討，並注意發掘《聯俄仇俄問題討論集》之外的相關史料，避免就思想主張談思想主張。

第一節　國民革命與知識界的態度

　　十月革命，尤其是加拉罕宣言傳入中國後，蘇俄〔註6〕取代美國，一躍成為「為正誼〔義〕人道努力」的英雄。在當時眾多的報刊之中，質疑或抵制蘇俄的聲音幾乎消失了，友俄輿論從此大興。當時，全國報界聯合會、全國各界聯合會、全國學生聯合會、上海各界聯合會等組織紛紛向蘇俄政府致謝，並表示願與俄國人民攜手，「作正誼〔義〕人道之前驅」，「希望今後中俄兩國人民在自由、平等、互助的正義方面，以美滿的友誼勠力於芟除國際的壓迫，以及國家的種族的階級的差別，俾造成一個真正平等自由博愛的新局面」〔註7〕。不過，慘酷的俄國侵華史難以讓人徹底放下心防，中俄建交談判屢生波折也使部分知識分子的友俄傾向發生變動。1924年初，國民黨召開第一次全國代表大會，改建自身組織系統，實行聯俄政策，與中共一道推動國民革命。國民黨人事實上走上了俄國人的路，聯俄問題成為決定中國革命道路的重大問題。中國知識界一向以「一切社會政治運動的指導者」自居，對於「聯俄」有其看法。是為論戰之緣起。

　　對於聯俄問題，孫中山實際上持「民族主義」〔註8〕的立場。戴季陶曾一

〔註6〕「蘇俄」為當時知識界的通行用法。為統一起見，本文以下逕稱「蘇俄」，不稱「蘇聯」。

〔註7〕《對於俄羅斯勞農政府通告的輿論》，《新青年·勞動節紀念號》1920年5月1日第7卷第6期。

〔註8〕為遵照歷史語境，本文有時用「民族主義」，有時使用「國家主義」。實際上，時人對二者並未有嚴格的區分，似乎只有個人使用習慣不同的分別。如張相所著《新制西洋史教本》（上）（中華書局1915年版）中，即把英法百年戰爭至地理大發現一段歷史，名之為「國家主義發生時代」，實際上即是「民族主義發生之時代」。國家主義派曾將二者視為同一主義的不同階段，且不贊同民族主義。如常乃德在《國家主義小史》中指出：19世紀是國家形態發生本質變化的時代，「單純以民族為基礎的國家，變為以政治的、經濟的、文化的、民族的各原素共同組成的國家」。因此，nationalism的含義是變化的，在19世紀以前是「民族主義」，19世紀以降則是「國家主義」。雖然如此，但其實「國家主義」與「民族主義」兩個名詞在實際意義上沒有根本性的差別。王光祈便認

度以世界主義〔註9〕反對國家主義，主張平民階級的世界革命。他指出：「俄

為「余〔余家菊〕李〔李璜〕諸君之文，雖有時常用『國家主義』的名詞，但按其實質，多屬一種『中華民族主義』。」見常乃德：《國家主義小史之八·十九世紀以來國家主義在學理上之發展》，《醒獅週報》1927 年第 138 期；王光祈：《少年中國運動·序言》，上海：中華書局，1924 年版，第 17 頁。現在，「民族」與「國家」，「民族主義」與「國家主義」在概念上有了較為明確的區別，以下稍作解釋。在西歐，單一民族的居住範圍與國家疆域基本相同，在近代文化與政治的融合中產生了單一民族國家。這是近代民族國家的典型。不過，「民族」與「國家」兩個概念之間的關係錯綜複雜，二者發展過程存在差異，不一定同步。其界限在於前者著眼於文化心理，後者是一種政治單位和政治法律概念。就民族主義和國家主義的關係而言，二者聯繫緊密。一般而言，國家主義的內涵有兩層，對內處理的是國家與個人的關係問題，國家在組織、管理社會生活中不可或缺，居於中心地位；對外處理的是國與國之間的關係問題，強調國家獨立、領土完整和主權平等等方面。參李宏圖：《民族與民族主義概論》，《歐洲》1994 年第 1 期；鄭大華、曾科：《國家主義與民族主義：國家主義派對「一戰」後民族自決思潮的回應》，《學術研究》2013 年第 9 期。

〔註9〕 關於「國際主義」和「世界主義」這兩個名詞，本文為規範起見，除了直接引用和敘述馬克思主義者的看法外，一律用「世界主義」。在 1920 年代，中國知識界對兩種主義認識較為模糊，似沒有明確的判分，時常有混用情況。周鯁生所說的「國際主義」實際上就是「世界主義」的概念（另有「共產主義」指代今之「國際主義」，大同主義指代今之「世界主義」）。20 世紀初期的無政府主義者，以及歐戰後的新文化派用「世界主義」較多。桑兵曾指出，除了中國傳統的大同理想外，英人羅素、俄人克魯泡特金和德人馬克思是中國世界主義思想主要的外部淵源。學術界現在對這兩個概念有了較為明確的區分。一般認為，「世界主義」（cosmopolitanism）既是一種哲學理念，又是一種倫理訴求，還是一種社會理想，最早可追溯到古希臘斯多葛學派的「世界共和國」說。在各類型中，哲學意義的道德世界主義是最初類型，也始終佔據主導地位。後來，政治世界主義、法律世界主義、文化世界主義接連出現，各有側重。「國際主義」（internationalism）的經典論述則出自馬克思列寧主義，雖然其指涉範圍與「政治世界主義」基本一致，不過其含義判然有別。前者強調全世界無產階級的聯合，後者有「世界共和國」「分散性政治權力格局」「自願國家的和平聯盟」等等主張。在一般意義上，「國際主義」是與國際共產主義運動相聯繫的，具有超越民族國家的屬性。而「世界主義」則與資本主義、殖民主義密切聯繫在一起。參蔡拓：《全球主義與國家主義》，《中國社會科學》2000 年第 3 期；《世界主義的理路與譜系》，《南開學報》2017 年第 6 期；《世界主義的類型分析》，《國際觀察》2018 年第 1 期。桑兵：《世界主義與民族主義：孫中山對新文化派的回應》，《近代史研究》2003 年第 2 期。〔法〕伊夫-夏爾·札爾卡：《重建世界主義》，趙靚譯，福州：福建教育出版社，2015 年版；〔蘇〕契爾諾夫：《無產階級的國際主義與資產階級的世界主義》，張孟恢譯，北京：生活·讀書·新知三聯書店，1952 年版；平心：《國際主義基本知識》，展望週刊社，1952 年版；〔蘇〕瑪丘什金：《蘇聯的愛國主義與國際主義》，劉丕坤譯，上海：中華書局，1953 年版。

國革命是在世界主義下面的革命」，「拿『愛國』作中心來親俄」，就不能充分理解「俄國所持的主義」。蘇俄放棄在華特權，倡導民族自決和中俄攜手都是世界主義的體現，是世界革命的需要。他認為，交通工具的進步已經使世界市場形成，進而導致了「國家不能解決世界的問題」，國家主義不能解決全世界的問題，甚至「全世界飽受了國家主義的禍害」後，「國家對於世界已經失了存在的意義」，「全世界的問題，依然除了全世界的革命不能解決」。俄國經驗也表明：「社會革命不是一國單獨做得來的。倘若全世界不能一致實行同一主義的破壞和建設，這個革命一定不能完成」。他甚至指出，「勞動者本來是沒有國家的」，向中國平民只宣傳愛國救國不會引起他們的感動，而應該「喚起中國平民之世界的階級的覺悟」〔註10〕。時之戴季陶在上海負責《星期評論》，頗受馬克思主義的影響，甚至一度參與中國共產黨的創建。戴氏因此受到了孫中山的批評〔註11〕。在俄國革命是何種「主義」的勝利問題上，孫中山不同意戴季陶的解釋。

　　孫中山認為，國民黨要「以民族主義聯俄」，這包含著相輔相成的兩個方面。第一，孫中山以民族主義解釋俄國革命，認為民族主義不僅是俄國革命勝利的根源，還是蘇俄對華政策的根本出發點。他指出：「最合乎俄國人民心理者，莫如民族主義」，蘇俄成立六年來也「無非為民族主義而奮鬥」〔註12〕。蘇俄對華友好，根本上是基於蘇俄自身利益的考慮。孫中山還旗幟鮮明地反對在中國提倡世界主義，批評了知識界的世界主義傾向，指出歐洲流行的世界主義本質上是一種「有強權無公理的主義」〔註13〕。他認為，中國是積弱之國，主權淪喪日久，追求富強是首要任務，世界主義「不是受屈民族所應該講的」。「我們受屈民族，必先要把我們民族自由平等的地位恢復

〔註10〕戴季陶：《國家主義之破產與社會的革命》，《星期評論》1920 年 4 月 25 日第 47 號。

〔註11〕劉文麗：《馬克思主義還是社會改良主義——再論五四運動後戴季陶的政治思想》，《首都師範大學學報》2009 年第 5 期。胡漢民亦指出：「夫聯俄者，彼此聯合之謂，故彼亦有聯我之必要而不止出於一方，否則我折而入於俄，自減而已，何足言聯？」胡漢民：《中國五大偉人手札》，大方書局，1938 年版，第 337 頁。

〔註12〕孫中山：《在廣州大本營對國民黨員的演說（1923 年 11 月 25 日）》，《孫中山全集》第八卷，北京：中華書局，2011 年版，第 437、438 頁。

〔註13〕孫中山：《三民主義·民族主義》第四講，《孫中山全集》第九卷，中華書局 2011 年版，第 231 頁。

起來之後，才配得來講世界主義」〔註14〕。孫中山一方面站在被壓迫民族的立場，堅持以民族主義，而非世界主義，對外謀求中華民族的獨立自主；另一方面實際上也沒有放棄「世界主義」理想，而是強調民族主義是世界主義的前提。蔡元培便認為，孫中山的民族主義思想不同於「反對大同」的國家主義或者「蔑視國界」的世界主義，而是「既謀本民族的獨立，又謀各民族的平等，是為國家主義與世界主義的折衷」〔註15〕。雖然如此，孫中山不接受階級鬥爭理論，其民族主義思想未能更進一步。第二，肯定蘇俄是「平等待我之民族」。孫中山曾通過陳友仁向達林表示，他審慎思考了中國革命問題，「我對從前所信仰的一切幾乎都失望了，而現在我深信，中國革命的唯一實際的真誠的朋友是蘇俄」〔註16〕。在他看來，蘇俄已經放棄了「從前用武力的舊政策」，改用「和平的新政策」，「不但是沒有侵略各國的野心，並且抑強扶弱，主持公道」〔註17〕。因此，蘇俄「過去對於中國政治獨立和領土完全最大危險之一業已消除」。而且，中國需要蘇俄這樣一個「對他平等待遇和承認他有完全統治權的強國的幫助」〔註18〕。孫中山不僅對黨外反覆申述此點，對黨內異議也反覆批駁。他曾經特別指出：「我國革命向為各國所不樂聞，故嘗助反對我者以撲滅吾黨，故資本國家斷無表同情於我黨，所

〔註14〕孫中山：《三民主義·民族主義》第四講，《孫中山全集》第九卷，中華書局2011年版，第223／226頁。

〔註15〕蔡元培：《中華民族與中庸之道──在亞洲學會演說詞（1930年11月20日）》，高平叔編《蔡元培全集》第五卷，北京：中華書局，1988年版，第488頁。胡適對此有不同的認識。胡適指出：「孫中山先生雖然不是國粹學報或南社中人，但他對於中國固有的文明也抱一種頌揚擁護的態度。他是一個基督徒，又是一個世界主義者，但他的民族思想很強，到了晚年更認定民族主義是俄國革命成功的要素，故在他的三民主義第四、第六講裏很有許多誇大中國古文化的話。」胡適：《新文化運動與國民黨》，《新月》1929年9月10日第2卷第6～7期。郭湛波也透露，胡適曾說道：「我們是世界主義，孫先生是狹隘的民族國家主義」。見郭湛波：《近五十年中國思想史·再版自序》，濟南：山東人民出版社，1997年版，第2頁。

〔註16〕〔蘇〕C.A.達林：《中國回憶錄（1921～1927）》，侯均初等譯，李玉貞校，北京：中國社會科學出版社1981年版第126頁。

〔註17〕孫中山：《三民主義·民族主義》，《孫中山全集》第9卷，北京：中華書局，2011年版，第191頁。

〔註18〕孫氏談話載《大陸報》（1922年9月30日）以及《字林西報》，後來《嚮導》轉載。見和森：《中德俄三國聯盟與國際帝國主義及陳炯明之反動》，《嚮導》1922年10月4日第4號。

望為同情只有俄國及受屈之國家及受屈之人民耳」〔註19〕。如果說以民族主義解釋蘇俄對華政策，隱含著防俄之意，那麼，強調蘇俄是「平等待我之民族」則為聯俄的必要前提。

　　對於孫中山的聯俄政策，中共表示了大力支持。其一，中共積極肯定國民黨聯俄政策，從反對帝國主義的立場，闡發聯俄對於爭取民族自決權的重要意義。惲代英指出，民族運動是「國人死中求生之道」，是「對列強經濟侵略的鬥爭」〔註20〕。蘇俄作為「全世界被壓迫民族的好友」，以聲援和捐款等方式，表示了對中國的民族革命運動的同情和支持〔註21〕。與孫中山稍有不同，中共更進一步強調了民族主義與世界革命的關係，並強調蘇俄對華政策中的世界主義面向。惲代英即認為，列寧不僅是「俄國平民的英雄」，還是「一個世界主義者」「世界一切被壓迫民族革命的前驅者」〔註22〕。民族主義不是狹隘的「一般自私自大的國家主義」，而是「與世界的社會改造運動有密切的關係」，所謂「保全祖宗疆土，追蹤祖宗功業詔示於國人」的傾向是錯誤的〔註23〕。其二，中共全力維護孫中山權威和國民黨的革命黨品格，致力於建立反帝反軍閥的民主聯合戰線〔註24〕。在國民黨改組前，知識界對孫中山和國民黨並不抱好感。在批評胡適等人的「好政府主義」以及陳炯明事件後的輿論宣傳中，中共有力地維護了孫中山的權威，改善了國民黨的形象。李大釗和陳獨秀則紛紛肯定國民黨作為根本改造中國的「中心勢力」，或者「做國民革命運動以靖國難」之政黨的可能性及其意義〔註25〕。《嚮導週報》的讀者曾國光即觀察到，「青年和有覺悟的智識階級」已經改變了「旁觀的態度」，

〔註19〕孫中山：《批鄧澤如等的書（1923 年 11 月 29 日）》，《孫中山全集》第八卷，北京：中華書局，2011 年版，第 459 頁。

〔註20〕惲代英：《民族主義（1924 年 3 月 20 日）》，《惲代英全集》第六卷，人民出版社，2014 年版，第 172～179 頁。

〔註21〕黃鏡：《最近之蘇俄》，《中國青年》1925 年 7 月 23 日，第 4 卷第 83 期。

〔註22〕惲代英：《列寧與中國的革命（1924 年 2 月 2 日）》《惲代英全集》第六卷，人民出版社 2014 年版，第 101 頁。

〔註23〕惲代英：《民族主義（1924 年 3 月 20 日）》，《惲代英全集》第六卷，北京：人民出版社 2014 年版，第 172 頁。

〔註24〕鄭師渠：《中共建立「民主的聯合戰線」與中國思想界的兩場論爭（1922～1924）》，《歷史研究》2013 年第 4 期。

〔註25〕李大釗：《就中國實際改造的中心勢力問題與〈北京週報〉記者的談話（1923 年 5 月 17 日）》，《李大釗全集》第四卷，第 179 頁。陳獨秀：《北京政變與國民黨》，《陳獨秀著作選編》第三卷，第 111 頁。

不再「視孫先生是一般的政客軍閥，視救國的奮鬥為爭地盤的把戲」〔註26〕。

不過，當時真正認識到國民革命偉大意義的知識分子實屬鮮見。《孤軍》派的何公敢認為，國民黨雖然「在民國歷史上頗有貢獻」，但是「跡其近今所為，輒與軍閥無異」。他認為，國民黨最終必然成為「軍閥之傀儡」〔註27〕。顏旨微是北京《益世報》主筆，一向對孫中山領導的國民黨另眼相看，並在1923年初預測，國民黨不但將成為南方勢力的重心，並且會統一南北〔註28〕。但對於國民黨改組，顏氏也僅僅模糊的意識到這「或為近十年內政治變遷上之一重要樞紐」，僅僅有一個國民黨在政治追求上優於直系軍閥的粗略印象而已〔註29〕。正如蕭楚女所言，當時不少知識分子，甚至包括國民黨黨內的部分人物，並不清楚國民黨在國民革命中的使命，「他們不是把國民黨看得太舊，以為它不過是一個『許多無聊的革命浪人、革命政客的集合體』，便是把國民黨看得太新——無事自擾地相驚以『伯有』，說『國民黨已經變成了共產黨』，或是『國民黨已經把國民黨赤化了！』」〔註30〕對於「赤化」標籤，雖然國民黨曾多次闢謠，但知識界對國民黨之誤解並未因此煙消雲散〔註31〕。面對新聞界屢次「造作事實」，負責國民黨宣傳有年的葉楚傖不得不申明：「國民黨自改組以後，其第一使命為『到民間去』」，「以利他無私之至誠來助國人」，並希望言論界對國民黨能夠有「公正之評論」〔註32〕。

五卅運動是1920年代知識界思想變動的又一個重要節點。它大大加劇了國內共產派與國家主義派、親俄派與仇俄派的思想衝突。北京大學教授陳啟修於1925年9月從蘇俄返國。他觀察到，中國知識界在蘇俄問題上截然兩

〔註26〕 曾國光：《國民黨領袖與教育事業》，《嚮導》1923年5月第27期。

〔註27〕 一卒：《中國政黨概觀》，《孤軍》1924年10月10日第2卷第5～6期。

〔註28〕 旨微：《社論·因中山宣言略及時局之未來》，《益世報》1923年1月28日第2版。

〔註29〕 《中國國民黨宣言》，《益世報》（北京）1924年2月4日第三版；旨微：《社論·讀國民黨宣言之後》，《益世報》（北京）1924年2月11日第二版。

〔註30〕 蕭楚女：《國民黨與最近國內思想界（1924年8月20日）》，《蕭楚女文存》，北京：中共黨史出版社，1998年版第212頁。

〔註31〕 可參考司馬文韜：《略論國民黨改組後否認「赤化」的闢謠聲明》，《民國檔案》1993年第4期；王建偉：《民族主義政治口號史研究：1921～1928》，北京：社會科學出版社，2011年版；劉敏：《不諱言聯俄與不承認赤化：1924年國民黨對列寧的追悼》，《理論月刊》2019年第9期。

〔註32〕 葉楚傖：《為國民黨請願於言論界》，《國聞週報》1925年8月2日第2卷第29期。

分,形成了激烈衝突的「反蘇聯空氣」〔註33〕。1925 年 10 月,徐志摩遊俄歸國,接替孫伏園出任《晨報副刊·社會週刊》編輯,隨即與劉勉己發起了「對俄國問題的討論」〔註34〕。國民革命時期聯俄仇俄之爭的高潮於是到來。聯俄仇俄之爭表面上是對俄態度之分歧,實際上是一場以知識界蘇俄觀為焦點的,關於國民革命的討論。《晨報副刊》在發起「對俄問題」討論時也有所認識。該刊指出:「本刊創立,即發起對俄國問題的討論。對於俄國問題,不是局部問題,實是目前中國如何建國之大問題」〔註35〕。劉侃元也指出,對俄態度問題根本上取決於中國採取的「根本國策」為何。如果「步資本主義諸國的後塵以建國」,蘇俄自然是仇人。「如想脫除資本主義諸國的壓迫而建國,蘇俄自然理論與實際都是我們的友人」〔註36〕。應該說,上述言論表明了知識界對於「對俄問題」的重要性有著清醒的認識:這不僅是一個外交問題,還關涉中國內政。如何認識蘇聯在國民革命中的作用,決定了聯俄還是仇俄的思想取向。這裡,有必要先述及知識界中研究系、國家主義派以及部分自由主義者等各派對國民革命的態度。

研究系反對國民革命的態度十分明確。該派宗主梁啟超的看法可為代表。他認為,改組後的國民黨是「還魂之屍」。梁氏意思有兩層:其一,國民黨到 1924 年前後已經日暮窮途,儼然一具屍體,所謂「孫文東和這個軍閥勾結,西和那個軍閥勾結——如段祺瑞、張作霖等——依然是不能發展」,「國民黨簡直是一個沒有靈魂的軀殼」。其二,中共及蘇俄控制了改組後的國民黨,成為國民黨之魂。由此,梁氏得出結論:孫中山「已整個做了蘇俄傀儡,沒有絲毫自由」,國民黨改組是「倒行逆施」,聯俄則是「引狼入室」〔註37〕。研究系之所以如此持論,除政見不合外,還有一個更重要原因:他們正試圖拉攏孫傳芳,發展軍事勢力。在武人專政的軍閥政治之下,研究系在軍事實力上一直未有進展(蔡鍔早死,蔣百里一直未獲軍權),團體組織上也不嚴密,因而其政治依

〔註33〕 陳啟修:《蘇聯事情之研究與對蘇聯政策之研究》,《現代評論》1925 年 10 月 17 日第 2 卷第 45 期。

〔註34〕 敖光旭:《國家主義與「聯俄與仇俄」之爭——五卅運動中北方知識界對俄態度之解析(上)》,《社會科學研究》2007 年第 6 期。

〔註35〕 《晨報副刊·對俄問題討論號》,1925 年 11 月 13 日。

〔註36〕 劉侃元:《中國的建國策與對蘇俄》,《晨報副刊》1925 年 11 月 4/7/9/14 日。

〔註37〕 梁啟超:《給孩子們書(1927 年 5 月 5 日)》,丁文江趙豐田編《梁啟超年譜長編》,上海:上海人民出版社,1983 年版,第 1129 頁。

附性十分明顯。在進步黨時代，或聯合袁世凱反對國民黨，或聯合皖系反對張勳。國民革命軍北伐之前，研究系之蔣百里、張君勱、劉厚生以及與梁啟超關係密切的丁文江都在孫傳芳處「參與密勿」。蔣百里一度計劃拉攏唐生智反叛，實現聯絡孫傳芳、唐生智的聯合，由此為研究系「開一嶄新局面」〔註38〕。因此，梁啟超認為北伐軍在江西的作戰，是對孫傳芳的「侵犯」，是「逼人太甚」之舉。孫傳芳出於「自衛」，不得不應戰。自由主義者丁文江對此事的看法與梁啟超接近。丁氏當時依附孫傳芳，在上海「整理內政」。在他看來，孫傳芳屬於各種政治勢力中「溫和派」，「總是抱定保境安民的宗旨」，不願與廣東國民黨方面發生衝突；國民黨則屬於「過激派」，其革命宣傳是「造謠式的宣傳」，軍事行動則屬「無意識的暴動」。他認為，國民革命軍討伐孫傳芳，無非是「過激派」聯合「土匪式的奉軍」（「極端反動派」）孤立「溫和派」〔註39〕。

除研究系外，國家主義派是知識界中反對國民革命的又一重要勢力。在國民黨聯俄容共之後，曾琦、陳啟天和李璜等人回國創辦《醒獅》，宣傳反共反俄理論。五卅運動後民族主義思潮震盪中國知識界，國家主義派迅猛崛起。他們認為，蘇俄在佔領外蒙、維持中東路特權、虐待旅俄華僑、干涉中國內政以及反悔取消在華特權等方面的種種表現，證明了其侵華野心。國民黨與中共之親俄，則與「張作霖、段祺瑞之附日本以求取得政權」沒有區別。他們因此得出結論：國共兩黨「擁戴軍閥以求武力統一」和「依賴外人以圖包辦國事」之舉完全錯誤，國民革命「不是真的革命而是假的革命」〔註40〕。國家主義派之崛起總體上符合知識界的民族主義轉向，周作人曾對此作出較好地說明。1923 年 4 月，周作人還在介紹他的「『世界民』的態度」，並表示他的創作也是「反抗國家主義遂並減少鄉土色彩」〔註41〕。不過到了 1925 年元旦，周作人因目睹「遺老遺小以及日英帝國的浪人興風作浪」，思想取向就「又回到民族主義上來了」，世界主義的迷夢則徹底破滅〔註42〕。職是之故，與醒

〔註38〕梁啟超：《給孩子們書（1926 年 9 月 29 日）》，丁文江趙豐田編《梁啟超年譜長編》，上海：上海人民出版社，1983 年版，第 1093 頁。

〔註39〕丁文江：《致胡適（1926 年 11 月 28 日）》，歐陽哲生主編《丁文江文集》第七卷，長沙：湖南教育出版社，2008 年版，第 234 頁。

〔註40〕曾琦：《國家主義者與國民黨》，《醒獅》1926 年 1 月 9 日第 66 期第 1 版；《中國國家主義青年團第一次全國代表大會對於時局的宣言》，《醒獅》1926 年 8 月 22 日第 97 號。

〔註41〕周作人（開明）：《舊夢·序》，商務印書館，1924 年版。

〔註42〕周作人（開明）：《元旦試筆》，《雨絲》1925 年第 9 期。

獅派一道，借用民族主義的思想資源反對共產主義者大有人在。徐志摩自稱是一位「不可教訓的個人主義者」，也對國民革命大表不滿。在他看來，國民革命如果是「第三國際式的革命」，便是一種虛幻的不可靠的革命，「是盲從一種根據不完全靠得住的學理，在幻想中假設了一個革命的背景，在幻想中想設了一個革命的姿勢」。〔註43〕王造時也提出「新國家主義」論，認為愛世界須先愛國。具體地說，目前的被壓迫民族地位決定了中國還不配提倡世界主義，首要任務是實現中國的自由、平等、獨立。否則，亡國奴講世界主義，無異於可恥的搖尾乞憐。不僅如此，王造時還舉出「共產主義失敗史」，勸說「共產主義的朋友們」放棄「平民無祖國，只要國際的共產主義把國際的資本主義打倒了，平民得了政權，世界自然會太平」的想法，並認為蘇俄雖然理論上反對國家主義，「但是事實上也不能打破國家的界限」〔註44〕。

　　上舉各派對國民革命的批評，部分是源於對國共兩黨的誤解，更多的是源自對時局的不同認知。例如，國民革命的目標之一是推翻軍閥政治。知識界各派雖也痛恨於軍閥政治，但如何改變卻意見不一。如國民黨一大宣言所指出，除國共主張國民革命外，另有四種較有影響的主張：立憲，聯省自治，召開和平會議和組建商人政府。〔註45〕這四者雖有限制或調和軍閥利益的目的，但無一不與軍閥作妥協，反映了部分時人畏懼革命的心理。

　　面對批評，親國民黨知識分子起而發聲，轉而呼籲知識界與國民黨展開合作。在孫中山北上之際，服膺三民主義的楊鴻烈即發表了一篇勸善文章，希望自由主義者胡適和研究系的梁啟超、張君勱能夠「和我們站在民眾方面加入國民黨，做根本改造政治的事業」。他認為，胡適倡導的好人政府以及梁啟超、張君勱等人的賢人政治都不可能實現，只有三民主義、五權憲法能使「中國全體民眾走上自由平等的人道」。他一方面指出了英美式政黨政治的虛

〔註43〕徐志摩：《列寧忌日——談革命》，《晨報副刊》1926年1月21日。

〔註44〕王造時：《新國家主義——救國良藥》，《京報副刊》1925年6月13、17日第178、182期。

〔註45〕國民黨一大宣言指出了這四種主張的缺陷：立憲派的缺陷在於「民眾無組織，不能擁護憲法，運用憲法」；聯省自治派的弱點是「分裂中國，使小軍閥多占一省以謀利益」；和平會議派則失之於「各軍閥間利益得以調和，與民眾利益無關」；商人政府派的失誤更多，不但「商人不能代表民眾」，而且「商人政府亦託命外人」。見《中國國民黨第一次全國代表大會宣言》，中國第二歷史檔案館編《中國國民黨第一、二次全國代表大會會議史料》（上），南京：江蘇古籍出版社，1986年版，第80頁。

偽，另一方面則闡述了國民黨的新變，認為改組後的國民黨是一個革命黨，且其他「普通政黨」都難堪大任〔註46〕。胡適當時在武漢講學，正為學生界對他的攻擊而煩惱。研究系與國民黨有宿怨，也不可能因楊氏之言而轉變態度。勸善文並未引發他期待的反響，於是楊鴻烈又與他在北京師範大學的同窗汪震往復辯論數次。不過，二人的辯論並未討論該文的基本觀點——勸梁、張、胡加入國民黨，只不過泛論文章的「邏輯問題」，頗有今之「炒作」意味〔註47〕。楊氏的舉動反映了他作為知識分子的浪漫，代表了部分知識分子的心聲。不過，楊氏實際上還沒有點到國民革命的要害。國民黨改組對於國民黨自身，以及國民革命固然重要，而聯俄容共政策則對於中國革命的意義更為重大。梁啟超所說中共及蘇俄成為國民黨之魂，才是深刻的觀察。這點破了國民革命時期思想界不能忽略的重大問題——如何看待蘇俄指導下的中國革命前途問題，具體地說，就是知識界應如何對待國共合作以及聯俄問題。

林白水說：「國民黨與蘇俄有密切關係。國民黨一得勢，則必首立聯俄之外交政策。此政策一確立，則將立肇帝國主義者之紛擾。東亞和平之局，或將立破。此就外交方面所生之危險也。聯俄政策實行之後，過激黨在中國之宣傳，必普遍於腹地。比年民窮財盡，軍閥專橫，官吏貪黷，農工商之怨苦無告，正如爆彈埋藏於地中。一經赤色之宣傳，當必立呈炸裂，如水赴壑，如響應聲。崩潰之局，不可收拾。社會組織，全數破壞。其慘禍將亙五十年而不戢。此就內政方面所生之危險也。」〔註48〕且不論林白水的思想立場及其是非對錯，他的話提示我們：在當時人眼中，所謂聯俄與仇俄之爭實際上有外交與內政兩個層次。綜合各方觀點，大約有三種意見。其一，陳獨秀等人堅定擁護聯俄政策，力主以俄為師。其二，國家主義者則既反對「外交式的單獨聯俄」，又反對內政上的俄化。其三，以劉勉己的看法為代表，以為「我們外交上不必疏俄，而內政上卻要排俄」〔註49〕。由此可見，所謂「聯俄仇俄

〔註46〕楊鴻烈：《勸梁任公、張君勱、胡適之三先生與中國國民黨合作書》，《京報副刊》1925年2月4日第51號。
〔註47〕汪震：《楊鴻烈先生的邏輯》，《京報副刊》1925年2月6日第53號；楊鴻烈：《答汪震先生》，《京報副刊》1925年2月6日第53號；汪震：《再答楊鴻烈先生》，《京報副刊》1925年2月7日第54號。
〔註48〕白水：《吾人有急速組黨之必要》，《社會日報》（北京），1924年12月3日第二版。
〔註49〕勉己：《怎樣對蘇俄？怎樣對帝國主義？》，《晨報》1925年10月14～15日第二版。陳獨秀：《反赤運動與中國民族運動》，《陳獨秀著作選編（1926～

之爭」實際上是外交層面上的聯俄與反聯俄之爭，以及內政上的俄化與反俄化之爭。以下分述之。

第二節　外交上的聯俄與反聯俄

　　外交上是否聯俄問題，本質上是關於蘇俄對華政策的分歧，知識界對此斷斷續續有數次討論〔註50〕。在討論中，孫中山視蘇俄為「平等待我之民族」，這是聯俄政策得以實施的前提判斷。國家主義派、研究系、國民黨右派、無政府主義者以及部分自由主義者在此問題上有不同看法。他們從歷史和現實狀況出發，指責蘇俄是侵華的「赤色帝國主義」，與孫中山等人展開政治爭鳴。對此，國民黨、中共及其周圍知識分子作出了反駁。

　　1920 年，加拉罕宣言傳入中國，國內友俄潮流興起。不過，隨後中俄建交談判波折屢生，以及加拉罕來華後否認了此前歸還中東路的許諾，這引起了不少人的不滿。無政府主義者秦抱樸即致信加拉罕，批評蘇俄在中國「以慘暴的手段壓迫可憐的中國平民」，指責加拉罕「滿腹的陰謀」，「深以中國人為可欺」〔註51〕。五卅運動後，蘇聯處理「金石聲案」失當，再次激起了當時人的惡感。幾位青年致函《晨報副刊》，認為蘇俄標榜的「扶助弱小民族」無非政治手腕，實際上是「借友華之名而施侵華之實」〔註52〕。國家主義者曾琦更認為，蘇俄「野心勃勃，所以擴國權而耀國威者，固毫無以異於列強也」〔註53〕。廣東中山大學教授灝孫認為，無論是從其地理、經濟，還是國際形勢上看，蘇俄仍然是帝國主義國家，以「世界主義的假面具」掩蓋侵華

　　　　1931)》第四卷，第 3 頁。李琯卿：《論中國革命與第三國際之關係並忠告蔣介石：評六月七日蔣氏在軍校之訓話》，《醒獅》1926 年 7 月 18 日第 92 期。

〔註50〕當時，中俄建交談判正在進行，知識界有數次討論。敖光旭認為，中國知識界關於中俄問題的討論共有四次，分別是 1922 年 11 月越飛向北京政府遞交節略後，1923 年初《孫文越飛宣言》發表後，1924 年 3 月「王加草約」簽訂後以及 1925 年末的聯俄仇俄之爭。說詳敖光旭：《革命、外交之變奏——中俄交涉中知識界對俄態度之演變（1919～1924）》，《「中央」研究院近代史研究所集刊》第 55 期。

〔註51〕澎湃、抱樸、汪潔漫、廖劃平：《致加拉罕的一封信（1923 年 12 月 15 日）》，《學匯》1923 年第 381 期。

〔註52〕《關於蘇俄仇友問題的討論》，《晨報副刊》1925 年 10 月 15 日。

〔註53〕曾琦：《國家主義之四大論據》，方慶秋主編，中國第二歷史檔案館編《中國青年黨》，北京：檔案出版社，1988 年版，第 52 頁。

事實以及「口惠而實不來的愚我伎倆」。他詳細指出了蘇俄「在我國的種種陰謀政策」：第一，土地上，佔據外蒙，運動唐努烏梁海加入蘇俄，並打算向遠東移民，蠶食新疆、甘肅；第二，經濟上，繼續佔據中東鐵路，設立俄蒙銀行；第三，文化上，用金錢收買青年學子，並在中國大力宣傳共產主義以「消滅國人愛國思想」；第四，治外法權上，包圍中國駐俄公使館，無故逮捕中國留學生、華僑〔註54〕。這種侵華「事實證據」不禁讓人聯想到慘酷的俄國侵華史，對俄的惡感與疑懼形成共振，蘇俄形象更趨惡化。梁啟超即指出：「俄國人頑〔玩〕的政治，對內只是專制，對外只是侵略，他們非如此不能過癮。不管蘇不蘇，赤不赤，頑來頑去總是這一套……中國從前是『沙』（按：即沙皇）的夢想湯沐邑，現在便是紅旗底下得意的拋球場。蘇俄啊！你要辨明你不是帝國主義嗎？你那一天把在中國的活動停息，我們那一天立刻就相信你。但是能嗎？」〔註55〕他從俄國侵華史著眼，認為俄國是「帝國主義的結晶」「帝國主義的大魔王」，其侵華政策深植於國民性中，不會因國體、政體的變更而改變。梁啟超對蘇俄的疑懼與戒心可見一斑。

在他們看來，既然蘇俄並非「平等待我」，那麼蘇俄「援助」國共兩黨，便是蘇俄干涉中國內政的表現；國共兩黨不拒絕蘇俄「援助」，便是「依〔倚〕賴」蘇俄，甚至賣國之舉。國家主義派即批評國共兩黨等「親俄派」犯了「恃俄為重」的錯誤，將反抗帝國主義壓迫，爭取民族獨立的任務完全寄託在了蘇聯身上，這種「託庇外人」的做法將導致亡國滅種〔註56〕。左舜生把蘇俄與英、日等國混言為「外力」，並認為國共兩黨只要接受蘇俄軍事援助，便與張宗昌、吳佩孚、張作霖等與帝國主義國家勾結的軍閥同一性質。他認為，中共接受蘇俄援助會促使軍閥各自投靠不同的外國勢力，結果必然是「使內戰愈益延長，範圍愈益擴大」〔註57〕。張奚若是自由主義者中激烈仇俄的代表，認為「蘇聯雖不是帝國主義式的敵人，其為害於我們中國的地方更甚於帝國主義式的敵人」。因為蘇俄用金錢收買了中國「判斷力薄弱的青年、智識寡淺的學者和唯私人利益是圖的政客」，比英日帝國主義暗地裏勾結北洋軍閥

〔註54〕灝孫：《聯俄的討論》，上海：泰東圖書局，1927年9月版，第42、62頁。

〔註55〕梁啟超：《覆勉己書論對俄問題》，《晨報・社會週刊》1925年10月27日第4號。

〔註56〕胡國偉：《「親善主義」與「外交政策」》《醒獅》1925年4月11日第27號第1版。

〔註57〕舜生：《答共產黨並質惲代英君》《醒獅》1925年5月16日第32號第2版。

更為狠辣。他指責孫中山晚年轉向聯俄是聰明一世，糊塗一時（或者假裝糊塗）。「本來狠〔很〕能有大作為」的國民黨「被盧布引誘和加拉罕威嚇」，結果墮落到只會高喊「打倒帝國主義」「廢除不平等條約」等空口號的地步。他甚至得出結論：聯俄將使中國社會「完全變成了流氓搗亂的局面」，並且將因「世界戰爭增加我們無窮之負累」〔註58〕。

　　總結起來，上述反對聯俄的理由可歸結為兩點。蘇俄的侵華政策既有歷史的根據，又符合現實狀況。此其一。援助國民黨和中共之國民革命，實為蘇俄干涉中國內政之舉，對中國貽害無窮。此其二。

　　面對批評，中共系統論述了蘇俄與國民革命關係的問題，駁斥蘇俄是「赤色帝國主義」的觀點，申述接受援助與「倚賴」蘇俄的區別。在中共看來，蘇俄不但是「最以平等待中國的國家」，而且是中國「互相不可分離的作戰伴侶」，強調雙方的相互需要關係〔註59〕。其一，從蘇俄方面看，因為蘇俄是「全世界資本帝國主義國家的仇人」〔註60〕，代表了無產階級利益，所以蘇俄援助中國在內的東方民族順理成章，符合其階級利益和國家利益，也合乎世界革命大勢的。惲代英明確指出，中共無意「引導中國人去倚賴蘇俄」，因為蘇俄也面臨著嚴酷的鬥爭環境〔註61〕。其二，從中國方面看，「中國的國民革命只是今天全世界革命潮流中間的一部分」〔註62〕。為了解放中國的，就要「順應國際主義的潮流，聯合世界革命勢力，以共同打倒帝國主義」。在這個意義上，所謂的「國家主義」既不合理，又不能成立，本質上乃是資產階級「用以愚弄人民，驅使一般壓迫的工人平民，以蹂躪同運命的殖民地弱小民族的口號」〔註63〕。以此為基礎，惲代英指出了「援助與倚賴的不同」：張宗昌等軍

〔註58〕張奚若：《蘇俄究竟是不是我們的朋友》、《蘇俄何以是我們的敵人》，章進編《聯俄與仇俄問題討論集》，上海：北新書局，1926年版。

〔註59〕惲代英：《評醒獅派》（1925年4月25日），《惲代英全集》第七卷，第122頁；惲代英：《蘇俄與世界革命》（1924年11月8日），《惲代英全集》第六卷，第562～567頁。

〔註60〕惲代英：《介紹八十一期以後之〈嚮導〉》（1924年11月1日），《惲代英全集》第六卷，第550～556頁；原刊《中國青年》第51期。

〔註61〕惲代英：《可鄙的詛咒與可笑的離間》（1924年12月20日），《惲代英全集》第六卷，第636頁。

〔註62〕惲代英：《蘇俄與世界革命》（1924年11月8日），《惲代英全集》第六卷，第562～567頁。

〔註63〕惲代英：《國家主義者的誤解》（1924年11月1日），《惲代英全集》第六卷，第557～561頁。

閥勾結帝國主義，不惜出賣國家利權，為帝國主義國家所瓜分。是為「倚賴」。與之相反，蘇俄「為中國革命努力」，幫助國共兩黨訓練軍隊，組織民眾，健全黨組織，不但從未「有一點需求要索」，而且放棄了此前在華特權。是為「援助」。因此，蘇俄是中國革命之友，並非所謂的「赤色帝國主義」〔註64〕。國家主義者模糊概念，一筆抹煞蘇俄對於中國革命的益處，這是中共所不能接受的。

雙方的論戰明顯帶著意氣之爭。北京大學教授陳啟修〔註65〕於1925年9月從蘇俄返國。他就觀察到：中國知識界在蘇聯問題上截然兩分，形成了激烈衝突的「反帝國主義空氣」和「反蘇聯空氣」。然而兩方「都儘量醜詆毒罵」「專作人身攻擊」「離開客觀的觀點而動主觀的感情」〔註66〕。陳氏主張研究蘇聯實情時不能摻雜感情，應實事求是。他在蘇聯考察長達13個月，對蘇聯的「政治內容、社會情象，歷索尤詳」。他認為蘇聯政治已走上正軌，國際地位也獲得鞏固，其新經濟政策和社會科學教育政策，更是「有見地有魄力，出於嚴密的計劃，立於澈〔徹〕底的基礎之上」〔註67〕。

〔註64〕惲代英：《答〈醒獅週報〉三十二期的質難》（1925年7月18日），《惲代英全集》第七卷，第187頁。

〔註65〕1923年9月，陳啟修受北京大學派遣，從蘇俄西伯利亞，前往歐洲考察政治。陳氏先在莫斯科停留5個月，然後赴德、法、荷、比等國，1923年7月從德國前往蘇聯，停留8個月，於1925年9月初回國。回國後除任教北大外，1926年又擔任黃埔軍校政治講師，講授「蘇俄狀況」。見陳啟修：《勞農俄國之實地觀察》，《國聞週報》1925年9月20日，第2卷第36期；常裕如：《一生坎坷的早期經濟學家陳啟修》，李連成、林圃主編《中國當代著名經濟學家》（第一集），成都：四川人民出版社，1985年1版，第289頁。郁達夫曾指出，陳啟修在北京大學任教時，曾以「陳偉」的假名字加入過中國共產黨。見郁達夫：《陳啟修的黨生活》，《當代史勝》，上海週報社，1933年版，第342～351頁。

〔註66〕陳啟修：《蘇聯事情之研究與對蘇聯政策之研究》，《現代評論》1925年10月17日第2卷第45期。實際上，在1925年末的大討論中也延續了這種情況。仇俄論者批評聯俄論者被蘇俄收買，「良心被腐蝕」。這引起了聯俄論者的不滿。有人反過來批評仇俄論者「託足權門」，「輔助軍閥作賣國勾當」，「替權力階級辯護」。1926年2月，吳鼎昌也觀察出國內的共產非共產之爭，聯俄仇俄之爭已經從「理論之爭」演變為「意氣之鬥」。中共及親共知識分子甚至激進地否認蘇俄侵略中國。這種辯論策略是不明智的，不僅模糊了聯俄的正當理由，還授人以柄。見陳黃生：《駁張奚若並告青年朋友》，《京報副刊》1925年10月20日第303號；吳鼎昌：《共產主義之宣傳與研究》，《國聞週報》1926年2月28日，第3卷第7期。

〔註67〕陳啟修：《致北大同人書》，《東方雜誌》1924年4月10日，第21卷第7期；

　　陳啟修從規範「帝國主義」這個概念入手，從學理上得出了蘇俄不是赤色帝國主義國家，進而推導出蘇俄不會侵略中國的結論。他指出，蘇聯作為一個工人階級專政，致力於解放世界被壓迫民族的社會主義國家，不是「赤色帝國主義」。蘇俄沒有力量「用資本或商品侵略他國」。出於自衛手段和生存策略的考慮，蘇俄在世界上宣傳共產主義，反對帝國主義，決無可能成為一個帝國主義國家。「假如認蘇聯為赤色帝國主義，那就恰恰中了帝國主義者轉移目標之計」〔註68〕。陳啟修的論點獨到深刻，是對中共的有力支持。章進觀察到，陳啟修的文章一出，「『醒獅派』與其他信仰狹義的國家主義者以及研究系等共同煞費苦心所杜撰出來的『赤色帝國主義』一名詞，就有根本動搖之勢」〔註69〕。陳獨秀亦受到啟發，繼續指出：「赤色帝國主義」這個名詞根本不能成立，是「國際帝國主義者及其走狗」為了離間被壓迫民族與蘇俄之聯合而製造出來的〔註70〕。受此影響，知識界也不再一邊倒地指責蘇俄。例如在外蒙古獨立問題上，蕭楚女曾指出，醒獅派在蒙古問題上已經從「非侵略的自衛的國家主義」流為帝國主義，「矛盾的民族主義」（或者叫「資產階級的民族主義」），其特點是「主張自求解放，同時卻不主張解放隸屬於自己的民族」〔註71〕。

　　客觀地說，在上中東路、外蒙古等問題上，蘇聯的確侵犯了中國權利。知識界在此問題上的嚴正態度，顯示了樸素的愛國感情。不過，以之作為仇俄的理由卻並不充分，失之於浪漫的空想。在各帝國主義國家勾結國內軍閥，大肆侵犯中國利權之時，蘇俄畢竟放棄了多數在華特權。如蔡和森所說，在國際帝國主義包圍壓迫之下的中國，「尋不著別的出路」。蘇俄放棄帝俄時代在華特權，使「中國的國際地位確是絕處逢生」，這是不能隨意抹殺的〔註72〕。更重

　　　　又載上海《民國日報副刊‧覺悟》1924年3月11日。陳氏歸國後，又有《蘇俄的現狀》（《京報副刊》1925年10月19日，第302號）和《勞農俄國之實地觀察》，（《國聞週報》1925年9月20日，第2卷第36期）兩文刊出。
〔註68〕陳啟修：《帝國主義有白色和赤色之別嗎？》，章進編《聯俄與仇俄問題討論集》，北新書局，1926年版。
〔註69〕章進：《編者的幾句話》，章進編《聯俄與仇俄問題討論集》，上海：北新書局，1926年版。
〔註70〕陳獨秀：《什麼是帝國主義？什麼是軍閥？》，《陳獨秀著作選編（1926～1931）》第四卷，第18頁。
〔註71〕蕭楚女：《顯微鏡下之醒獅派》，中國青年社，1925年版，第48頁。
〔註72〕和森：《中國國際地位與承認蘇維埃俄羅斯》，《嚮導》1922年9月27日第3號。

要的是，蘇俄是世界上反對帝國主義的主要力量，並且支持中國對外反對帝國主義，對內打倒軍閥，推動國民革命。聯俄能最大限度地維護國家主權和民族利益，這是顯而易見的。反聯俄論者的失誤在於，他們以蘇俄侵犯中國國家利益為理由，但又罔顧蘇俄歸還大部分在華特權的事實；他們強調蘇俄式共產主義會為禍中國（即使是真的），但又否認聯俄對於反對帝國主義的益處。

北京大學政治學系學生張榮福〔註73〕自稱既不是共產黨員，也不是「激進派的國民黨」或者「官僚派的國民黨」，只是「一個不願帶起眼鏡研究中國和世界政治的『傻子』。他看到中國人民受到軍閥、官僚、「遺老遺少」的殘酷壓迫，成為「地獄裏的無辜餓鬼」，因此支持進行國民革命。此外，他支持孫中山的聯俄政策，認定蘇俄在進行國民革命上是中國之友〔註74〕。張榮福指出：所謂「蘇俄的加倫將軍是否在廣東當最高級軍事長官，鮑羅廷是否做外交總長」都是「反對廣東政府的報紙在造謠」。加倫與鮑羅廷不可能左右廣東政局，更不可能完全控制廣東人。「蘇俄接濟軍械於革命軍」是正義之舉，「英日等國播弄軍閥私鬥」才是罪大惡極。對於蘇俄唆使蒙古建國問題，張榮福則認為，這不是帝國主義行徑，其目的「一是實行他民族解放的主張，二是防備日本和白黨以自固」。既然北京政府無力掌控外蒙，蘇俄只能行此下策。中國人不應該「怪蘇俄沒良心」，只能為「自己國內政治不爭氣」遺憾。北京大學教授江紹原更進一步指出，蒙人有正當的民族自決權，漢蒙關係不是「真真民國主義的關係」。如果不承認這一點，中國就犯了「黃色的帝國主義」的錯誤〔註75〕。這與中共的說法如出一轍。需要分辨的是，漢蒙兩民族均是中華民族大家庭中平等的一員，簡單地否認蒙古族的民族自決權固然是錯誤的，但是放任外部勢力挑唆民族分裂則更加錯誤。在外蒙古獨立問題上，蘇聯的做法損害了中國的主權。如果說反聯俄論者的失誤在於罔顧聯俄對於中國革命的益處，失之於浪漫，那麼張榮福、江紹原等人的失誤則在於漠視了愛國感情，失之於絕對。

〔註73〕後來，張氏後留學莫斯科中山大學，期間翻譯了列寧《國家與革命》第一章，將之發表在陳啟修編輯的《國民新報》上。歸國後又任職中國國民黨中央軍人部宣傳科，在《軍人週報》創刊號上發表《由北方時局觀測北伐之將來》和《革命的世界略談》等重要文章。

〔註74〕張榮福：《請教勉己先生三點》，《晨報·社會週刊》1925 年 11 月 3 日第 5 號。

〔註75〕張榮福：《蘇俄真是中國的敵人嗎？——質張奚若先生》，《京報副刊》1925 年 10 月 12 日第 295 號；江紹原：《仇友赤白的仇友赤白》，《晨報副刊》1925 年 10 月 22 日。

　　正因上述兩方既各有所見，又各有所蔽，所以又出現了一種調和論。劉勉己認為蘇俄的「赤色共產主義」是遠大的「世界的赤色革命的理想」，不能將之稱為「赤色帝國主義」。這就好像不能把中國古代的「王道」稱為「霸道」一樣。雖然如此，劉勉己反對共產主義的態度還是沒有變化，仍然認為「赤色共產主義」足以「為禍於內政」。因此，他提出了「我們外交上不必疏俄，而內政上卻要排俄」的主張。劉勉己的意見得到了部分知識分子的支持。所謂「外交上不必疏俄」，即與蘇俄一道反對帝國主義，其根據有二：第一，蘇俄與帝國主義危害中國的程度有別，應先反對帝國主義以圖自救。劉勉己認為，蘇俄雖然對華有「駐兵外蒙，擅捕華人，延宕會議」等等惡行，但「不能和帝國主義混為一談」。帝國主義侵華是實實在在的經濟、政治、外交等利權的侵奪，比蘇俄對華惡行更為嚴重。因此，在反帝方面，蘇俄「外交上終究是我們一致的朋友」，「我們若僅因赤色運動對我內政有害，有認蘇俄為不共之仇，那就是外交自殺政策」〔註 76〕。其二，反對帝國主義不是中國能獨立承擔的，需要組織聯合戰線，蘇俄是最好的盟友。蔣曉海認為，事有輕重緩急，反帝運動「決不是任何弱小民族獨力所能做到，非要組織偉大的聯合戰線不可」，蘇俄作為「反抗帝國主義同志中最勇敢的一員」是中國必須聯合的對象〔註 77〕。此外，劉勉己、蔣曉海又反過來強調，與蘇俄為友「不過是外交上的一種策略」，與對待「蘇俄之宣傳共產主義」是兩碼事，要抵制國內的共產主義者的「以暴力煽動世界革命」。這與中共的認知形成了顯明對比。惲代英曾批評劉勉己的主張「虛憍而幼稚」。在惲代英看來，只有蘇俄、中國等被壓迫民族與各帝國主義國家的「赤色兄弟」聯合起來，實行世界革命，反帝運動、世界弱小民族的解放運動才有成功的希望〔註 78〕。這對不少知識分子而言缺少吸引力。陶孟和首先指出，蘇俄支持中國的獨立運動，因此即便是極端反對共產制度的人也應該對蘇聯表示歡迎。雖然如此，他又認為蘇俄與中國國家利益並不一致。具體地說，蘇俄致力於推動世界革命，實現無產階級專政。中國則對於「推倒哪一個帝國」沒有興趣，只是希望「取消任何國家在中國所享受的不合公道的特殊權利」。因此，他認為中國不應該加入蘇聯推動

〔註 76〕勉己：《怎樣對蘇俄？怎樣對帝國主義？》，《晨報》1925 年 10 月 14〜15 日第二版，94／102。
〔註 77〕蔣曉海：《蘇俄仇友問題》，《京報副刊》1925 年 10 月 18 日第 301 號。
〔註 78〕惲代英：《赤俄與世界革命》，《中國青年》1925 年 12 月 20 日第 102 期。

的世界革命運動，以防止進入到「現在國際上兩大勢力——布爾什維主義與帝國主義——的競爭」之中〔註79〕。

　　總之，劉勉己等人所謂的「外交上聯俄」的另一面則是「內政上排俄」。在他們看來，共產主義理論不合於中國現實，蘇俄的共產主義宣傳別有用心。而且，國共兩黨之所以接受蘇俄援助，宣傳共產主義，也不過是「假冒共產的招牌，利用赤色的手段，志在攫取勢力」〔註80〕。按照劉勉己等人的解釋，以民族主義聯俄大打折扣，僅僅成為了一種簡單的脆弱的外交策略。以此來衡量聯俄，時人不禁多了一層疑慮：聯俄的益處有沒有宣傳中的那麼多？有沒有可能招致其他帝國主義國家的不滿，反而導致外交上的不利？對於這種疑慮，陳獨秀曾以中外革命經驗作出過否定解答〔註81〕。但是，站在民族立場上討論對俄問題，勢必得出即使在外交上實行聯俄，也要防俄的結論，這是民族主義的自利性與排他性的內在邏輯。國家主義者當然不會認同陳獨秀的解釋。他們勸告「英俄夾攻」中廣東省人，起而反抗，「為今之計，欲免共管，須防共產。欲拒英夷，須逐俄寇」〔註82〕。中國如若與蘇俄同一戰線，那麼國際形勢將更為險惡，不但防俄有「拒虎進狼之憂」，而且對抗列強「又有寡不敵眾之勢」〔註83〕。灝孫則認為，「非聯俄我國便無藥可救，聯後國家即可立強」的想法是不切實際的幻想。就國際關係而言，「以道義為途徑的時代」還未到來，國家利益仍是國際交往的準則，「借外力以平內亂」是危險的。而且，俄國有長時間的侵華史，這是「國民性使然」，是俄國國家利益使然，不會隨國家政體的變化而立即改變〔註84〕。

　　應該說，從民族主義出發，任何外國都是需要防範的，其中時人之防俄尤具有特殊性。仇俄論者所仇視的不僅是「蘇俄」這個國家，還恐懼中國的「蘇俄化」。國家主義派的領袖人物左舜生即明確指出「反俄與反共應看成一

〔註79〕陶孟和：《中國與英俄》，《現代評論》1927 年 4 月 30 日第 5 卷第 125 期。

〔註80〕勉己：《怎樣對蘇俄？怎樣對帝國主義？》，《晨報》1925 年 10 月 14～15 日第二版。蔣曉海：《蘇俄仇友問題》，《京報副刊》1925 年 10 月 18 日第 301 號。

〔註81〕陳獨秀：《十月革命與中國民族解放運動》，《陳獨秀著作選編（1923～1925）》第三卷，第 538 頁。

〔註82〕《告英俄夾攻中之粵人》，《醒獅》1925 年 10 月 3 日第 52 期。

〔註83〕曾琦：《對於國內提倡共產主義者之感想‧附致沈怡》《醒獅》1925 年 2 月 28 日第 21 號第 5 版。

〔註84〕灝孫：《聯俄的討論》，上海：泰東圖書局，1927 年 9 月版，第 15～21 頁。

件事，不應看成兩件事」〔註85〕。由此，聯俄仇俄之爭轉進入第二個層次：關於「俄化」與反俄化的爭論〔註86〕。

第三節　內政上的俄化與反俄化

在當時人看來，中共是蘇共、第三國際的在華代理人，國民黨聯俄容共顯係「赤化」。如張季鸞所示：所謂「赤化云者，簡言之，赤俄化之謂也。何謂赤俄化？即受第三國際之指導，與赤俄同其主義與政策之謂也」〔註87〕。五四後「西方」分裂為兩種文明，從前被視為單一的「西化」道路也變成「歐化」與「俄化」兩種面貌。其中，「俄化」的最顯著之處顯然是政治方面的共產主義理論及其一黨專政制度〔註88〕。知識界關於內政上的俄化與反俄化的爭論，也因此主要集中於共產主義理論及其宣傳問題（包括國民黨容共）以及國民黨「以黨治國」問題。

一、關於共產主義理論及其宣傳的論爭

在共產主義理論及其宣傳問題上，國家主義者李醴泉的一番話頗可展現反對方爭點所在。他說：「所謂蘇俄之國際共產主義，即世界主義，此親俄派之所藉以自解於吾國人以掩飾其通敵之罪，而亦吾國有志青年傾心於蘇俄之最大原因也。蓋既誤認布黨之主義為世界主義，則國界之應打破，自不成問題。雖然，使世界果已進於大同，烏托邦已實現，則吾人又何苦斷斷持國家主義以自限」〔註89〕。他的看法除了指責中共「賣國通敵」外，無

〔註85〕舜生：《反俄與反共》，《醒獅》1925 年 11 月 6 日第 57 期。
〔註86〕較早論述「俄化」問題的是胡秋原。他指出，俄化運動是五四以後新起的一個潮流，截止抗戰前可分為兩期。第一期即「參加國民革命時期」。在此期中，中共最初不過是「急進的民族派」，從而獲得孫中山的接納。在國共合作，共同推動國民革命中，中共獲得迅速發展，「蘇俄亦同意中國不能實行蘇維埃主義」。第二期是「進行蘇維埃運動時期」，國民黨清共分共後，斯大林下令中共，「只有蘇維埃才能救中國」，中共六大、立三路線均屬斯大林路線的產物。詳見胡秋原：《一百三十年來中國思想史綱》，臺北：學術出版社，1983 年版第 60〜63 頁。
〔註87〕一葦：《反赤化運動之批判》《國聞週報》1926 年 7 月 18 日第 3 卷第 27 期。
〔註88〕羅志田：《道出於三：西方在中國的再次分裂及其影響》，《南京大學學報》2018 年第 6 期。
〔註89〕李醴泉：《俄遊之感想》，《醒獅》1925 年 10 月 17 日第 54 期。

非是以國家主義反對共產主義，並以為「布黨之主義」只是表面上的「世界主義」，實際上是自利主義。用惲代英的話說，國家主義派「他們最大的努力，處處看出只是一個反對共產主義」，無非是想「拿國家的觀念來壓倒階級的觀念」〔註90〕。

具體地說，國家主義派、研究系及部分自由主義者的反對意見有如下幾點：

首先，他們認為共產主義理論不適於中國，強調中國國情與蘇俄不同，尚不具備實現共產主義的前提條件。國家主義派的領袖人物曾琦直言：「今之青年，喜談共產，考其用意，在法蘇俄。殊不知俄之與我，情勢迴殊」〔註91〕。在他看來，中國無論是民族性、資源稟賦、國防能力等內部條件，還是國際地位、國際關係等外部條件都與蘇俄不可同日耳語，不能盲目模仿蘇俄試驗共產主義。張奚若也有類似的看法，並指出了實現共產主義的四個前提：完全的工業化，社會資本集中於極少數資本家，「工人須富於階級戰爭性並有極強的組織」以及「非常高尚非常能幹的領袖」。中國四個條件都不具備，因而共產主義不適於中國〔註92〕。《申報》社論主筆孟森則從歷史傳統立論，指出了如下觀點：「就根性言，多數不易赤化；而就事實言，則中國亦恒在不夠談赤化之地位」。這裡的「根性」是指「以工商為末富，重本抑末」的歷史傳統。孟森指出，中國因為商人地位低下，所以「卒不能鼓企業家之興」，「社會主義不能發達」。所謂「事實」，則是說中國社會沒有類似歐洲的貧富分化現象，沒有嚴重的勞資矛盾，唯一可慮的社會矛盾則是軍閥官僚壓榨士兵問題〔註93〕。因此，孟森得出結論：「俄黨之宣傳，戒心當在軍界，決非生計同盡之工商界所慮」〔註94〕。

〔註90〕惲代英：《評醒獅派》（1925年4月25日），《惲代英全集》第七卷，第122頁；惲代英：《與李璜卿論新國家主義》（1925年4月4日），《惲代英全集》第七卷，第89、95頁。

〔註91〕曾琦：《對於國內提倡共產主義者之感想・附致沈怡》《醒獅》1925年2月28日第21號第5版。

〔註92〕張奚若：《共產主義與中國》，《晨報副刊》1925年11月16、18日；張奚若：《共產主義的批評》，張小勁、談火生主編《張奚若文集》，北京：清華大學出版社，2019年版，第153頁。

〔註93〕心史：《世界黨魁之模範》，《申報》1924年2月12日第1版。

〔註94〕心史：《東洋各國社會情狀與過激主義之影響》，《申報》1924年2月18日第1版。

其次，他們認為蘇俄實施新經濟政策，表明了共產主義在蘇俄的失敗〔註95〕。自蘇俄政府決定實施新經濟政策以來，即有「共產黨對於資本主義讓步」等批評聲音傳出。蘇俄政府面對輿論批評，也曾以「並非拋棄共產主義，實係抵抗外侮之手段」作出解釋〔註96〕。早在1922年末，上海《商報》與《時事新報》也曾有過討論，蔡和森作過簡單批駁〔註97〕。但是，時之輿論界不以為然。吳鼎昌認為，雖然蘇俄的布爾什維主義是共產主義學說中「最有力者」，列寧「為馬克思唯一嫡派」，蘇俄是世界上唯一的「共產主義之試驗地」，但是新經濟政策使資本主義在蘇俄獲得了相當的恢復，蘇俄已成為介於共產主義與資本主義之間的國家〔註98〕。孟森也指出，俄國在試驗共產主義之時付出了慘痛的代價，列寧不得不實施新經濟政策，把國有財產「分之於私」，故而共產主義成為「已死之事實」〔註99〕。上述言論的弦外之音是：蘇俄既然已經放棄共產主義，那麼蘇俄還在中國宣傳共產主義必然別有用心。如此一來，既從學理和事實兩個方面否定了共產主義理論，又引起讀者對蘇俄及中共的反感。國家主義派的論說更為直白。李璜泉認為，推行新經濟政策，意味著蘇俄「已與普通行國家社會主義之國家無異」，所謂的「勞工專政」也名不副實〔註100〕。由此，他得出結論，蘇俄在華宣傳共產主義，宣傳打破國界以及無產階級專政乃是「移禍於吾國」之舉〔註101〕。

按照他們的邏輯，既然蘇俄在華宣傳共產主義是「移禍於吾國」，那麼國共兩黨以俄為師以及推動國民革命的做法自然也是錯誤的。李璜認為，中共與「資產階級的國民黨」根本主義不同，「貧富聯合的國民革命」與階級戰爭

〔註95〕 對於新經濟政策，孫中山等國民黨人將之等同於民生主義，中共以之為實現共產主義的過渡階段，知識界則認為是對共產主義道路的根本否定。說詳張文濤：《現實與想像：國民革命時期思想界對蘇俄新經濟政策的認知》，《揚州大學學報》2015年第6期。

〔註96〕 《共產黨對於資本主義讓步》，《新華日報》（北京）1921年6月29日第三版；《勞農新經濟政策與俄輿論》，《京報》1921年11月1日第五版。

〔註97〕 蔡和森：《評〈商報〉與〈時事新報〉（1922年11月2日）》，《蔡和森文集》第一卷，人民出版社，2013年版，第164頁。

〔註98〕 吳鼎昌：《共產主義之宣傳與研究》，《國聞週報》1926年2月28日第3卷第7期。

〔註99〕 心史：《共產主義復活之試驗》，《申報》1924年3月6日第一版。心史：《國際漸次承認之俄國》，《申報》1924年3月10日第一版。

〔註100〕 李璜泉：《俄遊之感想》，《醒獅》1925年10月17日第54期。

〔註101〕 李璜泉、曾琦：《國家主義與蘇俄》，《醒獅》1925年10月17日第54期。

的世界革命也根本矛盾。因此，中共加入國民黨是另有所圖〔註102〕。與之相應，國家主義者認為國民黨聯俄容共，已開始自食其果。陳啟天即認為，自國民黨容共之後，不但「三民主義在國民黨已名存實亡」，「欲藉其宣傳之力以張黨勢」與「欲藉外援以為內爭之輔助」的圖謀已宣告失敗，而且中共在國民黨內已然坐大。陳氏由此得出結論：國民黨之生死存亡就在於能否清除中共勢力〔註103〕。此外，國家主義者激烈指責中共被盧布收買，以致「通敵賣國」。他們指出，中共不但聲言不要祖國，反對愛國，而且在事實上「受蘇俄政府的津貼，很馴服的受蘇俄政府驅使」〔註104〕。換言之，他們以為，既然蘇俄之侵華與列強無異，而且中共又以蘇俄為「無產階級的祖國」〔註105〕，

〔註102〕 李璜：《原來列寧說過馬克斯主義與國家主義勢不兩立！》，《醒獅》1925 年 5 月 16 日第 32 號。

〔註103〕 陳啟天：《評國民黨中共產派與非共產派之爭》，《醒獅》1925 年 9 月 26 日第 51 期。

〔註104〕 叔耘：《蘇俄政府與第三國際》，《醒獅》1926 年 7 月 18 日第 92 期；李瑄卿：《論中國革命與第三國際之關係並忠告蔣介石》，《醒獅》1926 年 7 月 18 日第 92 期。

〔註105〕 中共二大曾通過《關於「世界大勢與中國共產黨」的決議案》，其中指出：「蘇維埃俄羅斯是世界上第一個工人和農人的國家，是無產階級的祖國，是勞苦群眾的祖國，也是全世界工人和農人與世界帝國主義的國家對抗的壁壘，現在世界資本主義的勢力還是強盛的時候，是不斷的向她進攻，因此全世界的勞動階級和勞苦群眾應該盡力保護蘇維埃俄羅斯。中國共產黨第二次大會議決：中國共產黨要召集中國工人們加入世界工人的聯合戰線，保護無產階級的祖國──蘇維埃俄羅斯──，抵禦資本主義的進攻；並要邀集中國的被壓迫群眾，也來保護蘇維埃俄羅斯，因為蘇維埃俄羅斯也是被壓迫民族的先鋒。」《關於「世界大勢與中國共產黨」的決議案》，中央檔案館編《中共中央文件選集》第 1 卷，北京：中共中央黨校出版社，1989 年版，第 60 頁。國民黨左派的看法也值得指出。如時之蔣介石便認為，「別的團體可以講甚麼性質，甚麼界限，惟有革命黨是志同道合的團體，只有以主義為中心，決沒有彼此界限之分。革命黨是不分民族，不分國界，並且是不分你我，更不能有強弱大小的勢利之見。……這種迅速的進步，可以說完全是從我們總理實行中俄聯合的一點成效。時代變遷的影響、中華民族的覺悟、本黨同志的決心和群眾的力量，固然對於革命的進步地方很多，但是本黨不改組，蘇俄同志不來指導我們革命的方法，恐怕國民革命軍至今還不能發生。……現在有人說：我們中國的革命黨受俄國人指揮，在他說的人的用意，以為這句話就是可以污蔑我們革命黨的一個最好的材料。我以為作這樣想的人，從好一方面說，充其量不過是一個十九世紀以前的具有國家主義的英雄而已；然而他並不明白時代是一個甚麼時代。……帝國主義者所造的謠言，最有力量，最能動搖人聽的一句話，就是『中國人不應受俄國人的指揮』──我們且不講我們是否已受了俄國人的指揮──但我敢老實說，叫革命先進國的蘇俄來

那麼，親俄、聯俄之中國共產黨乃是「蘇俄的走狗」「中國今日之吳三桂」〔註106〕。國家主義者對國共兩黨的指責，本質上是因為將國民黨「容共」看作了國民黨內政上「俄化」的證據。除了批評並挑撥國共關係之外，他們也把蘇俄援助國民革命一事作了陰謀論的解讀。「一柱」即表示，蘇俄明知中國經濟落後，工業幼稚，「社會革命無爆發之可能，共產主義無實現之餘地，國際主義更不足以炫惑被壓迫民族之觀聽」，故而「以『第三國際』之命令，遣其黨徒加入中國國民黨，宣傳民生主義以附會共產主義，宣傳民族主義以附會國際主義，掛國民黨之招牌，以招搖各地，藉政黨之勢力，以謀社會事業之根基，並希望軟化國民黨，使其受蘇俄之支配而不自覺」〔註107〕。

　　反對共產主義宣傳，批評國共合作，並以陰謀論解讀蘇俄援助國民革命，如是幾點構成了反俄化話語系統的主要內容。

　　面對批評，中共以革命的階段性理論作出回應。第一，承認共產主義是一種高遠理想，不是一朝一夕能夠實現的。惲代英明確指出，中國共產黨清楚地認識到實現共產主義必須採用漸近的方式。「蘇俄在今天亦只能採用『向共產主義』的新經濟政策，中國共產黨在『現在』，甚至於連新經濟政策都還不敢希望一定能夠實現」。因此，中共選擇「加入以民族主義為號召的國民黨」，共同致力於「實現聯合各階級的打倒帝國主義運動——將時局向前推進一步」，然後再「以無產階級的實力謀實現無產階級的政權，以漸進於共產主義」〔註108〕。蕭楚女也指出「中國現在的產業狀況還非常的幼稚」，無產階級尚缺乏明確的「一般的經濟的階級意識」。這種現實的「物質環境」決定了中國革命首先進行「帝國主義和殖民地之間的民族的階級戰爭」，即「歷史的唯物的一定的階段的國民革命」，而不是「有產者和無產者的產業的階級戰爭」即「社會經濟的共產革命」〔註109〕。第二，澄清現階段的任務是實行國共合作，

指導我們中國的革命，我們世界革命的中國革命黨員實是願意接受的，而且是應該接受的。」見蔣介石：《汕頭東征軍總指揮部蘇俄革命紀念宴會講演詞（1925 年 12 月 11 日）》，《蔣介石的革命工作》，太平洋書店，1927 年版，第 228～236 頁。

〔註106〕謚：《筆槍墨劍：問蘇俄的走狗》，《醒獅》1925 年 8 月 1 日第 43 期。

〔註107〕一柱：《蘇俄侵略政策之於中國》，《醒獅》1925 年 7 月 18 日第 41 期。

〔註108〕惲代英：《民族革命中的共產黨》（1925 年 8 月 22 日），《惲代英全集》第七卷，第 223～227 頁。

〔註109〕蕭楚女：《國民黨與最近國內思想界（1924 年 8 月 20 日）》，《蕭楚女文存》，北京：中共黨史出版社，1998 年版第 225 頁。

進行國民革命。惲代英指出，國民革命不是無產階級獨立承擔革命，而是「不論貧富都要聯合起來」「謀『全個中國』的解放」。其任務即是中國包括無產階級在內的各階級聯合起來，打倒帝國主義以及國內軍閥。國家主義者「要拿國家的觀念來壓倒階級的觀念」，這是中共所不能接受的。國民革命的階級性表現在平民階級打倒軍閥，世界性則表現在被壓迫的中華民族打倒帝國主義〔註110〕。與之相關，國共合作的意義在於：國民黨代表資產階級，中共代表無產階級合作打倒共同的敵人。「共產黨加入國民黨，只是單純地為了縮短革命底時間；國民黨容納共產黨，也只是單純地為了擴張革命底戰線」。然而，兩黨的主義「並沒有絲毫互相遷就而有所變更」。因此，「什麼國民黨赤化，共產黨破壞國民黨的話，簡直是胡說」〔註111〕。第三，回答蘇俄與中國民族革命運動的關係問題。陳獨秀指出，蘇俄援助各個弱小民族及被壓迫國家一事，與共產主義運動「完全是沒有連帶關係的兩件事」。蘇俄援助了波斯和阿富汗這兩個君主專制國家，並未使之實行共產制度〔註112〕。同樣，蘇俄援助中國的是民族革命，「決不是社會革命」。中共與俄共「根本的政治理想固然是同的」，但是國情不同「革命之步驟也不同」，中共「目前的政綱與行動乃是要完成中國民族革命的要求，即反對國際帝國主義及其工具——國內軍閥——到底」。因此，中國實際上並沒有所謂的「社會革命運動」，只有「反帝國主義的民族運動」〔註113〕。

對於「通俄賣國」的指責，中共以深刻的階級觀點作出了較好的理論說明。建黨前，陳獨秀即有所論述。他一方面肯定愛國心是一種「立國之要素」，呼籲「持續的治本的」愛國主義，認為這才是「救國之要道」〔註114〕。另一方面，他又提醒愛國者不要喪失了理性的「自覺心」。否則，愛國主義就變為以

〔註110〕惲代英：《與李琯卿論新國家主義》（1925年4月4日），《惲代英全集》第七卷，第89、95頁。關於國民革命時期知識界的階級觀念，中共與國民黨、國家主義派關於階級鬥爭的討論，可參考張文濤的博士論文《國民革命前後的階級觀念研究》，北京師範大學，2013年。

〔註111〕蕭楚女：《國民黨與最近國內思想界（1924年8月20日）》，《蕭楚女文存》，北京：中共黨史出版社，1998年版第226頁。

〔註112〕陳獨秀：《十月革命與中國民族解放運動》，《陳獨秀著作選編（1923～1925）》第三卷，第538頁。

〔註113〕陳獨秀：《反赤運動與中國民族運動》，《陳獨秀著作選編（1926～1931）》第四卷，第3頁。

〔註114〕陳獨秀：《我之愛國主義》，《新青年》1916年10月1日第二卷第二期。

侵略擴張為目標的帝國主義,「愛國適以誤國」〔註115〕。更重要的是,陳獨秀把國家與政府作了區分,實現了上述兩方面的辯證統一。陳氏既承認「國家也不過是一種騙人的偶像」〔註116〕,又不簡單肯定「反對國家」「不愛國」的思想主張〔註117〕。此時面對國家主義者的非難,陳獨秀繼續從兩個方面發展了上述主張。第一,陳獨秀站在無產階級世界革命的高度,論述了對待真假愛國主義(民族主義)的不同態度。他認為,虛假的愛國主義是「帝國主義之工具」,是帝國主義者欺騙勞動平民來擁護帝國主義的;真正的愛國主義,則是被壓迫民族反抗帝國主義的。對於前者應該反對,對後者則應支持〔註118〕。惲代英也作出過類似的說明,並表示「反對拿一國的歷史文化的偏見,去提倡那種空洞與實際生活無關的愛國精神,更反對拿這種愛國的空話欺騙無產階級,妨害無產階級解放的爭鬥」〔註119〕。第二,陳獨秀有針對性地嚴格區分了國家主義與民族主義的不同,並對孫中山的「民族主義」作出了解釋。他把歷史上的民族運動分為「宗法社會時代的民族運動」「軍國社會時代的民族運動」和「帝國主義時代的民族運動」三個時期。其中後「軍國社會時代的民族運動」是「純資產階級的,沒有國際性的,造成資本帝國主義的」。其產物就是國家主義,而國家主義則是帝國主義的前身及其工具。「帝國主義時代的民族運動」則是「各階級聯合的,含有國際性的,反資本帝國主義的」。他認為,「若在現代殖民地反資本帝國主義的國際民族運動時代提倡國家主義,不〔僅〕有時代的錯誤,並且有藥不對症使病加劇的危險」。孫中山闡述的民族主義,不僅將民族與國家區分得很清楚,並且強調聯合多數弱小民族反對少數帝國主義民族,「顯是國際的,決不是國家的」。相比之下,國家主義則成為反動勢力用做「用做對外擴張資產階級的統治權,對內壓迫平民或欺騙平民為資產階級犧牲之工具,即資本帝國主義之工具」,成為國民革命的障礙物〔註120〕。

　　陳獨秀等人從理論上探索了愛國與反對帝國主義,民族主義與階級觀念

〔註115〕陳獨秀:《愛國心與自覺心》,《陳獨秀著作選編》第一卷,第146～150頁。

〔註116〕陳獨秀:《偶像破壞論》,《新青年》1918年8月15日第五卷第二期。

〔註117〕隻眼:《我們究竟應當不應當愛國》,《每週評論》1919年6月8日第25期。

〔註118〕陳獨秀:《歐戰十週年紀念之感想(1924年8月13日)》,《陳獨秀著作選編》第三卷,第340頁。

〔註119〕惲代英:《答〈醒獅週報〉三十二期的質難》(1925年7月18日),《惲代英全集》第七卷,第181頁。

〔註120〕陳獨秀:《孫中山三民主義中之民族主義是不是國家主義?》,《陳獨秀著作選編》第四卷,第64～69頁。

的關係問題。他既肯定了以愛國主義為核心的民族主義的積極意義，又從階級觀點立論指出了「資產階級的民族主義」的弱點，調和了階級觀念與民族主義的鴻溝，為被壓迫民族與被壓迫人民爭取解放鬥爭作出了理論解釋。以今日的眼光來看，陳獨秀、惲代英等人的理論探索是積極的深刻的。不過，這不意味著五卅後洶湧的民族主義思潮無一可取。事實上，大革命時期，處於幼年的中國共產黨因為囿於共產國際的指導，因此犯了右傾機會主義的錯誤。大革命失敗後，諸如王明「左」傾教條主義錯誤的產生均與中共對民族主義的認知偏差密不可分。

二、關於以黨治國的討論

國民革命時期，國民黨是中共之外另一個「俄化」的政黨。其「俄化」表現在兩個地方：容共政策（已如上述）與以黨治國。在仿照俄共改造國民黨內部組織後，孫中山提出了以黨建國理論，指出建國要分為軍政、訓政和憲政三個時期。其中，訓政時期國民黨要「指導人民從事於革命建設之進行」，使人民能夠「本其地方上之政治訓練以與聞國政」〔註 121〕。國民黨訓政時期的以黨治國頗有聯共（布）一黨專政的色彩。有人即認為，「國民黨之黨治」之所以「異於蘇維埃制者」，在於其「臨時性」〔註 122〕。也就是說，國民黨訓政是臨時的「蘇維埃制」。知識界不少人因此對國民黨表示了反感。《大公報》即觀察到，「廣東國民黨招致反對最大之點，為主張俄式之黨治主義」〔註 123〕。

國家主義派、研究系以及主張歐美政黨政治的自由主義知識分子對「俄式之黨治主義」印象頗為負面。國家主義者李璜泉曾前往蘇俄遊歷，他對於聯共（布）一黨專政的看法具有代表性。在他看來，一國之中多個政黨彼此競爭才是平常之事，然而一黨專政的聯共（布）「仇視異己」的程度令人髮指。異見分子動輒被定為反革命，「無不受獄之苦，或遭戮誅之禍」，即使是平常之人與非布爾什維克黨員交談也會橫遭疑忌。他指出：「故布黨所宣布之一階級專政，即布黨一黨人專橫國中。除此一黨人居於貴族階級外，其餘無非被壓迫階級」〔註 124〕。張君勱也持類似態度。他認為，蘇俄政治建立在不平等，

〔註 121〕孫中山：《制定〈建國大綱〉宣言（1924 年 9 月 24 日）》，《孫中山全集》第十一卷，第 102 頁。

〔註 122〕旨微：《國府組織法平議》，《益世報》（北京），1928 年 10 月 7 日，第二版。

〔註 123〕《社評‧時局雜感》，《大公報》1926 年 9 月 13 日第 1 版。

〔註 124〕李璜泉：《俄遊之感想》，《醒獅》1925 年 10 月 17 日第 54 期。

不民主的「第四階級專政」〔註125〕基礎之上，俄共以一黨專政而施行專制統治，這表明了「其方法根本差誤」〔註126〕。

相應地，他們對於「國民黨之黨治」也不抱好感。國民黨改組之初，知識界即有人表示了反對意見。王光祈是少年中國運動領軍人物，在建國程序上與國民黨有根本分歧。他認為：「其實現在所謂『一黨專政』（或以黨造國），與從前袁世凱所謂『開明專制』，進步黨所謂『賢人政治』，在我的眼中看來都只是一丘之貉！」他的理由是，國民黨一時難以取得全國政權，並且國民黨員也並非具有「教訓他人」的資格。他主張一種「自反的自修的國民改造運動」〔註127〕。著名報人林白水也表示，不願「受治於國民黨鐵腕之下，而呻吟於半赤化刀俎之旁」，要「惟有急起直追，招邀在野諸賢，從速組織政黨，以期在國民會議場與國民黨相周旋，勿任一黨專制以多數屈伏於少數」〔註128〕。

北伐將成，研究系和甲寅派之章士釗再次表示了反對意見。梁啟超指出，「一黨專制的局面誰也不能往光明上看」，故而等國民黨推翻軍閥後，研究系還是「終不能不為多數人自由與彼輩一拼耳」〔註129〕。這頗可代表研究系的態度。張君勱於1926年末南遊武漢（北伐軍佔領一月之後），作《武漢見聞》一文，分兩次刊發在北京《晨報》上。張氏認為，「以黨建國」的含義就是「黨化」。具體而言，則包括「軍隊黨化」「政治黨化」（即政府由黨部選舉產生）「報紙黨化」「教育黨化」和「文官黨化」〔註130〕。他隨即急切地從「自由意志之尊重」「異說存在之容忍」「共同基礎之承認」「政爭方法之改善」和「政治氣質之變換」等五方面表示「萬不能同意」〔註131〕。研究系的看法得到了

〔註125〕「法國革命前，階級（身份）只分國王、僧侶、貴族與平民。加拉爾分階級為四：第一階級指國王，第二階級指僧侶，第三階級指布爾喬亞汜，第四階級則指普羅列塔裏亞。」邢默卿編《新名詞辭典》，上海：新生命書局1934年版，第115頁。
〔註126〕張君勱：《革命與反革命》，《政治家》1926年6月15日第1卷第10號。
〔註127〕王光祈：《少年中國運動‧序言》，上海：中華書局，1924年版，第17頁。
〔註128〕白水：《吾人有急速組黨之必要》，《社會日報》（北京），1924年12月3日，第二版。
〔註129〕梁啟超：《給孩子們書（1927年1月2日）》，《梁啟超年譜長編》，第1108頁。
〔註130〕張嘉森：《南軍治下之湖北：所謂黨治之真相》，《晨報》1926年12月4日第三版。
〔註131〕張嘉森：《一黨政治之評價：一黨能獨治耶？》，《晨報》1926年12月5日第三版。

北方甲寅派的代表人物章士釗的贊同。章士釗發表《黨治駁義》一文，肯定了張君勱的觀點，認為張文「立意與愚大致相同」，國民黨所主張的「黨治」乃是「舉馳入絕壁，顛躓就死」之舉。他認為，政黨政治的根本特徵是政見不同的各黨派彼此競爭，「相代迭興」，民意的表達由此得到了制度保障。容忍他黨的政見，則是「黨德之最大者」。他堅信：「黨者，不可統於一者也，統於一即不得字之為黨」。他援引盧梭《社會論》的觀點，認為政黨要順應民眾，「以總意為從違」。國民黨所謂「黨治」不能代表民眾「總意」，實際上是使民戰慄的「力治」。章氏以英美式政黨政治之原則，批評國民黨師從蘇俄的以黨治國，認為一黨專政無異於「封建皇帝之所為」〔註132〕。《甲寅》是留英學生的同人刊物，旨在做中國的「愛丁堡評論」，其思想資源是西方憲政理論〔註133〕。章氏持論如此，不足為奇。

　　張君勱、章士釗等人的看法引起了親國民黨知識分子的批評。第一，為國民黨辯護，肯定國民黨的歷史功績，反對「一概抹殺之論」。方箇農自稱是僻居歙縣山邑的「下里巴人」，他認為章士釗「過於盛氣，以凌國民黨而厚誣之」。他指出，「國民黨則失敗十餘年，始終保持其政黨態度，孳孳進行」，如今國民黨致力於推翻軍閥，「以黨綱黨義昭示國人」，實屬奮發有為〔註134〕。第二，指出國民黨以黨治國事實上獲得了民眾的支持，「是非當驗諸實事，而不宜懸之空談」。董亨久自稱是豐潤縣的「農家子」，「生息於北方政治之下」。如果國民黨「竟以此統一全國，儕吾貧弱國於富強之林」，那麼關於以黨治國的非議就是無關緊要的。在董氏看來，國民黨是「南方以黨治國之實行家」，有主張，有實力，組織健全，「南府之著著進步，決非筆墨所能放倒」。反觀時之其他政黨，不但組織不健全，而且對時局沒有一貫的主張，「惟屈伏於大軍閥之下，得其一顧為榮。其所騰為口說，大抵尼〔泥〕人之行，而不計及己如何行。更進一步，不惜撥弄己所屈伏其下之軍閥，竭智盡力以推倒國民黨為快而已。己則不能行，而唯恐人之有行」〔註135〕。因此，在其他政黨不能自立的情況下，國民黨實施一黨專政，也是時勢使然。董氏的看法點出了要害。早先，何公敢即系統梳理了時之政壇上的政黨，得出了同樣的結論。他認為：

〔註132〕章士釗：《黨治駁義》，《甲寅》1926年12月5日第1卷第36號。
〔註133〕陳友良：《民初留英學人的思想世界──從〈甲寅〉到〈太平洋〉的政論研究》，北京：社會科學文獻出版社，2013年版。
〔註134〕方箇農：《國民黨》，《甲寅》1927年2月19日第一卷第43號。
〔註135〕董亨久：《黨治》，《甲寅》1月8日1927年第1卷第39期。

國民黨、研究系和政學系三派雖然「尚揭櫫其主義綱領（無論其是否忠實），以標榜於眾」，但是，研究系、政學系均是軍閥附庸。只有國民黨「仍不失為旗幟較鮮明，結合較堅固，在社會上較有根據之唯一首領政黨」。其他如益友系、小孫派（孫洪伊）、討論系、新民系、交通系和安福系等派系「只一味沒頭於利祿之爭而已」。不僅如此，各黨派「均偏重『人的結合』，故兩黨之間之反目，常不起於主張上之異同，而起於對人感情與派別利害……此所以黨派誤國之聲浪遍於國中，而一般人民對於政黨毫無信用也」〔註 136〕。

　　上述意見不僅反映了部分知識分子對「俄化」之國民黨的擁護，還展現了他們對於英美式政黨政治的不滿。民初移植於中國的西方政黨制度本有諸多先天不足。例如在政黨黨內結合上「人的因素大於黨義的因素」，以致於政黨分合無常；政黨制度上實際上是多黨制，黨爭頻仍，無論執政黨還是在野黨均無力掌控政局等等〔註 137〕。軍閥政治之下，淪為擺設的國會，亂象頻出的北京政府，越發使人意識到英美式政黨政治在中國的破產。十月革命後，隨著蘇俄的鞏固，一黨專政的「蘇維埃制」也進入到時人的視野，並獲得了部分人的認同。1922 年，陳獨秀即指出，軍閥政治下民主政治必然無法實現，人民權力必須通過政治組織——即政黨來表現。因此，扶危定亂的唯一辦法，「只有集中全國民主主義的分子組織強大的政黨」〔註 138〕。對於曹錕賄選以及馮玉祥北京政變之發生，《益世報》主筆顏旨微則認為是「完全以無政黨之故」。他堅信，近代的政治思想已經由「國家萬能」轉變為「政黨萬能」，「未來之政治重心將因軍閥之沒落而轉移於政黨」〔註 139〕。1924 年 3 月，《申報》刊登了一篇名為《黨建國》特約時論，其中提出，中國重建共和國的方法「捨糾合各方雄健，奉行同一之主義，融為一黨以奔赴建國一途外，無他道也」〔註 140〕。所謂「各方雄健」不止國民黨及北洋軍閥，還包括各地方實力派；「同一之主義」則是「全民生主義」。以上看法雖然近於一種毫無可行性的幻想，但是畢竟點出了以黨建國這一重要問題，甚至隱含著一黨專政的意思。

〔註 136〕一卒：《中國政黨概觀》，《孤軍》1924 年 10 月 10 日第 2 卷第 5～6 期；《中國政黨小史》，《孤軍》1924 年 10 月 10 日第 2 卷第 5～6 期。

〔註 137〕張玉法：《民國初年的政黨》，長沙：嶽麓書社，2004 年版，第 441～459 頁。

〔註 138〕陳獨秀：《對於現在中國政治問題的我見（1922 年 8 月 10 日）》《陳獨秀著作選編》第二卷，第 470 頁。

〔註 139〕旨微：《論自由政體下之集團性》，《益世報》（北京），1924 年 12 月 8 日，第二版。

〔註 140〕準平：《黨建國》，《申報》1924 年 3 月 26 日第四版。

惲代英隨即發文表示有限度的支持。他說，「今日最要是建國，為建國最要是結黨，為結黨最要是有一主義，這我想是沒有疑義的事」〔註141〕。在惲氏看來，只有「為中國造一個最有力量的革命黨」才能救中國。因為只有「紀律完密、主張明確」的黨才有力量「打倒黑暗勢力，改造惡環境」。在中國，孫中山雖然其方略不盡完善，但他卻是中國極少的「真政治家」「真革命家」之一；國民黨雖然有缺點（「最大的錯誤是黨的組織不完密，黨員對於三民主義不瞭解，黨員的活動不注意下層的國民運動」），但聽從社會的勸告，已經改組，極力謀整頓振刷。因此，對於改組後的國民黨，國人應該幫助改善它，而非「專去做些不負責任的批評」〔註142〕。也就是說，時人已然認識到，要實現從軍閥政治到政黨政治之更替，必須有一個強有力的革命黨，其中只有國民黨有擔負此項任務的可能。

上述關於國民黨一黨專政的討論，某種程度上是西方憲政理論與「俄式之黨治主義」的交鋒。親國民黨知識分子對「黨派誤國」的失望，以及對「俄式之黨治主義」的期待都是顯而易見的。這種看法得到了青年學生的同情。一個化名「塵」的青年學生曾觀察到，學生界發生了一個重大變化：越來越多的學生「加入政黨或其他主義信仰機關」，即使是僻處北京西郊，「素以專知讀書運動，不知社會間一切情形」而著名的清華大學，也從是如此。入黨的學生大受眾人欽慕，以至於「處處不忘其黨」「自視太高」，甚至於不同黨派「黨同伐異」。然而，這些本不受歡迎的行為，都因「以救國為己任，以濟世為目的」的公德心而獲得諒解。對此，「塵」即對入黨學生提出了三點希望，不僅不受譴責，還希望體諒其苦心。〔註143〕梁啟超亦有類似的感受。當時，他定期在清華園課堂中發表其政治觀點，但卻不肯在《清華週刊》發表講義，原因就在於他觀察到「《清華週刊》被黨人把持」〔註144〕。清華學生張彝鼎甚至認為，時至今日，政黨的政治活動已經不侷限於選舉，舉凡宗教、經濟、教育、社會等多方面的事務，「一切的問題都應該政黨去解決」。只有「僅具

〔註141〕惲代英：《評〈黨建國〉（1924 年 3 月 30 日）》，《惲代英全集》第六卷，第211～213 頁。

〔註142〕惲代英：《造黨——答陳宗虞君（1924 年 3 月 8 日）》，《惲代英全集》第六卷，第 144～148 頁。

〔註143〕塵：《我之所希望於清華學生之加入政黨者》，《清華週刊》1926 年第 25 卷第 15 期。

〔註144〕梁啟超：《給孩子們書（1927 年 5 月 5 日）》，丁文江趙豐田編《梁啟超年譜長編》，上海：上海人民出版社，1983 年版，第 1133 頁。

十七世紀的眼光」的人才會認為政黨「只應該去爭選舉」,「不應該去管別的事」〔註145〕。對「政黨」功能的這種理解顯然不來自於英美式政黨政治。

總之,知識界圍繞著共產主義理論是否適用於中國,中共所秉持之國際主義以及國民黨以黨治國等三方面展開討論,構成了內政上「俄化」與反「俄化」之爭的主要內容。隨著國民黨分共清黨以及對俄絕交,知識界的聯俄仇俄之爭也逐漸衰歇,友俄聯俄的聲音逐漸被反俄潮流湮沒。到了 1929 年中東路事件爆發,國內的反俄潮流達到高潮。

第四節　中東路事件與反俄情緒的狂飆〔註146〕

1929 年 5 月 27 日,東北當局以俄人把持中東路以及利用鐵路機關宣傳赤化為由,搜查了蘇聯駐哈爾濱領事館,並強行接管了中東路。7 月 10 日,東三省交通委員會接管了東鐵路局,驅逐蘇方人員,替換以華人和白俄人員。東三省鐵路督辦呂榮寰發表聲明稱:「查蘇聯之行動,益復變本加厲,日前搜查領館一案,證明蘇聯重要路員皆係宣傳赤化分子,一面假路員之地位,作宣傳之工具;一方假工會之勢力把持路權,反互為用,別具深謀。」〔註147〕對於南京國民政府而言,中東路是一個棘手的歷史遺留問題,東北當局的做法殊欠妥當。第一,在沒有充分的切實證據的情況下,未經交涉就強行搜查領事館,這打破了外交慣例。第二,弱國而侮大鄰顯然是不智之舉,矛盾激化了不僅不能讓問題得到解決,還可能使自己蒙受更大損失。不過,經過此前「南京事件」、北京「俄使館案」以及國民黨清黨絕俄等事件的推波助瀾,知識界的反俄情緒已然狂飆,並至此達到高潮。

反俄情緒的狂飆至少表現在如下幾個方面。

第一,聲援當局強行收回中東路的決定,強為之作出法理辯護。《東方雜誌》先後刊登了中央大學教授武堉干(著名的《中國本位的文化建設宣言》即「十教授宣言」的署名教授之一)的《收回中東路權事件》(第 26 卷第 13

〔註145〕張彝鼎:《政黨新論(續)》,《清華週刊》1927 年第 27 卷第 8 期。

〔註146〕本節參考了陳廷湘的《1928～1937 年〈大公報〉等報刊對中蘇關係認識的演變》(《近代史研究》2006 年第 3 期)以及賀哲人的《知識界與中東路事件》(湖南師範大學 2011 年碩士學位論文)二文。本節略述中東路事件時國內的反俄情緒,作為「聯俄仇俄之爭」的餘韻。

〔註147〕《中東路權完全收回:呂榮寰之宣言及布告》,《申報》1929 年 7 月 13 日第一張第四版。

期）和《中俄交涉停頓後之俄方侵略舉動》（第 26 卷第 13 期）兩篇文章，完全贊同政府強行收回中東路的理由和立場。知識界反覆強調，中國收回中東路是合情合理的，且符合 1924 年《中俄協定》《奉俄協定》以及加拉罕三次對華宣言的精神，也就是合法的。《益世報》明確指出：「吾國收回東鐵，在政治上為正當防衛之行為，在條約上有恢復路權之根據，非蘇聯政府所得置喙。」〔註148〕對於中國以武力而不是外交協商的方式收回中東路問題，《申報》則強行解釋說：蘇聯借助哈爾濱俄領館宣傳赤化，以及中東路的蘇方局長把持路政等等行徑，都違反了《中俄協定》，中方迫不得已才採取了斷然措施〔註149〕。《大公報》基本持同樣的立場。該報表示：「俄國利用中國國內弱點，運用手腕，益較靈活自在。如政界近來宣傳西北軍閥，勾結蘇俄，訂定密約，條件具備。國中已決大興討赤之師，而對外則始終不聞有一字抗議，亦不為正式之宣布，舉出確實證據，訴諸世界。反令莫斯科政府發表宣言，正式否認，指為虛構。此等辦法，直令蘇俄訕笑，愈使其赤化運動如入無人之境。幸得東省當局，有此搜查領館之舉，足為華人解嘲，足使俄人知儆……吾人甚願東省當局，商承國府，趁此時機，將東路主權，完全收回，舒國家東北之隱憂，除國際陰謀之本據。」〔註150〕《大公報》完全認同搜查領館的舉動，甚至建議趁機完全收回中東路主權，以根絕蘇聯赤化中國的圖謀。雖然沒有明言是強行收回，還是讓國民政府通過外交方式收回，但其對蘇聯的強硬態度了然可見。

第二，面對蘇聯發出的斷交通牒和最後通牒，力主對蘇強硬到底。中國當局主動挑起中東路事件後，蘇聯曾希望和平解決，一度派交通部副部長塞列普利亞哥夫赴哈爾濱交涉〔註151〕。不過，無論是蔣介石、張學良，還是公共輿論，幾乎都展現了咄咄逼人的強勢態度。尤其是蘇聯發出最後通牒後，對蘇強硬就成為主導性的輿論。《申報》在社論中指出，如果按照蘇方的要求，恢復中東路事變之前的狀態後再進行中蘇會談，那麼這「不啻強我承認前此之手段為不正當」，「不啻欲我默認權利之損失」，「不啻欲我承受其顛覆之陰謀」。該報甚至號召國民做好戰爭準備，「以為國犧牲之赤血，準備應付蘇俄之暴舉」。

〔註148〕　《收回東鐵關於條約上之主張》，《益世報》1929 年 7 月 30 日。
〔註149〕　《中東路問題》，《申報》1929 年 7 月 17 日。
〔註150〕　《哈爾濱搜查俄領館事件》，《大公報》1929 年 5 月 31 日第二版。
〔註151〕　《蘇俄派人來華談判解決中東路事件：蘇俄希望和平解決》，《申報》1929 年 7 月 14 日第一張第四版。

〔註152〕該報還刊登了大量反蘇消息，例如《吉黑大軍開赴中俄邊境增方》《各界對俄之奮起》《萬眾一心同赴國難》《市宣傳部舉行反俄宣傳大運動》《粵各地對俄之敵愾》《粵軍準備對俄作戰》《昨日反俄市民大會──參加團體1300餘個，到會人數50萬以上》〔註153〕等等。《益世報》也認為，除了以武力制止蘇聯的侵犯之外，中國別無選擇。該報說：「彼宣言不許我國軍隊侵入彼之邊境，而彼國軍隊則可自由向我國邊境侵入。我若不迎頭制止，彼得寸進尺，前途之危險，尚可設想乎？」〔註154〕不僅如此，該報對於武力解決之策充滿信心，表示「雪積世之國恥，揚海外之權威。一戰成功，則國際地位，立可提高；不平等條約，立可廢除，且可脫國民赤化之劫，博得世界同聲之尊重。此種機會，誠屬千載難逢。」〔註155〕言語之間，他們把對蘇作戰當成了南京政府的立國之戰，似乎他們眼中的蘇聯是虛弱不堪的，根本不是那個正在進行第一個五年計劃的蓬勃發展的蘇聯。當時人躍躍欲試之態令後人感喟。

第三，除了媒體之外，各界民眾對於蘇聯也沒有好感，反赤化運動聲勢浩大。在蘇聯宣布對華斷交之後，上海各工會發表宣言表示：「耽耽虎視我國之蘇俄，在我國之邊境宣傳赤化，破壞我黨秘密工作，由來已久。此次中東路員及哈埠之俄民，在俄領館，屢次開秘密會議，以期煽動風潮，從事侵略……願我國同胞，用全民的力量，來與蘇俄周旋……使赤色帝國主義者不敢藐視我堂堂之華胄。」〔註156〕上海市學整會則表示，既然「赤色帝國主義之蘇俄」違背1924年中俄協定，公然利用中東路宣傳赤化，那麼就要「解散其鐵路工會，查封其赤化機關，驅逐其赤化分子」。在他們看來，「共產為禍，烈於洪水猛獸」，為了防共，政府也就不得不對中東路採取措施。〔註157〕當時《申報》刊登的民意測驗顯示，在消滅感化共產黨，對俄應作戰兩項中，11000位受測者都表示支持，且有60%人員願意從軍參戰。〔註158〕

〔註152〕　《蘇俄派果覺悟否？》，《申報》1929年7月26日；《我國民準備兩種》，《申報》1929年8月3日。
〔註153〕　見《申報》1929年7月18～23及30日各版面。
〔註154〕　《調停與備戰》，《益世報》1929年7月23日。
〔註155〕　《調停與備戰》，《益世報》1929年7月23日。
〔註156〕　《各界對俄之奮起：各工會宣言》，《申報》1929年7月19日第四張第十三版。
〔註157〕　《各界對俄之奮起：市學整會宣言》，《申報》1929年7月19日第四張第十三版。
〔註158〕　《市訓練部報告反俄民測驗總統計》，《申報》1929年8月8日第四張第十三版。

　　因為國民黨的叛變，革命陷入低潮，中共正在艱難地進行土地革命。中共在政治上失勢，在國內輿論場上的話語權也隨之大為縮小。因此，在中東路事件中，無論是南京政府，還是知識界以及普通民眾，對蘇聯的反感已經達到高峰。我們看到，輿論中友俄聯俄的聲音幾乎消失，只有零星的反對與俄絕交的主張算是比較理性的了。

小結

　　聯俄仇俄之爭表面上是對俄態度之分歧，實際上是知識界圍繞蘇俄觀展開的一場關於國民革命，即中國革命道路選擇問題的大討論。《晨報副刊》在發起「對俄問題」討論時即指出：「本刊創立，即發起對俄國問題的討論。對於俄國問題，不是局部問題，實是目前中國如何建國之大問題」〔註159〕。應該說，上述言論表明了知識界對於「對俄問題」的重要性有著清醒的認識：這不僅是一個外交問題，還關涉中國內政。如何認識蘇俄在國民革命中的作用，決定了聯俄還是仇俄的思想取向。

　　論爭起於國民黨之聯俄容共，在1925年末形成論爭高潮，並隨國民黨分共絕俄而衰歇，既貫穿國民革命之始終，又不脫離國民革命的基本意涵。其主要內容有兩個層次：外交上的聯俄與反聯俄，與內政上的俄化反俄化。研究系、國家主義者、國民黨右翼構成了「仇俄」論的主要力量，中共、國民黨左翼以及親共親國知識分子則是對手方。自由主義知識分子參與其中，但態度游移，受民族主義的深刻影響最終轉而仇俄。知識界在聯俄、仇俄問題上的分化，既是蘇俄對華關係的產物，又受到了國民革命成敗得失的深刻影響，構成了中國革命道路之爭的重要一環。

〔註159〕《晨報副刊・對俄問題討論號》，1925年11月13日。

第四章 「九・一八」事變後知識界的對蘇外交觀

　　「九・一八」事變後，日本加緊侵華，中華民族面臨亡國滅種的民族危機。中國知識界的蘇俄觀亦隨之變動。《申報》著名記者陳彬龢指出：自中俄絕交以來，國人因把蘇聯視為「不可親近」的洪水猛獸，以至於因噎廢食，「對於蘇聯一切，遂摒置不敢談，不願談」。「九・一八」事變後，時人「乃漸有人主張中蘇復交，以謀打破當前外交上之難局」〔註1〕。他的言論指示了如下兩點：其一，因日本侵華，知識界轉而反省此前之絕俄政策以及仇俄態度；其二，中蘇復交問題是知識界的蘇俄觀的重要方面。

　　對於中蘇復交問題，陳啟天認為：「對俄復交問題，不僅是一個對俄問題，而且是一個對日問題；不僅是一個對日問題，而且要影響到其他國際關係；不僅是一個外交問題，而且要牽涉到內政問題，實在是極其複雜而且重要」〔註2〕。上述言論點出了中蘇復交問題的複雜性。在國民革命時期，中蘇邦交（蘇聯政府與民國北京政府的交往）一波三折，國民黨與中共、聯共（布）、共產國際的關係也起起伏伏。後來，南京國民政府（以下簡稱「南京政府」）成立，國民黨背叛了聯俄政策，並且在中東路事件後對蘇斷絕國交。中共在聯共（布）和共產國際的指導下開展蘇維埃運動，反抗國民黨的屠殺。可以說，1920 年代的中蘇關係複雜多變，牽涉中國內政甚深，並且最終以破裂的

〔註1〕 陳彬龢：《論對蘇復交與防遏共產》，《陳彬龢論文選》，美華書館，1934 年版，第 70 頁。
〔註2〕 陳啟天：《反對立即對俄復交》，《民生週報》1932 年 7 月 10 日第 31 期。

狀態進入 1930 年代。「九・一八」事變爆發，時移勢易。中蘇雙方面對日本侵華，均有恢復邦交的迫切需要。由此，中蘇復交問題既與中華民族之抗日前途有關，又與南京政府的「剿共」政策等內政問題密不可分。陳啟天關於中蘇復交是「極其複雜且重要」的論斷是有道理的。應該說，知識界蘇俄觀的變動深受南京政府的對俄政策，中共、共產國際在推動蘇維埃運動以及抗日鬥爭中的得失毀譽，以及蘇聯自身之變化等因素的影響。與此同時，它又與知識界的「恐共」心理、對蘇聯之戒懼心理變化密不可分。綜合探討以上因素，方能得出較為中肯的結論〔註3〕。

第一節　「國難」與中蘇復交主張的提出

「國難」一詞，古已有之，曹植即有「捐軀赴國難，視死忽如歸」的名句傳世。不過很顯然，曹植所說的「國難」並不是近代民族國家意義上的。鴉片戰爭以降，中國所受之「難」不需贅述。時人激動之下，發表了大量反映「國難」的議論和文學作品〔註4〕。南京政府成立後，中國知識界對「國難」的感受格外沉重〔註5〕。具體地說，其內涵至少有三方面：

〔註3〕陳廷湘指出：以「九・一八」事變為分界點，中國對蘇輿論前後發生了由仇敵到親邦顯著變化，放棄了原有的「政治意識中心觀」（主要是指中東路事件輿論的反赤情緒），轉以國家利益為親仇原則。不過，值得討論的是，中國知識界並非鐵板一塊，一部分人固然受到了「政治意識中心觀」的影響，但整體上似乎始終沒有忽視國家利益的因素，甚至可以說「政治意識中心觀」本身即以國家利益為前提。知識界態度轉變的原因、過程及其爭論仍需深入探討。陳廷湘：《1928～1937 年〈大公報〉等報刊對中蘇關係認識的演變》《近代史研究》2006 年第 3 期。

〔註4〕有中國現代文學史研究者，將 1840～1937 年間反映「國難」的文學作品統稱為「國難文學」。他們認為，「國難文學」的本質是苦難，與本質是抗爭的「八年抗戰文學」是兩個歷史階段的兩種文學形態。其主要內容則包括：「鴉片戰爭文學」、「中法戰爭文學」、「甲午戰爭文學」、「庚子事變文學」、「『二十一條』國難文學」、「『五卅』及 1920 年代國難文學」、「『九・一八』國難文學」和「『七・七』國難文學」。這種概括雖然未必準確（苦難與抗爭殊難截然分開，訴說苦難就是為了激勵國人抗爭），但抓住了時人尤其是知識界的一般心理。見王向遠等：《中國百年國難文學史》（1840～1937），上海：上海人民出版社，2010 年版。

〔註5〕尤其「九・一八」事變後，時人的中華民族意識空前高漲，「國難」成為官方文書、民間作品普遍使用的概念。有歷史學者將 1931～1937 年間稱為「國難時期」。劉維開：《國難時期應變圖存問題之研究》，北京：中國大百科全書出

　　首先，日本赤裸裸地侵略行徑造成了中國重大的民族危機。1928 年，日本製造了濟南慘案，知識界即以「國難」視之。此後，日本帝國主義發動「九・一八」事變，加速武裝侵華。中華民族面臨生死存亡。時人對此有著清醒的認識，發表了大量揭露日本侵華陰謀，呼喚救亡圖存的評論。例如，對於「九・一八」事變，《申報》發表時評，「以血淚之言」告訴國人，「日人此次暴行實為我國家之生死關頭」，呼喚「有血氣之國民，應急起共謀所以自救」。侵佔東北是繼侵佔臺灣、朝鮮之後的「『第二期滅亡滿蒙』之計劃」的一步。日本「數十年來經營籌謀」的大陸政策實現之日，就是「我國家、我民族滅亡之時」〔註6〕。商務印書館的老牌著名刊物《東方雜誌》專門出版臨時附刊，發表何炳松《中日問題和世界形勢》、胡愈之《對日外交國民應有的認識》、俞頌華《日本侵略東省的政治的背景》、武堉干《日本侵略東省的經濟的背景》等文章，揭露日本以武力侵略中國的前因後果，呼籲「立即用武力作正當的防衛」〔註7〕。王芸生深研中日關係史，其《六十年來中國與日本》在《大公報》連載，轟動一時，頗可反映時人心理。後來王著結集成書出版時，張季鸞為之作序，其中指出了國人的心理變動：「自華府會議以後，國際空氣，暫歸平穩，日本態度亦不緊張。吾民習見之，遂以為國際形勢永久如此，而完全忽略自身之無國防。直至去秋變作，始認識國難之襲來，半載以還，張皇應付，朝野束手，除呼籲國聯外無外交，除坐待來攻外無戰法，三省皆淪陷，淞滬成焦土，而今政府社會之所以自娛者，仍只為世界公論有利於我之一端耳。國家之可危可恥，百年以來，未有如今日之甚者也」。〔註8〕

　　不僅如此，亦有人從世界局勢著眼，分析中國在「九・一八」事變後所面臨的危機。陳彬龢認為，「九・一八」事變隱含著兩層意義：其一，日本為擺脫自身經濟危機，強佔中國東北，此為「重新競奪市場，分割殖民地之第一聲」。其二，「資本主義國家為準備實力，發動對付社會主義國家之蘇

版社，2014 年版，第 2 頁。馮峰曾系統討論了「國難」背景之下，知識界在中國政治的出路問題上的爭鳴。馮峰：《「國難」之際的思想界──1930 年代中國政治出路的思想論爭》，西安：三秦出版社，2007 年版。

〔註6〕《時評・日軍突然佔據瀋陽》，《申報》1931 年 9 月 20 日第三張第十版。
〔註7〕何炳松：《中日問題和世界形勢》，《東方雜誌》1931 年 10 月 10 日。
〔註8〕王芸生：《六十年來中國與日本・張季鸞序》第一卷，大公報館出版部，1932 年版，第 2 頁。

聯，而遠東布置戰場之第一幕」〔註9〕，而日蘇之戰則是「資本主義與社會主義之直接衝突」〔註10〕。陳氏從「九‧一八」事變看到了背後日蘇衝突的大勢，其言論與共產國際、中共的認知頗有近似之處〔註11〕。不過，陳氏並未明言中國會成為受難國的原因。在這一點上，劉叔琴、陳登元說得更為透徹。他們指出：全世界受美洲集團、英吉利集團、遠東集團（日本）、俄羅斯集團和法蘭西集團等五大帝國主義集團支配，其糾紛衝突造成了世界大戰。「大而不強」的中國廁身其間，必然遭受帝國主義集團的侵略。因此，在資本主義世界發生經濟危機的背景之下，中國問題即是「國際資本主義為要和緩牠的危機而猛烈地加緊地向中國施行壓迫」的問題，同時又是「被壓迫的中國民眾的掙扎與反抗」的問題。而且，「國際資本主義者互相間因競爭而軋轢」，因此中國問題牽一髮而動全身，影響世界未來局面綦大〔註12〕。上述分析出自劉、陳二人所編纂的《開明世界史教本》，教科書又是時之「建造常識」的最重要載體〔註13〕。因此，劉、陳二人的觀點頗可代表知識界的看法。

〔註9〕彬：《最近日俄間之濃雲密雨》，《申報》1932 年 4 月 24 日第一版。

〔註10〕彬：《日蘇果將不免於一戰乎》，《申報》1932 年 4 月 25 日第一版。

〔註11〕共產國際曾發表《共產國際執行委員會關於反對日本侵佔滿洲的呼籲書（1931 年 11 月 6 日）》，中共中央亦發表了《中國共產黨為日本帝國主義強暴佔領東三省事件宣言》及第二次宣言，並作出了《關於日本帝國主義強佔滿洲事變的決議》，都將「九‧一八」事變看作日本進攻蘇聯的序幕。需要指出的是，這種判斷雖然不無道理，但卻是「左」傾錯誤的表現，實際上隱含著一個錯誤判斷：武裝保衛蘇聯，比反抗日本侵華更具有優先性。四份文件分別見：中國社會科學院近代史研究所翻譯室編《共產國際有關中國革命的文獻資料》第 2 輯，北京：中國社會科學出版社，1982 年版，第 166 頁；《中共中央文件選集》（1931），北京：中共中央黨校出版社，1991 年版，第 396～400，416～430 頁。

〔註12〕劉叔琴、陳登元編：《開明世界史教本‧附錄：中國與世界》，上海：立達學園出版部，1932 年再版，第 9～10 頁。

〔註13〕畢苑：《建造常識：教科書與近代中國文化轉型》，福州：福建教育出版社，2010 年版。張仲和是時之北高師附中的教師，因張相所編《新制西洋史教本》不敷使用，遂作《西史綱要》。他指出了教科書之編纂即是為了建造常識。他說：「本書之編制，則以適合於國人現在之需要為目的，故印售僅至三版，而增改已經兩次，材料之增添與時俱進，中西之關係隨時溝通，敘述之言詞力圖簡潔，組織之統系務求明晰，蓋著者之主要目的，在使本書成為中國人所需要之西洋史，俾對於國人一般之國際常識，稍有補益云耳。」張仲和著，曹蔚溪校閱：《西史綱要》，北平：文化學社，1932 年增訂版，第 237 頁。

　　其次，國民政府奉行不抵抗政策。南京政府成立後，在內政上忙於派系之爭和「剿共」，先有寧漢雙方的武力對峙，寧漢合流後又再次分裂，演化為李（宗仁）唐（生智）戰爭和寧粵對立。二次北伐，東北易幟後，蔣桂馮閻四派又因地盤分配和軍隊編遣問題互鬥，形成中原大戰的格局。面對日本的步步進逼，國民政府妥協退讓，奉行不抵抗政策。例如，對於濟南慘案之處理，南京政府直到 1929 年初才與日本芳澤謙吉達成了四點草案：其一，日本無條件撤軍，但時間另行確定；其二，濟南慘案發生的責任問題由中日組織調查委員會進行調查；其三，賠償問題應以「平等相同」為原則，例如「日人與華人之生命，其價格相同，不能有高下，損失多者應照額計算」；其四，蔡公時被害一事，乃日本非有意為之的錯誤，日本答應道歉，但前提是中國政府應該原諒，且不再另提要求。上述草案屈辱至極，日本完全脫去了侵略者的責任，甚至獲得了賠償。不但如此，此草案竟未被田中內閣通過，中日談判停頓〔註 14〕。最終處理結果則是，日本撤兵，但是事實上刪除了上述草案的關於賠償的第三條以及日本為殺害蔡公時而道歉的第四條。

　　「九‧一八」事變爆發，日本加緊侵華，南京政府對外繼續其不抵抗政策，坐視東北淪亡。面對空前加深的民族危機，知識界憤而批評，力圖以思想言論救國。吳晗當時是清華大學歷史系學生，他寫給胡適的信充滿了一個愛國青年對不抵抗主義的不滿。吳晗指出：在「九‧一八」之後的四個月中，他「無時無刻不被這種苦痛所蹂躪」：「看著人家出賣你的父母兄弟，聽著若干千萬同胞的被屠宰的哭聲，成天所見到的消息又只是『屈服』『退讓』，假使自己還是個人，胸腔中還有一點熱血在著的時候，這苦痛如何能忍受」。為了克制這種痛苦，吳晗嘗試「把自己深藏在圖書館中」，整理咸豐、同治和光緒三朝京報，潛心學術研究。但此種辦法只有一時之效，後來「在就睡後仍陷於一種無可奈何的沉思中，結果是成為照例的失眠」。當看到有關清政府的對外關係和軍事的記載之時，他「不由的把它和現在的一一比較，結果只是使你憤怒。扼腕，假使可能的時候，情願時光倒流，至少那幾個皇帝和大臣只是無能、短見，而決不是賣國，屈服！」在他看來，南京國民政府已然無能無恥到了極點，乃至「翻開任何國任何朝代的史來看，找不出這樣一個卑鄙無恥、喪心病狂的政府」，無論是黨國領袖，還是政府封疆大吏，無一不是賣國之徒，其對策則只是「最初『鎮靜，鎮靜！』次之是『政府有

〔註 14〕錢亦石編著：《中國外交史》，生活書店，1938 年再版，第 207 頁。

最後準備，下最大決心，請信任！信任！』現在是『你們所要的都答應，只要不拆我們的臺就感謝不盡，無條件的屈服，屈服！』而已〔註15〕。可以說，吳晗的痛苦既源於日本侵華的刺激，很大程度上又是對南京國民政府的不滿。這種不滿是普遍的。時之清華大學教授俞平伯，在國民黨四屆二中全會開幕時致電國民政府，即以六點「不解」嚴厲質問南京政府，涉及處置對日不利之官員、對日政策、《淞滬停戰協定》、國難會議之人選等各方面〔註16〕。上海正誼社，本是一個研究戲曲，致力公益的小社團〔註17〕，此時亦嚴厲批評國民黨，甚至提出「廢止全國各級黨部」的激烈主張。他認為，因內部派系紛爭，紀律鬆弛，國民黨已經名存實亡。不僅如此，他還認為，「一黨專制」是「製造軍閥官僚之源」，「黨官黨蠹」是軍閥官僚的爪牙，是包辦禍國，壓迫民眾的劊子手，以至於「東三省不亡於滿清，不亡於袁段馮曹諸人執政之時，而獨亡於『一黨專政』所造成『軍人獨裁政治』之國民政府之手」〔註18〕。

　　再次，國際環境上，中國孤立無援。《大公報》曾指出，自成立以來，南京政府最大的失策是「外交上實無政策，無綱領」。這表現在南京政府「終日高唱外交，實則對任何一國，皆無深切適當之政策，故實際上陷中國於孤

〔註15〕《吳晗致胡適（1931年9月30日）》，中國社會科學院近代史研究所中華民國史教研室編《胡適來往書信選》（中），北京：社會科學文獻出版社，2013年版，第460頁。

〔註16〕這六點分別是：其一，日本侵佔東北三省後，國民政府對於地方長官張學良，為何「既不科其失地瀆職之咎，又不責其戴罪立功之效，其意旨何在？」其二，關於淞滬抗戰，「若是日日軍不攻，或日攻而我軍不抗，則政府對日究具何種態度？抵抗耶？屈辱耶？」其三，「政府雖已嘉許十九路軍，而對於瀆職辱國之官吏仍復視為親信，使居高位，此不可解者三也。」其四，「停付日本庚款……以國家之力實行經濟絕交……收回日本租界……此乃表示中國上下一致長期抗日之決心，乃政府至今不為，反將主張絕交之外長去之惟恐不速，一方肝腦塗地，一方雍容樽俎，政府何以對我忠勇犧牲之將士，與無辜慘死之民眾乎？」其五，關於淞滬停戰協定，「試問雙方撤兵，在各國可以保全其貿易，在日本可以逃避公論之裁判，中國所得產於何處？此無量數生命財產之犧牲又將取償於何處？」其六，國民黨召集國難會議，參與者皆國民政府所選定，成為「一黨專政之冗贅」，「豈得以此御用之諮詢機關代表民意耶？」《北平清華大學教授俞平伯（三月一日）致國民政府並二中全會快郵代電》，《大公報》1931年3月15日第二張第八版。

〔註17〕邵達人：《本社的歷史》，《正誼社七週年紀念特刊》，1930年，第2頁。

〔註18〕黃任：《國難聲中之救國政略·前言》，正誼社，1931年12月版，第2～6頁。

危之地位」〔註 19〕。南京國民政府一向以革命外交自我標榜，但實際上軟
弱無能。知識界對此大表不滿。羅子山尖銳地指出，國民黨執政以來，外交
上有「革命外交」之名而無其實，充其量「只是口頭上的革命外交，實際還
是一種求憐赤白帝國主義的乞丐外交」〔註 20〕。尤其「九‧一八事變」後
國民政府的對日妥協引起了知識界的普遍抗議。「雨林」則指出，革命外交
應以民眾為後盾，在全國民眾群起抗日之際，「外交當局總是向民眾唱著催
眠歌，說什麼『勿被共匪利用，靜候中央解決』」〔註 21〕。謝蒨茂指出，所
謂革命外交是指「政府應該站在民眾對外抗爭的最前線」，但是標榜「革命
外交」的南京政府，其領導之下的救國運動「竟還不能比袁世凱專制政府壓
迫之下的救國運動」〔註 22〕。國民政府將遏制日本侵華的希望寄託於「國
聯」，但實際上列強對華各有所求。1933 年，著名外交史研究專家張忠紱即
指出，自甲午戰後，中國因「國弱民貧，政治不修，武力不充」，故而「立
於受世界政治支配的地位」〔註 23〕。就國際現狀而論，日本對華政策是「侵
略中國領土，並以種種非法行為求得在華經濟與商務上之優越地位」，美國、
英國則均致力於擴展其「在華之經濟與商務之利益」，或主張中國門戶開放，
或主張列強利益均霑〔註 24〕。因此，為了維護，或者擴展自身利益考慮，
列強必然出賣中國利益。其中顯例則屬《李頓報告書》。南京政府寄予厚望
的李頓調查團，最終在其報告書中提出解決「九‧一八」事變的方案：東北
主權名義上屬於中國，但是建立高度自治政府，滿足日本無理的在東北的
「特殊權益」。蔣介石害怕失去列強的同情，指示中國代表團不可表示過度
反抗，而應採取溫和態度〔註 25〕。這充分說明了當時中國在國際上孤立無
援的危境。

面對日本步步侵華，南京政府奉行不抵抗政策以及中國在國際上的孤立

〔註 19〕《再論對俄復交問題》，《大公報》1932 年 5 月 19 日第一張第二版。
〔註 20〕羅子山：《由革命外交到乞丐外交》，《火線》1931 年創刊號。
〔註 21〕雨林：《異哉所謂革命的外交》，《民眾週報》1931 年 9 月 27 日第 191 期。
〔註 22〕楊蒨茂：《何謂革命外交？：政府應該站在民眾對外抗爭的最前線》，《奮鬥》
1931 年第 13 期。
〔註 23〕張忠紱：《中國國際關係》，世界書局，1933 年版，第 28 頁。
〔註 24〕張忠紱：《中國國際關係》，世界書局，1933 年版，第 159 頁。
〔註 25〕洪嵐：《李頓調查團與南京國民政府國聯外交得失》，《北京電子科技學院學
報》2004 年第 1 期；《〈李頓調查團報告書〉公布前後中國社會各界的反響》，
《史學月刊》2006 年第 5 期。

危境，知識界轉而反思南京政府的外交政策，其中要者則是對俄政策，並逐步提出了中蘇復交的思想主張〔註26〕。知識界中蘇復交主張的提出經歷了前後兩個階段。第一階段是大革命失敗後到「九‧一八」事變之前，周鯁生、《大公報》紛紛質疑國民黨的絕俄政策，並初步提出了「反共」與對俄外交的關係問題。

因蘇聯外交人員直接參與了廣州起義，南京國民黨政府於 1927 年 12 月 14 日宣布對蘇絕交。當時，蘇聯政府以其與北京政府的外交關係為由，並不承認兩國邦交斷絕。東北易幟後，張學良向南京靠攏，對蘇態度亦轉強硬。蘇聯方面曾通過中國駐德公使蔣作賓向南京政府提議進行中蘇復交會談，南京政府未予理睬。中東路事件爆發後，蘇聯政府宣布對中國絕交，但在後續交涉中又通過蔡運升、莫德惠等人再次提議進行中蘇復交談判。南京政府則堅持只談中東路善後問題，不談復交問題。直到 1932 年 9 月日本宣布承認偽滿洲國成立，國民政府的態度才發生了顯著變化，一改此前的虛與委蛇，轉而同意無條件復交〔註27〕。與南京政府不同，中國知識界在中蘇關係上有其獨特看法，仇俄態度之轉變也更早。知識界中蘇復交主張的提出，始於對國民黨絕俄政策的質疑，並最終由嚴峻的日本侵華形勢所促成。

在 1927 年國民黨叛變革命，實行絕俄政策之初，知識界中的有識之士即提出異議，認為絕俄政策有害無益，要求重新制定對俄政策。他們主要基於以下兩點考慮。第一，著眼於國民政府低落的外交形勢，認為絕俄政策導致了外交頓挫。著名法學家周鯁生指出，「分共絕俄」完全破壞了與蘇聯的關係，使此前有聲有色的反帝運動頓形暗淡，國民政府「弱點暴露，對外地位漸低落」。周氏接著提出了自己的疑問：「國民政府便任令對俄關係長此停頓下去嗎？孫先生決定下來的聯俄政策，便從此打消嗎？」他認為，對蘇絕交影響惡劣，意味著中國失去了「有助成中國國民革命運動的可能性的唯一強國」。由此，他提出國民政府應當重新制定對俄方略〔註28〕。第二，著眼於中日俄三角關係，認為絕俄不利於維護國家利益。1927 年末，日本外務大臣後藤新平訪俄，「日本朝野盛倡親俄之論」。《大公報》對此憂心忡忡，提醒北京政府

〔註26〕南京政府初建，不但其革命外交政策正處於轉型之時，相關外交人員亦有複雜的人事變動。目前，關於南京政府如何整合北京政府的外交系統問題，尚缺乏精深的研究。

〔註27〕鹿錫俊：《1932 年中國對蘇復交的決策過程》，《近代史研究》2001 年第 1 期。

〔註28〕松子：《國民革命與外交》，《現代評論》1928 年 1 月 14 日第 7 卷第 162 期。

和南京政府，正常的中俄關係不但有利於「助我恢復國權，抵抗侵略」，而且對「中國國內治安及中俄兩國利益」意義重大。如果因蘇俄在華進行「赤化運動」即對俄「一味厭懼」，「以親俄排俄互相詆嫉，使內外友仇攪作一團」，只會被日本利用，只會損害國家利益。因此，該報提出，中國要發起「獨立自由之國民對俄運動」〔註29〕。東北易幟後，南京國民政府形式上統一全國。《大公報》對於南京國民政府對俄斷交問題再次提出異議，對於南京政府「惟聞防共之聲，不定對俄之計」的做法表示憂慮，並重申「對俄問題不宜長此放任不理」的意見。該報指出了三條理由：其一，中蘇利害相關。中蘇兩國不但壤地相接，而且如海拉爾問題、外蒙問題、中東路問題等懸案尚未解決，因此不論從地理上，還是事實上都不能漠視中蘇關係。其二，就國際局勢看，蘇聯是國際上首屈一指的大國，是左右國際政局的「主要棋子」。如今蘇俄與美國、英國等大國接近，中國不能坐視不顧。其三，「現在統一之局已成」，南京國民政府成為代表中國的唯一政府，從法理上說即有責任應向蘇聯正式提出談判〔註30〕。由周鯁生與《大公報》的言論可知，中國知識界不僅對國民黨的絕俄政策提出了質疑，還在事實上要求恢復中蘇邦交關係。上述言論雖然還不是系統的主張，但在反共反俄潮流之下卻有不少積極意義。

面對「九一八」事變後嚴峻的日本侵華形勢，社會各界對蘇復交的聲浪接踵而起。用《北平晨報》的話說：「各地民眾團體即多有此主張，文電紛馳，一時稱盛」〔註31〕。諸如天津市長張學銘（張作霖次子）等高官、東北青年、經濟實業界中人皆主張與蘇復交，甚至「傾向聯俄」〔註32〕。汪精衛在回應各大學抗日救國會代表的提問時，亦作出「只須蘇俄對我不加妨害」，「對俄國交可恢復」的答覆〔註33〕。不過，此時對蘇復交的輿論雖然熱烈，但卻「無人詳細說明對俄復交的理由，更無人堅決主張立即對俄復交」〔註34〕，自然更沒有精彩的思想交鋒。而且，戒懼蘇聯者，大有人在。例如，

〔註29〕 《日俄親善與中國》，《大公報》1927年12月13日第一版。
〔註30〕 《對俄放任之非得計》，《大公報》1928年12月5日第一版。
〔註31〕 《社論‧釋對俄復交》，《晨報》1932年5月16日第一版。
〔註32〕 《中央政治會議特種外交委員會第一次會議記錄》，劉維開編《國民政府處理九一八事變之重要文獻》，臺北：近代中國出版社，1992年版，第5頁。
〔註33〕 《各大學抗日救國會代表謁汪孫》《黨國要人聚首一堂》，《申報》1931年10月23日第二張第八、九版。
〔註34〕 陳啟天：《告主張對俄復交者：並質申報記者陳彬和君》，《民生週報》1932年6月12日第28期。

時之商務印書館編譯所所長、《教育雜誌》主編何炳松即認為，由於外蒙古問題等歷史懸案尚未解決，新近又有中東路事件等衝突，中蘇兩國關係總體上處於僵持狀態。相比之下，日蘇關係反而較中蘇更親密。日蘇兩國不但恢復邦交，而且在滿蒙問題和漁業爭端問題取得了相當的諒解。何氏由此得出結論，蘇聯在中日鬥爭中「絕無援我之心」〔註35〕。這種戒懼很快被日本加緊侵華沖淡了。

1932年初，「一・二八」事變、偽滿洲國成立等事件接連發生，對蘇復交的呼聲隨即高漲。國民黨高層對蘇態度之分歧愈加顯現〔註36〕。孫科、陳友仁等人認為，挽救時局「非對日絕交與對俄復交之外別無辦法」，於是向國民黨四屆二中全會遞交了關於中蘇復交的提案。提案雖然由於蔣介石等人的阻撓而未能獲得通過〔註37〕，但已經引起了其他國民黨人的注意。全會在專門討論國難問題時，甚至出現了「對俄復交事商談最久，全場無反對者，張繼等主復交甚力」的情形〔註38〕。隨後，中央委員孫科提出了他的《抗日救國綱領》，要求「凡與日本帝國主義利益衝突之國家，均認為我之與國，應與之作切實的互惠的聯合」〔註39〕。孫科又發表談話，重提「以聯合世界上以平等待我之民族共同奮鬥之既定方針」，認為蘇聯與中國「利害相同」「站在同一之利害立場，發生密切關係」，南京政府應當與蘇聯聯絡〔註40〕。

〔註35〕 何炳松：《中日問題和世界形勢》，《東方雜誌》（臨時附刊）1931年第28卷第19期。
〔註36〕 直到1932年9月上旬，蔣介石、汪精衛等國民黨核心尚希望與日本「共同反蘇反共」，派蔣作賓赴日直接交涉。他們對蘇聯的態度則受到了「英美、國聯同蘇聯不共戴天」論和「一意剿赤與對蘇接近不可兩立」論的巨大影響。見鹿錫俊：《1932年中國對蘇復交的決策過程》，《近代史研究》2001年第1期。
〔註37〕 蔣介石對孫、陳頗不滿。他在日記裏寫道：「其主張對日絕交者，即為對俄復交之陰謀，顯然暴露。陳賊（按：即陳友仁）與以家國供犧牲，其肉不足食矣。」見《蔣介石日記・1932年1月24日條》，引自斯坦福大學胡佛研究所檔案館藏之《蔣介石日記（手稿本）》（一），第362頁。（向電子版的整理者致謝意！）當時，孫科、陳友仁以「為淞滬抗戰之事，從事國際宣傳」為由，並未出席二中全會。見《二中全會昨開幕》，《大公報》1932年3月2日第一版。
〔註38〕 《二中全會昨閉幕，對俄復交事商談甚久》，《大公報》1932年3月7日第一張第一版。
〔註39〕 《孫科在滬草擬抗日救國綱領》，《中央日報》1932年4月25日第一張第三版。
〔註40〕 《孫科招待報界》，《申報》1932年4月26日第一張第一版。

　　孫科等人的看法引起了知識界的注意。陳彬龢〔註 41〕等有識之士大聲疾呼，正式提出了中蘇復交的要求。陳彬龢在《申報》接連發表《論對蘇復交與防遏共產》《從國際情勢談到中蘇復交》《三論中蘇復交》和《對蘇復交釋疑》等數篇社論，系統提出了中蘇復交的主張。陳氏的言論產生了較大反響。胡愈之等左傾知識分子〔註 42〕以及天津《大公報》，《北平晨報》等均發表社論表示支持，認為無論是「就通常關係言」，還是「就立國大計言」，對俄復交一事「固絕無遲延之餘地」〔註 43〕。同時，這引起了陳啟天等青年黨

〔註41〕陳彬龢早在 1920 年代即開始研究蘇聯，先後編有《蘇俄政治組織和共產黨》（上海：共和書局，1927 年初版）、《蘇俄治下的勞動反對派》（上海：共和書局，1927 年初版）和《蘇俄經濟組織與實業政策》（上海：世界書局，1927 年初版）等書。由此可見，陳彬龢成為呼籲中蘇復交的代表人物並非沒有原因。陳啟天觀察到：「去年九一八以後，以中國大受日本的武力壓迫，黨國要人如汪精衛、陳友仁，曾放出對俄復交，甚至聯俄的空氣，於是引起對俄復交問題的討論。……最近主張對俄復交最力者，恐怕要數《申報》記者陳彬龢君罷。」「自去年『九一八』暴日侵佔東北以來，即有人主張對俄復交，但無人詳細說明對俄復交的理由，更無人堅決主張立即對俄復交，遂無由引起反對方面的嚴正辯論。到上海停戰協定屈辱簽字之後，在社會方面既有人堅決主張立即對俄復交，（例如申報記者陳彬龢先生），在政府方面也有人提議對俄復交，並且已經再三討論，蘇滬將要具體化。」陳啟天：《告主張對俄復交者：並質申報記者陳彬和君》，《民生週報》1932 年 6 月 12 日第 28 期；又見《申報》1932 年 6 月 21 日第二張第八版。陳啟天：《反對立即對俄復交》，《民生週報》1932 年 7 月 10 日第 31 期。

〔註42〕胡愈之在大革命失敗後逃亡法國，目睹了大蕭條所暴露的資本主義的嚴重問題和深刻危機。胡氏自稱，他從此「對歐洲資本主義世界的幻想破滅了，資本主義並不像我原來想像的那樣好」。在這種情況下，他開始研讀《資本論》，思想取向上也發生了由民主主義向社會主義的大變動。尤其在取道蘇聯回國時，他看到了蘇聯「欣欣向榮的建設社會主義的熱烈圖景」，「使我深深地認識到一個真理：未來的世界是社會主義，只有社會主義才能救中國。」回國之後，胡愈之接替錢智修主編《東方雜誌》，發表了不少思想左傾文章。據左聯作家回憶，《東方雜誌》雖然是中間性質的刊物，但卻是左聯在白區發表文章，開展鬥爭的重要方式。胡愈之擔任主編後，《東方雜誌》左傾明顯，以至於胡愈之文稿須再經過王雲五「大刀闊斧的刪段」。即使這樣，時人認為「《東方雜誌》依然還嫌太左」見胡愈之：《我的回憶》，南京：江蘇人民出版社，1990 年版，第 13～14 頁；《左聯回憶錄》（上冊），北京：中國社會科學出版社，1982 年版，第 30 頁；水手：《左翼文化運動的抬頭》，《社會新聞》1933 年第 2 卷第 21 期。

〔註43〕天津《大公報》發表了《中俄復交問題》和《再論對俄復交問題》二文，《北平晨報》也發表名為《釋對俄復交》的社論，對陳氏的主張表示了支持。《社論·釋對俄復交》，《晨報》1932 年 5 月 16 日第一版。

人的批評。他們以其機關報《民生週刊》為主要陣地，倡導「國家主義」，激烈反蘇反共反蘇，也吸引了部分知識分子的注意，成為反對中蘇復交的主要力量。

第二節　關於中蘇復交的思想論爭

　　如《大公報》所言，「九一八以來，支配中國政治之口號，曰抗日剿共」〔註44〕。中蘇復交無疑是牽動「抗日」大局與「剿共」的大事件。知識界雙方圍繞著中蘇復交與「以俄制日」，中蘇復交與國民黨「剿共」等問題展開論爭。

一、中蘇復交與「以俄制日」

　　從根本上說，知識界之所以倡導中蘇復交，乃是源於其「以俄制日」的願望。《申江日報》即指出，主張復交之人「十有八九」都是為了「引蘇俄為己助，以求東北問題之解決得以稍稍有利於我」〔註45〕。《大夏週報》是大夏大學的學生刊物，也聲言他們之所以竭誠歡迎中蘇復交，目的就是希望中蘇兩國能夠切實合作，「進而共同制裁暴日」〔註46〕。《大公報》在回顧中蘇關係的歷史時，沉痛地指出，自中蘇斷交後，「兩國間在精神上、物質上所受之損失固不勝計」，更令人痛心地則是「兩大相持，予第三者以因利乘便之機會」〔註47〕。在他們看來，中國外交的被動局面無疑是中蘇斷交的惡果。可以說，時人對中蘇復交的分析研判均與「以俄制日」的願望密不可分，對中蘇關係寄予厚望實質上是對日本侵華的一種應激反應。

〔註44〕《如何結束共亂》，《大公報》1933 年 4 月 2 日第一版。
〔註45〕《申江日報》，12 月 14 日，轉見《中俄復交後之各方評論》，《新中華雜誌》第 1 卷第 1 期。
〔註46〕葛尚德：《論中蘇復交》，《大夏週報》1932 年第 13 期。
〔註47〕《中俄邦交之回顧》，《大公報》1932 年 12 月 14 日第一張第四版。該報後來又指出：「中俄復交理論上本應在九一八以前，而事實上轉為九一八事件所促成，實為莫大之憾事也」。見《美俄復交與中國》，《大公報》1933 年 10 月 27 日第一張第二版。除《大公報》外，《申報》《新聞報》亦均認為，中蘇復交「已嫌事機之晚」，如若中東路事件不發生，或者能夠早日解決，那麼「瀋陽事變縱未可幸免，而日閥兇橫或稍斂跡，至少在中東路沿線一帶，不至如今日之糜爛，北滿境內，尚可保全。對國聯交涉，對公理正義之追求，恐亦不至全為日人所利用，借偽造之案件，作現成之事實也」。見《中蘇復交與國際現勢》，《申報》1932 年 12 月 14 日，第二張第五版。《新聞報》，12 月 14 日，轉見《中俄復交後之各方評論》，《新中華雜誌》第 1 卷第 1 期。

　　知識界之反蘇者對「以俄制日」的主張不以為然，提出了「赤白帝國主義夾攻中國」論。陳啟天等青年黨人，在國民革命時期即以激烈反共反蘇著稱，此際詳細說明了反對中蘇復交的理由。他們從兩個方面入手，說明聯俄是一項自殺政策。其一，國民革命時期的聯俄使中國「與一切白色帝國主義國家處於敵對的地位」，為目前的外交孤立地位埋下了種子。其二，聯俄的惡果是，中國這個「沒有組織和沒有堅強政府的國家」，不僅今後的外交「處處要惟莫斯科的命令是從」，還會「引起英法日美等國極大的疑忌與恐懼」，「白色帝國主義者更嚴重的壓迫，隨聯俄以俱來」〔註48〕。陳啟天基本贊同袁氏的主張。他亦認為，時人主張中蘇復交的真正的最終目的是「聯俄」，復交只不過是「聯俄」的幌子。因為如果對俄復交是「不過恢復普通外交關係和國際貿易關係」，那麼這顯然無法達到抗日救國的目的。在他看來，國民革命時的聯俄政策才是中國外交孤立的真正原因。他指出，在國民革命時期，國民黨實行聯俄容共，「與一切白色帝國主義國家處於敵對的地位」，為目前的外交孤立地位埋下了種子。絕俄後南京政府「又忙於內爭，無暇注意外交，自然更孤立了」〔註49〕。陳啟天進而提出，中蘇復交的結果只能是中國遭受赤色帝國主義與白色帝國主義的夾攻。日本是「白色帝國主義」的急先鋒，田中義一的滿蒙政策表明了日本吞併中國的野心；蘇聯則是「赤色帝國主義的大本營」，憑藉第三國際來侵略中國。蘇聯對華政策的實質是「想將中國從白色帝國主義者，拿到自己手中，而自己卻又不肯直接用力來打倒帝國主義，

〔註48〕袁道豐：《從國際上批評聯俄政策：並質陳彬和君》，《民生週報》1932年6月19日第29期。

〔註49〕陳啟天：《反對立即對俄復交》，《民生週報》1932年7月10日第31期。「李達」（尚不知此人生平，就其思想立場看，當不是著名馬克思主義哲學家李達李鶴鳴）亦認為，此前之「聯俄容共而鑄成大錯」，「前之與俄絕交毫無錯誤」，復交應該以獲得蘇聯不再支持中共，放棄赤化宣傳的承諾為前提。如若不然，復交則只是「引虎自衛」。「與俄復交，即為聯俄，即為容共，其名雖殊，其事則一。」見李達：《關於中俄復交問題之討論》及（續），《益世報》（天津）1932年7月19、20日第一張第一、二版。早在1923年間，就有另一位「李達」出現，引起了部分人的誤解。李達（鶴鳴）不得不在1923年1月8～10日的《大公報》（長沙）上刊載《李達啟事》，就另一位「李達」引人誤解之事說明情況。全文如下：「鄙人別號鶴鳴，此次由滬返湘，專在自修大學擔任教職，並未他處就事。昨日各報載審計院公職員人名中有與鄙人名姓相同者一人，係另一李達。茲因各方友人之函詢，特登報聲明。」見周可、汪信硯著《李達年譜》，北京：人民出版社，2016年版，第28頁。

只恃花言巧語挑動中國民眾的感情，空喊打倒帝國主義」。日本與蘇聯雖然侵略方式有別，但是其侵華實質是相同的。中蘇復交以及「聯俄」，只會加劇中國的危險處境〔註50〕。總之，所謂「赤白帝國主義夾攻中國」論，有兩層意思：其一，蘇聯仍對華行侵略政策。其二，中蘇復交將引起英、美、日本等列強不滿，進而加劇日本侵華形勢。倡導中蘇復交者對此展開批駁。

首先，批評蘇聯仍然對華施行侵略政策此一判斷。胡愈之指出，目前蘇聯正通過實施五年計劃從事國內建設，對外政策也傾向於和平自衛，「蘇聯的利益和東方弱小民族的利益站在同一戰線」是不可否認的事實。「九一八」事變以及南京政府向國聯乞憐等事實證明，中國自從實行反俄政策以來，不但反帝國主義鬥爭日益衰落，而且不得不向帝國主義妥協退讓，實在是喪權辱國。相比之下，如土耳其、波斯、阿富汗等東方國家，因其外交上始終與蘇俄攜手，反而一直堅強地抵抗西方帝國主義的侵略。胡氏繼續指出，只有中蘇攜手，只有南京政府恢復「國民黨總理孫中山先生手定的對外傳統政策」，中國外交才能擺脫被動局面，「不受外來勢力的干涉」，「走向民族解放的新方向」〔註51〕。胡氏言之有據，頗符合時人的觀感。《北平晨報》甚至指出，蘇聯在斯大林秉政之後，「早已棄其世界革命之野心，而努力於國內生產之建設。近年反對軍備，親仁善鄰，歷與歐陸各國締結互不侵犯條約，事實俱在，舉世共見。」〔註52〕蘇聯不僅持續揭露、批評日本侵華暴行，還在事實上保護了中國的抗日武裝。這使國人感受到了難得的善意。蘇聯《真理報》即給予了中國寶貴的輿論支持。對於「九一八」事變，該報嚴正批駁了日本對事實的歪曲，指出「全世界勞動界皆目擊日本帝國主義者毫無羞惡之心劫掠中國」〔註53〕。1932年末，蘇炳文將軍，在抗日鬥爭中彈盡糧絕，無奈撤退至

〔註50〕陳啟天：《反對立即對俄復交》，《民生週報》1932年7月10日第31期。關於赤白帝國主義夾攻中國之說，胡漢民亦有類似的表述。1933年5月，胡漢民曾表示：「滿洲的傀儡組織，為日本帝國主義所卵育；江西的傀儡的組織，為蘇俄帝國主義所卵育。這兩種組織同樣都破壞中國領土主權的完整，都不能承認。」見陳紅民：《胡漢民年表（1931年9月～1936年5月）》（上），《民國檔案》，1986年第1期，第133頁。

〔註51〕愈之：《中俄關係的將來》，《東方雜誌》1933年第30卷第1期。

〔註52〕《社論·中俄復交與中國市場》，《北平晨報》1932年12月17日，第二版。

〔註53〕頌華：《東北事件之國際輿論》，《東方雜誌》1932年1月1日第29卷第1期。中蘇復交後，《真理報》亦多次揭露日本侵華陰謀。如1933年初，針對日軍侵佔山海關，《真理報》即指出，佔領山海關只是日本進攻熱河及華北的開端。見《俄報評論榆案：日軍犯榆僅為攻熱先聲》，《申報》1933年1月8日第二

蘇聯境內。日本迭次向蘇聯交涉，要求引渡，遭到蘇聯嚴詞拒絕。此舉贏得了時人的讚揚，被認為是「蘇俄以平等待我之證明」。蘇聯因此甚至恢復了其主持正義的豪俠形象。《北平晨報》即指出：「其力持正義，使我抗日英雄不致轉手友邦，反臂受擄。此其公正態度，在弱肉強食之今日，群疑眾侮之中國，自屬不容漠視。空谷幽蘭，彌堪珍貴。」〔註54〕《時事新報》也認為，這足以證明「中俄感情早在愉快之境地」。如果中蘇再不復交，「雖謂為離奇可也」〔註55〕。

值得重視的是，著名外交史專家張忠紱提供了另一條意見：雖然蘇聯仍不肯放棄帝俄時代所得的在華利益，對華采取「煽誘」政策〔註56〕，但是從中日俄三角關係出發，中國仍然應當改善中蘇關係。張氏指出，環顧列強以

張第六版；《俄報之觀察：日占榆關對英衝突難免》，《申報》1933年1月10日第二張第六版。該報指出日本不僅要變東北為日本殖民地，還企圖在華北建設類似「滿洲國」之新國，最後「逐漸擴充至中國全部」。見《日軍不斷侵略，俄報表示焦慮》，《申報》1933年3月25日第二張第七版；《俄報之觀察：圖占察省，日本野心未已》，《申報》1933年5月11日第二張第六版；《莫斯科報評論華北局勢》，《申報》1933年5月28日第三版；《俄真理報揭穿日本侵華陰謀》，《申報》1933年5月30日第二張第五版；《俄報評日政局》，《申報》1934年1月28日第二張第七版；《俄報揭載日人侵略華北野心》，《申報》1934年4月16日第三版；《莫斯科報揭破日本覬覦察省用心》，《申報》1935年2月16日第三張第八版。1933年8月，《真理報》指出，「帝國主義者在新疆之陰謀，現正熱烈進行。帝國主義者正準備實力以實現其臣服中亞細亞之遠大計劃，而英日帝國主義則以該地為反蘇聯政策之戰場。」《蘇聯真理報暢論新疆情勢》《日侵察境予外蒙以威脅》，《申報》1933年8月18日第三張第九版。

〔註54〕《聯合以平等待我之民族》，《北平晨報》12月13日第二版。

〔註55〕《時事新報》12月14日，轉見《中俄復交後之各方評論》，《新中華雜誌》第1卷第1期。

〔註56〕張忠紱認為，1917～1933是蘇聯「對華煽誘時期」。此時，蘇聯因受帝國主義圍攻，不得不向東方宣傳其主義，以達到「使世界蘇俄化」的目的。張忠紱指出：「自一九一七年至一九三三年，在此時期中，蘇俄以政府制度變更之故，其外交因之亦變。以農工為基礎，以主義及階級革命相號召之蘇俄政府，自不得不向外宣傳，以期抵抗英美等資產國家，並使世界蘇俄化。於是乃利用東方被壓迫無智識之民眾，以為其宣傳之對相（象）。因欲宣傳，遂不得不見好於彼輩。故對華於一九一九年及一九二○年有放棄帝國政府在華所享受種種權利之宣言。但俄國在外蒙與北滿勢力之基礎，終不肯捨棄。（『九‧一八』後，日本侵入北滿，蘇俄竟不抵抗，此為另一問題）故自一九一七年至一九三三年為俄對華煽誘時期。」見張忠紱：《中國國際關係》，世界書局，1933年版，第48頁。

及列強在華政策，日本是「利害與我衝突最深最甚之國家」。因此，中國外交政策應以對日敵對為首要目標，對其他國家應當或以「友誼之精神」，或以「本退讓之精神」最大限度地團結其他國家。〔註57〕既然蘇聯與日本有利益衝突，中國更應該與蘇聯恢復邦交。張忠紱對於世界外交史有系統的認識，對於中國的外交局面以及國際關係亦有深刻的理解。他對蘇聯有疑慮，但又能對中蘇關係與維護國家利益的辯證關係保持清醒。其意見是有力的。《申江日報》亦有類似的持論。該報對日本、蘇聯兩國均無好感，認為日本是噬人之猛虎，蘇聯則是溺人之水。現今情勢，日本要吞併中國，歐美帝國主義列強坐視不顧，中國只得鋌而走險。中國「雖明知水可溺人，其禍並不減於虎之噬人」，但也顧不得許多了，所謂「寧願死於水而不願死於虎，若虎而從我於水者，則兩方同歸於盡，尤為吾所甚願」〔註58〕。這即是說，「聯俄制日」雖然冒險，但因其有益於抗日而仍然有嘗試的必要。《中央日報》也從分析中日俄三角關係入手，指出了中蘇復交的現實利益。該報首先強調了「外交事實上之形勢」，認為無論是就地理、歷史而言，還是就軍事或經濟而言，中俄日三國之間「本萬無分離之理，合則共利，離則俱敗」。該報繼續指出，由於」九一八」事變後，日本必欲制中國於死地，於是「介於兩大之我國，和甲不能，必求和乙，和乙所以減少甲之壓迫，是由消極方面言；聯乙可以制甲，是由積極方面言」〔註59〕。

其次，時人深刻認識到「白色帝國主義」一直侵略，出賣中國權益的事實。這突出表現在時人對國聯的態度上。「九一八」事變後，時人一度對國聯寄予厚望，不過迅速醒悟過來。俞頌華整理了關於「九一八」事變國際輿論後，得出結論說「歐美資本主義各國的政府因都專為自己利益打算，故其言論界上不能一致主張公道，擁護公理」〔註60〕。《北平晨報》指出，正是因為自身亦有侵略他國的血腥歷史，以及「腦中只有現實，並無正義」，英、法、意等國才「對暴日行動始終未敢有正面之責備」〔註61〕。《青年評論》則尖銳地指出，國聯既無能力，又無誠意解決日本侵華問題，已經「扯碎正義公道

〔註57〕張忠紱：《中國國際關係》，世界書局，1933 年版，第 181 頁。
〔註58〕《申江日報》，12 月 14 日，轉見《中俄復交後之各方評論》，《新中華雜誌》第 1 卷第 1 期。
〔註59〕《中俄邦交恢復》，《中央日報》1932 年 12 月 14 日第一張第二版
〔註60〕頌華：《東北事件之國際輿論》，《東方雜誌》1932 年 1 月 1 日第 29 卷第 1 期。
〔註61〕《所希望於三中全會者》，《北平晨報》1932 年 12 月 15 日第二版。

的假面具」,中國希望國聯主持正義的願望已成為夢幻泡影〔註62〕。由此以進,時人得出國聯是「帝國主義分贓之集團」〔註63〕的結論也不足為奇了。《申報》亦持此論。該報明確指出,國聯雖然名為「籌謀國際和平之機關」,但實際上是帝國主義的緩解利益衝突的工具。受大蕭條的沉重打擊,「資本主義之發展已達日暮窮途之頂點,致命之經濟恐慌使列強間之衝突日趨銳化」。為了轉嫁危機,帝國主義國家只能加重盤剝殖民地半殖民地國家。在此狀況之下,不但國聯淪為分贓工具是必然的,而且中國成為日本與各帝國主義國家緩和衝突,維持和平的犧牲品也是必然的。因此,寄希望於國聯為中國主持正義,無非仿傚「包胥秦廷之哭」,雖然至誠感人,但是無異於與虎謀皮〔註64〕。

　　既然蘇聯支持中國抗日,歐美等國又在助紂為虐,那麼通過改善與蘇聯的外交關係,打破中國外交孤立局面也便順理成章了。在倡導中蘇復交者看來,無論是獨立外交政策的制定,還是出於實際外交工作的需要,南京政府都應該推動中蘇復交。《大公報》明確指出,「由大局論,對俄不復交,本為極不可思議之政策」〔註65〕。《北平晨報》亦認為,近數十年外交失敗的原因,就是「忘記國家之獨立人格」「貌若審慎,實乃因循」。該報進而點出「今日世界列強多已對俄復交」的事實,提醒時人不要重蹈覆轍〔註66〕。陳彬龢則從國際情勢上立論,指出大蕭條引起了資本主義的根本危機,英、美、法、日諸國在中國問題上的暗鬥「無不為準備分割中國之前哨戰」。蘇聯此時「國勢日欣欣以向榮」,奉行和平外交政策。中國在外交上完全陷於孤立地位,只有對蘇復交方能擺脫坐待宰割的困境〔註67〕。陳氏進一步批評了一種論調:中蘇復交「未見聯俄之利」,反「失列強之歡心」,或者「激起列強之嫉恨」。他認為這種「完全仰承他國之鼻息」的外交,「失之怯懦,失之苟安」〔註68〕。從實際外交工作出發,《大公報》敏銳地指出了一個棘手問題:如若中蘇繼續絕交,蘇聯勢必與實際掌控中東路的偽滿洲國,交涉相關問題,而不是南京政府。更被動的是,如果此種事實上侵犯中國主權的事情發生,南京政府也

〔註62〕松常:《評中俄復交》,《青年評論》1932年第17期。

〔註63〕維明:《中蘇復交》,《禮拜六》1932年第484期。

〔註64〕乃:《中蘇俄復交後對於蘇俄應有之認識》,《申報》1932年12月16日第二張第六版。

〔註65〕《中俄復交問題》,《大公報》1932年5月14日第一張第二版。

〔註66〕《社論‧釋對俄復交》,《北平晨報》1932年5月16日第一版。

〔註67〕陳彬龢:《從國際情勢談到中蘇復交》,《申報》1932年5月13日第三版。

〔註68〕陳彬龢:《三論中蘇復交》,《申報》1932年5月14日第三版。

沒有正式的外交渠道加以抗議〔註69〕。《民報》也有類似的表示，認為此前中俄絕交「實係在特殊環境下不得已之舉動，被迫使然，雅非素願」。中俄兩國國交雖斷，但事實上「壤地相接，關係至密」，「接觸交往，仍不能免，商業往還，尤為密切」，因此中蘇復交是「勢使然也」，乃是「當然之事」〔註70〕。

綜上所述，倡導中蘇復交者的反駁意見如下：第一，在事實上，蘇聯同情並幫助中國抗日，實行和平外交政策。即便並非如此，出於中、日、蘇三角關係的考量，中國也應該聯蘇制日；第二，日本帝國主義加緊侵華，英、法、美等帝國主義國家無意主持正義；第三，推動中蘇復交不僅是中國外交獨立性的展現，還是實際外交工作之必需。這三點意見是主流輿論的核心觀點，標誌著中東路事變以來知識界對蘇態度的重要變動。不過，在於中蘇復交對「以俄制日」的效果問題上，時人有三點意見值得注意。

首先，論戰雙方均認為，中蘇復交對於收復東北，制止日本侵華的成效有限。時之蘇聯內有政爭，且在從事五年計劃，外有德、日的安全威脅。為了穩定東亞局勢，蘇聯除了推動中蘇復交之外，也在竭力避免與日本發生直接衝突。這就是說，對於解決日本侵華問題而言，中蘇復交實際上「有小的影響而無大的轉變」。論戰雙方均有見於此。不過，陳啟天等人據此反對復交，反對蘇聯〔註71〕，支持復交者則藉此提醒國人應致力於增強國家實力，以客觀的態度看待復交。各報紛紛提醒國人注意，既看到復交使中國「在對日長期鬥爭中，獲得若干安慰，在國際困難環境間，開出一條新路」，但又要明白這不過是「尋常應辦之事」〔註72〕，而且「蘇俄自有其立場，絕非復交所可使其不顧自國利害，傾力助我」〔註73〕，「對於復交之結果，亦不必過於樂觀也」〔註74〕。

〔註69〕《中俄復交問題》，《大公報》1932年5月14日，第一張第二版。

〔註70〕《民報》12月15日，轉見《中俄復交後之各方評論》，《新中華雜誌》第1卷第1期。

〔註71〕袁道豐：《從國際上批評聯俄政策：並質陳彬和君》，《民生週報》1932年6月19日第29期。陳啟天：《反對立即對俄復交》，《民生週報》1932年7月10日第31期。

〔註72〕《中俄復交矣》，《大公報》12月14日第一張第二版。

〔註73〕《斷交恰滿五週年，中俄恢復邦交》，《北平晨報》12月14日第五版；《所希望於三中全會者》，《北平晨報》1932年12月15日第二版。

〔註74〕《中華日報》12月17日，轉見《中俄復交後之各方評論》，《新中華雜誌》第1卷第1期。

　　其次，中蘇復交意味著蘇聯已經不可能承認偽滿洲國，這是中國外交的勝利。中蘇復交不僅使日本外交陷入被動，還大大改善了中國外交的被動局面。當蘇聯外長李維諾夫在中蘇復交後喊話日本，表示中蘇復交不針對日本時〔註 75〕，日本政府發言人大表不滿，表示日本殊不歡迎中蘇復交，認為這是比「滿洲問題」（按：即日本侵佔東北，建立偽滿洲國後，中日兩國之「糾紛」）更需注重的事。日方不僅污蔑中蘇兩國為「阻礙世界和平份子」，還宣稱日本將嚴厲抵抗「破壞勢力充滿遠東」。〔註 76〕中國對俄邦交問題，本屬中國內政，不容日方置喙。日方的表態一方面正如《密勒評論報》所指出的，李維諾夫的話「殊未足以安定密切注意中之日人之心」。另一方面，日本的表態「在外交上實為重大之失態」，恰恰反證了中蘇復交對日本不利的事實。〔註 77〕對於中國來說，中蘇復交不但對於解決偽滿洲國問題是一項「有意義的發展」〔註 78〕，而且有助於解決中蘇歷史懸案，增強兩國互信。《申報》即指出，中蘇復交雖然不意味著中國能夠順利收回東北，但是中蘇在政治上、外交上「必不致因隔閡之故，而資人以利用之工具」〔註 79〕。用《北平晨報》的話說，「以兩國國交之合理的恢復，其足使彼崇尚詭詐外交之侵略者，失要挾自重之資，絕挑撥離間之謀」〔註 80〕。

　　再次，時人認為，中蘇復交有助於實現「以俄貨抵制日貨」。1931 年初，莫德惠在莫斯科與加拉罕等會談，討論到關於中蘇通商問題。時論頗以為不可。《申報》曾轉錄東北地方報紙的議論，強烈反對中蘇通商，認為，通商的結果將是價格低廉的俄貨「遍及於中國內地」，中國「決無善策可與爭衡於市場」〔註 81〕。「九一八」事變後，知識界一改此前態度，轉而積極主張中蘇通商，希望「以俄貨抵制日貨」。《大晚報》即認為，「俄貨若能湧現

〔註 75〕蘇聯《真理報》亦曾表示：「惟蘇聯對中國復交，並不有礙於對日本之關係。雖日本已因此事而開始一反蘇聯運動。蓋蘇聯對於各國惟持和平政策，對日本然，對他國亦然。」《中蘇復交，蘇聯和平政策成功》，《申報》1932 年 12 月 27 日第二張第六版。
〔註 76〕《中俄復交後之各方評論》，《新中華雜誌》第 1 卷第 1 期。
〔註 77〕《密勒評論報》12 月 17 日，轉見《中俄復交後之各方評論》，《新中華雜誌》第 1 卷第 1 期。
〔註 78〕《密勒評論報》11 月 17 日，轉見《中俄復交後之各方評論》，《新中華雜誌》第 1 卷第 1 期。
〔註 79〕《中蘇復交與國際現勢》，《申報》1932 年 12 月 14 日，第二張第五版。
〔註 80〕《中俄邦交之新紀元》，《北平晨報》1932 年 12 月 14 日第二版。
〔註 81〕《莫德惠抵俄後》，《申報》1931 年 4 月 15 日第二張第八版。

於中國市場」，符合中俄兩國的共同利益。〔註82〕《北平晨報》進一步指出，由於「無廉價商品足資替代」，中國發起的抵制日貨運動收效甚微。如今中蘇已經復交，這是「兩大民族互相提攜之初步」。「俄國因資本集中之故，商品價格，較之其他國家，倍形低廉」，可以取代日貨。「果然俄品輸入，在我固一舉兩得，既可澈底排貨，且減消費負擔，於俄有利，於我無損」〔註83〕。《中華日報》也持類似的觀點，認為從經濟原理上看，中國如果不能尋找到日貨的替代品，那麼抵制日貨運動即不能持久，「足制日人之死命」的對日經濟絕交也會失敗。俄貨價格低廉，商人既有利潤可圖，又「免被賣國之名」，必然比此前強制商人抵制日貨效果更大。該報認為，俄貨入華雖然不利於民族工業，但因「於日則誠屬有損」，故而「仍不失為一種應急之策略也」〔註84〕。

「九一八」事變後，日本加緊侵華的現實促使中國知識界重新思考中蘇關係問題。中蘇復交主張的提出，既反映了「以俄制日」的普遍心理，也表徵著知識界蘇俄觀的變動。

二、中蘇復交與「剿共」

中蘇復交與國民黨「剿共」的關係問題是知識界討論的又一重點。支持復交者刻意淡化二者之間的關係，反對者則本其反蘇反共立場展開論辯。

支持中蘇復交者不約而同地將「復交」與「聯俄容共」做了切割。陳彬龢強調：「復交」「聯俄」與「容共」是三件「不容相提並論」之事，「『復交』非『聯蘇』，尤非『容共』」〔註85〕。《大公報》《益世報》等報刊也不約而同地作出了相似的解釋：「對俄復交之主張，不應與過去聯俄政策之觀念相混也」〔註86〕，「恢復邦交與消滅共禍，在中國方面當亦分為兩事」〔註87〕。中蘇復交雖然的確不能與此前之「聯俄容共」相提並論，但是三者又不能截然分開。事實上，胡適等自由主義者正公開質疑國民黨「剿共」政策，要求

〔註82〕《大晚報》12 月 13 日，轉見《中俄復交後之各方評論》，《新中華雜誌》第 1 卷第 1 期。

〔註83〕《中俄復交與中國市場》，《北平晨報》12 月 17 日第二版。

〔註84〕《中華日報》12 月 17 日，轉見《中俄復交後之各方評論》，《新中華雜誌》第 1 卷第 1 期。

〔註85〕《對蘇復交釋疑》，《申報》1932 年 5 月 30 日第三版第三版。

〔註86〕《再論對俄復交問題》，《大公報》1932 年 5 月 19 日第一張第二版。

〔註87〕《社論·中俄復交》，《益世報》1932 年 5 月 16 日第一張第二版。

結束內戰〔註88〕。這很難不讓人將二者聯繫在一起。

對於國民黨「剿共」，知識界在「九一八」事變後態度發生了顯著變化。出於「恐共」心理，知識界原本有不少人支持國民黨對中共的「圍剿」。例如，羅隆基在《新月》即著文表示：「在今日中國的狀況下，為中國人民求生路計，自然只有希望國民黨剿共及早成功」〔註89〕。「九一八」事變後，廢止內戰的呼聲洶湧澎湃，「一時和者蜂起，蔚成輿論中心」〔註90〕。《大公報》社長吳鼎昌與黃炎培、史量才等人在上海發起「廢止內戰大同盟」。吳鼎昌指出，民國前二十一年間的內戰均屬「私戰」，造成了全國人民家破人亡的慘劇和「強鄰以少數之兵，佔據三省之土地人民」的惡果。在日本加緊侵華的背景下，只要是內戰，無論打什麼旗號，都無非是「私戰」，都應該停止〔註91〕。胡適、丁文江合作發表《所謂「剿匪」問題》的重磅文章，公開質疑國民黨的「剿匪」政策。丁文江認為，所謂「剿匪」就是此前的「清共」，本質上是內亂。他進而要求國民黨政府「正式承認共產黨不是匪，是政敵」〔註92〕。《大公報》則重申己見，再次要求南京政府在「民族主義之大纛」下，開放黨禁，「即無論操任何政治經濟主張之黨派，凡不以武裝暴動為手段者，概許其有結社之自由」。該報認為，「彼共黨者，亦中國人也，操縱其間者，亦多屬智識分子也，而何以竟無人試溝通意見，以察考究有無化為合法鬥爭之可能？」〔註93〕

知識界對國民黨「剿共」的態度既如此，陳彬龢等人關於中蘇復交與「聯

〔註88〕1931 年至 1937 年間，自由主義知識分子對國民黨之「剿匪」政策，有一個從質疑到支持的過程，其內部亦有明顯分化。詳鄭師渠：《自由派知識分子與國民黨的「剿匪」》《北京師範大學學報》2019 年第 3 期。

〔註89〕羅隆基：《論中國的共產：為共產問題忠告國民黨》，《新月》1931 年 6 月第 3 卷第 10 期。

〔註90〕廢止內戰之議雖然獲得了廣泛贊同，但如何界定「內戰」卻言人人殊。趙雨時指出了三種情形：「有採廣泛解釋者，凡槍口向內，以中國人殺中國人，除依法緝盜之外，皆應釋為內戰。如今日之大舉剿共，其一例也。有採限制解釋者，則謂剿共與討伐叛逆，不得謂為內戰。更有謂內戰為政治腐惡時革陳布新之必要手段者。故凡政治不良，企圖打倒摧殘民眾之惡勢力而從事政治革命者，雖可釋為內戰，固應為民眾所贊同。此說由反對一黨專政之某派生之，詞意堅決，極堪重視。」趙雨時：《社論・敬告廢戰同盟大會》，《北平晨報》1932 年 8 月 29 日第一張第二版。

〔註91〕吳鼎昌：《廢止內戰大同盟》，《吳鼎昌文集》，天津：南開大學出版社，2012 年版，第 193 頁。

〔註92〕丁文江：《所謂「剿匪」問題》，《獨立評論》1932 年 6 月 26 日第 6 號。

〔註93〕《如何結束共亂》，《大公報》1933 年 4 月 2 日第一張第二版。

俄容共」無關的說法自然難以打消陳啟天等人的疑慮。陳啟天直言：所謂的中蘇「復交論」本質上是「聯俄論」。他認為，復交、聯俄與容共「絕對不是截然無關的三事，而是互有密切關係的三事」，鼓吹中蘇復交也不過是為聯俄造勢〔註94〕。他斷言，在中國目前的特殊情形之下，「一經對俄復交，勢必趨於聯俄，甚至容共」。因為中蘇復交如果只是「恢復普通外交關係和國際貿易關係」，那就無法達到中蘇共同抗日的目的，復交也就失去了意義〔註95〕。「李達」亦認為，「與俄復交，即為聯俄，即為容共，其名雖殊，其事則一。」〔註96〕陳氏接著進一步申述了反對的理由。他認為，中國此前之對蘇絕交，正因為中共與蘇聯「本有不可分離的密切關係」。如今一旦復交，「共黨當更抬頭」〔註97〕。他分析了國內形勢，認為中共已經建立起中華蘇維埃共和國，而且其最大的困難是「聯絡問題與供給問題」。如果此時中蘇立即復交，那麼，中共勢必更容易地得到蘇聯援助。這就與此前的絕交以及現在的「剿匪」政策矛盾。他因此斷言：「要剿匪便不宜立即復交，要立即復交勢必使剿匪更為困難。復交雖非等於容共，至少也要助共」。在他看來，目前尚未到中蘇復交的時機，只有同時滿足了「有了健全政府」和「肅清共匪武裝勢力」兩個前提後才可以著手進行〔註98〕。上述觀點將陳氏頑固的反共立場暴露無遺。抗日戰爭是全民族抗戰，理應將中國一切政治、武裝力量團結起來，並努力促成國際上反日戰線的形成。陳氏因為頑固的反共反蘇立場，看不到中蘇合作抗日的益處，沒能正確把握中日民族矛盾和國共政爭的主次關係。這是陳氏的重大失誤。事實證明，中蘇進一步接近，合作對抗日本侵略，才是正確的選擇。此外還應注意到，陳氏的觀點也反映了部分知識分子對蘇聯的疑慮並未徹底消除。《中華日報》曾如此指出「一般人民」對於中蘇復交的複雜心態：一方面認為這有利於改善中國的外交形勢，另一方面又因中共與第三國際、蘇聯的特殊關係而「不無疑懼」〔註99〕。

〔註94〕陳啟天：《告主張對俄復交者：並質申報記者陳彬和君》，《民生週報》1932 年 6 月 12 日第 28 期；又見《申報》1932 年 6 月 21 日第二張第八版。

〔註95〕陳啟天：《反對立即對俄復交》，《民生週報》1932 年 7 月 10 日第 31 期。

〔註96〕李達：《關於中俄復交問題之討論》及（續），《益世報》（天津）1932 年 7 月 19、20 日第一張第一、二版。

〔註97〕陳啟天：《抗日聲中的對俄復交問題》，《民生週刊》1931 年 10 月 31 日第 5 期。

〔註98〕陳啟天：《反對立即對俄復交》，《民生週報》1932 年 7 月 10 日第 31 期。

〔註99〕《中華日報》12 月 18 日，轉見《中俄復交後之各方評論》，《新中華雜誌》第 1 卷第 1 期。

針對蘇聯「援助中國共產黨並煽起中國共產革命」，中蘇復交必將加劇「共禍滋蔓」的論調，呼籲復交之各報認為，這表面上似乎言之成理，但不過是「一種過慮」，「或且為一種短見」〔註100〕。他們從兩個方面作出反駁。

首先，共產主義在中國的流行，與其歸咎於蘇聯對華宣傳，不如從國內「不公道的壓迫」上找原因。《北平晨報》為此列舉了三個事實：其一，從未聽聞與蘇聯建交的世界列強受「共禍」侵擾；其二，中共僅活躍於「對俄絕交多年之中國南部」；其三，「東省對俄始終繼續其通商關係，然紅軍蹤跡迄未在境內發現」〔註101〕。《大公報》也尖銳地指出，中國絕俄已歷四年，但是「赤化不見少，且更見其多」。這足以說明，絕俄政策根本上即是錯的〔註102〕。該報認為，雖然中共的發展離不開蘇聯的指導，但是「造共長亂之主因」應該歸之於中國國民黨的腐敗統治，所謂「清共而共黨仍存，由於國黨失政，非共黨自身使之」。反過來說，如果南京政府能夠「內修政治，速救民生，使第三國際無勾煽之資料，共產革命無發生之餘地」，那麼即使蘇聯繼續援助中共，也不必憂慮「共禍滋蔓」問題。因此，該報希望政府向土耳其學習，「與俄親善，側重外交，合作提攜，旨在建設」〔註103〕。陳彬龢進而明確指出，在防共問題上，不努力改善國內民生，只寄希望於「對蘇絕交，甚且摒棄蘇聯之一切而不談」的做法無異於舍本逐末。〔註104〕

其次，中蘇復交並不意味著接受或同意共產主義，二者是截然不同的兩件事。支持復交者認為，中蘇兩國雖然所持主義與政治制度根本不同，但仍有恢復邦交的現實利益需求。《益世報》將中蘇關係破裂且一直未能恢復的原因歸之於「主義與政制」的根本不同。該報指出，蘇聯及第三國際試圖在中國移植共產主義，推動世界革命。中國因為「歷史與環境關係」，「決不能採用共產主義」。正因如此，中蘇兩國屢生誤會。不過，事實上「主義政制與邦

〔註100〕陳彬龢：《論對蘇復交與防遏共產》，《陳彬龢論文選》，美華書館，1934年版，第70頁。

〔註101〕《社論‧釋對俄復交》，《北平晨報》1932年5月16日第一版。對於中共勢力大張的原因，該報歸結為軍閥派系混戰、「秕政與不健全之農村制度」和教育制度三項。見《社論‧匪共猖獗之因素》，《北平晨報》1932年7月7日第一版。

〔註102〕《再論對俄復交問題》，《大公報》1932年5月19日第一張第二版。

〔註103〕《中俄復交矣》，《大公報》12月14日第一張第二版。

〔註104〕陳彬龢：《論對蘇復交與防遏共產》，《陳彬龢論文選》，美華書館，1934年版，第70頁。

交應完全認為兩事」。只要兩國能互相尊重主權，不干涉對方內政，雙方仍能維持友善的邦交關係。「這次中俄復交，事先雙方當然有這樣的諒解。今後國交的維持，我們仍希望雙方保守這種原則」〔註105〕。該報提醒當局，中共問題與中蘇恢復邦交不可混為一談。「外交上果善應用，恢復邦交，或可幫助解決國中共產問題」。〔註106〕美國人主辦的《大陸報》也有類似的觀察。該報認為，中蘇復交與「剿共」的關係問題「是一個真實的問題」，並表示了兩點意見。其一，對俄絕交政策無助於「剿共」的事實說明，「在中國布爾塞維克主義真成一個勢力」的根源是內政腐壞，而非蘇聯的赤化宣傳。其二，「中國對俄關係恢復，並不含有贊可共產主義之意，好像俄國不會含有贊可三民主義之意一樣」。中蘇復交不僅不意味著蘇聯能夠借機干涉中國內政，反而符合兩國利益。該報指出：「中國之不能干涉俄國國內經濟，如俄國之不能干涉中國內政一樣。中俄兩國，一個是共產主義的發祥地，一個是私人企業的老國家。他倆共同攜手，他倆可互有利益，甚至他倆的經濟生活上也是如此。兩國是互有買賣的，興盛貿易是他倆的共同目的。有許多工業產品及自然產品，由俄國產生而為中國所急需，這其中有些物品，一向是仰給於日本」〔註107〕。

上述反駁重在說明中共的發展與蘇聯宣傳關係不大，復交不是認同共產主義上，未能從正面回答中蘇復交是否會促進中共進一步壯大問題，是不徹底的。這是知識界對中共的矛盾心態使然。一方面，知識界對幼年時期的中共及其共產主義理想缺乏理解之同情。另一方面，日本加緊侵華之時局又要求全民族抗戰，要求國共息爭。因此，面對中蘇復交會加劇「共禍滋蔓」論調，支持復交者只能含糊其辭。

這種矛盾心態，還體現在他們提出的，中蘇復交後如何處理「剿共」問題的兩種方案上。

第一種解決方案是，既然中蘇復交與「剿共」是兩件事，那麼即可繼續支持國民政府繼續「剿共」。《中華日報》明確指出「復交不影響剿共」。該報認為，此前孫中山容共的真實含義乃是有條件的合作，清黨則是加入國民黨的中共黨員破壞合作，「奉命於第三國際之中央」而造成的。「今次之復交，

〔註105〕《社論‧中俄正式恢復邦交》，《益世報》12月14日第一張第一版。
〔註106〕《社論‧中俄復交》，《益世報》（天津）1932年5月16日第一張第二版。
〔註107〕《大陸報》12月14日，轉見《中俄復交後之各方評論》，《新中華雜誌》第1卷第1期。

情形亦正與昔日相同」。南京政府不但要與蘇聯合作時「更有戒心」，而且假如中共「死灰復燃」更要「加以剿除，絕不因復交而有投鼠忌器之念」〔註108〕。高新民則把黨際關係與國際關係做了區分，認為「蓋蘇俄為一國家組織。亦為國際間之一員。而黨的問題屬於第三國際，為另一種組織，方與現世界相衝突。則中俄復交之國家關係，並不妨礙於國家立場之為共產與反共產也」〔註109〕。《大公報》在1928年也提出類似的主張：「自中國論，國府之防共政策，一方自賴內政之改進；一方亦須另籌釜底抽薪之方略」。所謂「釜底抽薪之方略」即是談判當以恢復國交為條件，要求蘇聯「停止共產革命之煽動」，「且不許其以第三國際為諉過卸責之地」。對於談判結果，該報預判：蘇聯為打破外交孤立，「當易就我範圍，可納之於正當外交軌道」〔註110〕。不過，「九一八」事變促使《大公報》改變了立場，轉而主張第二種方案。

第二種方案是：放棄武力「剿共」政策，開放黨禁，將中共作為「有主義的政敵」，納入政府。1932年3月，國民黨召開四屆二中全會，通過了《確定剿匪根本對策》。《大公報》隨即在社論中表示了不同意見，主張「絕內憂以禦外患」。這與蔣介石「安內必先攘外」的立腳點完全不同。該報分辨了「內憂」與「外患」的因果關係，認為「內憂為外患之源，外患乃內憂之果」。因此之故，要打敗日本侵略者，政府固然需要籌謀軍事外交，但更不能忽視的是「嚴切計劃內政以蘇民困」。其中，長江大水的善後，淞滬抗戰後的撫恤，江淮岸堤的修築等具體事務都應該迅速辦理。此外，更為重要的則是「開放黨禁，根絕亂萌」。該報鄭重指出：為了維護民族利益，南京政府應該仿傚「各國往事」，「召集各黨領袖，以圓桌會議，討論中國今後之國是」，消除一切黨爭。該報特別指出，如果國民黨果有誠意，中共自然會與之合作。「彼鄒〔周〕恩來等二百四十人聲明脫離第三國際路線，則足知即共黨亦有共同討論之餘地」。因此，該報認為，要「絕內憂以禦外患」，就要「根本息黨爭，共同報答此熱誠愛國之全國民眾，以擁護中國民族的獨立與自由」，「誠能如是，外患雖猛，必無如中國何矣」。〔註111〕《大公報》的主張獲得了部分知識分子的認同。梁漱

〔註108〕 《中華日報》12月18日，轉見《中俄復交後之各方評論》，《新中華雜誌》
　　　　　第1卷第1期。
〔註109〕 高新民：《中俄復交之面面觀》，《蘇俄評論》1933年第4卷第1～2期。
〔註110〕 《今後之對俄政策如何》，《大公報》1928年9月9日第一張第一版。
〔註111〕 《外患與內憂》《安內為攘外之本》，《大公報》1932年3月7、20日第一張
　　　　　第二版。

溟即去信表示：「頃見二十四日貴報社論，主張對共產黨宜承認其有言論自由，甚佩甚佩。此極應當提出研究討論之問題，乃國人竟置之不談，一若不成問題者，未免不思之甚」。〔註112〕《益世報》也希望政府能夠開放黨禁，「採政黨公開原則，准許共黨用和平方式，公開競爭政權」。〔註113〕上述意見與繼續「剿共」的主張形成了鮮明對比，但這不意味著他們對於中共的認同。這種認知來自於他們對當下時局的理解，並且將隨時局的演變而繼續變動。

總之，中蘇復交與「剿共」問題聯繫密切。雙方在這一問題上的論戰，充分展示了知識界在抗戰之初對中共與蘇聯的矛盾心態。

對於蘇聯與南京政府復交之事，中共的態度問題也應略作說明。陳啟天認為，中蘇復交的呼聲之所以此起彼伏，是因為「共黨正從各方設法散佈復交的空氣，製造復交的輿論，使一般人墮於共黨的煙幕中，不明真相，隨聲附和」〔註114〕。此說是論戰中陳氏反對中蘇復交的論據之一，意在說明中蘇復交與聯俄容共密不可分。這與實際情況並不相符。當時中共正忙於反「圍剿」作戰，思想上則正處於嚴重的左傾時期。按照李立三、王明等人的左傾錯誤觀點，中蘇復交無疑是對反動派的妥協，與其武裝保衛蘇聯的宣傳亦格格不入。對於中蘇復交，蘇聯《真理報》在社論中如此定調：「中俄恢復邦交，顯示中國人民對於蘇聯及其政策之同情已大增進。該報首述蘇聯與各國所訂不侵犯條約及最近之與中國復交，稱為蘇聯和平政策之勝利……中俄之復交為中國人民對蘇聯政策同情之結果」。〔註115〕與莫斯科的表態不同，中共對中蘇復交之事作了低調處理，只是在《紅色中華》上刊登了兩條相關消息〔註116〕。在中共的基層組織中，左傾錯誤觀點大有市場。中共在上海的青年黨員

〔註112〕《再論開放黨禁》，《大公報》1932年3月30日第一張第二版。

〔註113〕《社論・中俄正式恢復邦交》，《益世報》12月14日第一張第一版。

〔註114〕陳啟天：《反對立即對俄復交》，《民生週報》1932年7月10日第31期。

〔註115〕《中蘇復交，蘇聯和平政策成功》，《申報》1932年12月27日第二張第六版。

〔註116〕此事尚未見專門論述，相關材料也十分有限。就內容而言，《紅色中華》在報導此事時，為蘇聯開脫中蘇絕交責任的意味十分明顯。中共雖然承認中蘇復交是蘇聯和平外交政策的勝利，但是堅持認為：國民黨仍然是「帝國主義的走狗」，且並未放棄向蘇聯進攻的圖謀。《中蘇復交》，《紅色中華》1932年12月19日第45期第一版；岷：《中蘇復交消息匯志》，《紅色中華》1933年1月14日第47期第五版；《王明同志在東方書記處會議上的報告（1932年11月28日）》，中共中央黨史研究室第一研究部譯《聯共（布）、共產國際與中國蘇維埃運動（1931～1937）》第13卷，中共黨史出版社，2007年版，第52頁。

曾組織「蘇聯之友會」。左翼知識分子胡愈之在會上提出，此會的目的應該是「促進政府和蘇聯恢復邦交，實現聯合蘇聯共同抗日」，不料遭到了反對。反對者指出：「中國蘇維埃政府與蘇聯的聯合是沒有問題的，現在日本侵佔了東北，其根本目的是為了進攻蘇聯，所以成立蘇聯之友會的目的，是要號召全國勞動者起來武裝保衛蘇聯」〔註117〕再如，中蘇復交後不久，張沖、陳立夫、康澤、賀衷寒、鄧文儀等人組織了蘇俄研究社〔註118〕。對此社，中共即認為是「公開組織如何進攻蘇聯的機關」〔註119〕。

與中共的反應不同，知識界多數人熱烈祝賀中蘇復交，並對蘇聯的和平外交政策有了初步體認。柳亞子、魯迅等三十六位中國作家明確表示，中蘇復交是「中國民眾熱烈期望的結果」，中國人民「更加認清了蘇聯的和平主義」，認為「只有蘇聯是被壓迫民族的真正朋友！」〔註120〕《時事新報》對蘇聯外交政策的改變表示了歡迎。該報指出：蘇聯一向以世界革命為國策，不過，斯大林執政後轉而以國內建設為急務。相應地，蘇聯對外政策也發生重要變化：從赤化宣傳，轉而「務求和平」。「如俄法不侵犯協約之簽訂，俄英恢復商業關係之進行，俄美復交之進行，以及今茲中俄之復交，皆彼新政策之當然產物也」。該報繼續指出，中蘇出於「兩國政府與商業上迫切之需求」，力謀復交，現在已經「不復存有最嚴重之爭執與戒懼」〔註121〕。左翼知識分子胡愈之更進一步，直接將蘇聯和平外交政策的實施追溯到1922年蘇德簽訂《拉巴洛條約》〔註122〕。這是兩個不同社會制度的國家（一個社會主義國家，一個資本主義國家）第一次以條約的形式確定了和平共處的基本原則。胡愈之認為，自此以後，力求保持和平，並「力求增高社會主義國家在世界政治中的地位」，就成為蘇聯外交政策中始終一貫的傾向。在經歷了新經濟政策、五年計劃之後，蘇聯成功地增加了工業上、經濟上、國防上的實力，從而提

〔註117〕 胡愈之：《我的回憶》，南京：江蘇人民出版社，1990年版，第19頁。
〔註118〕 《蘇俄研究社成立會》，《申報》1932年12月19日第五版。
〔註119〕 氓：《中蘇復交消息匯志》，《紅色中華》1933年1月14日第47期第五版。
〔註120〕 《中國著作家為中蘇復交致蘇聯電》，《文學月報》1932年第5～6期。
〔註121〕 《時事新報》1932年12月13、14日，轉見《中俄復交後之各方評論》《新中華雜誌》第1卷第1期。
〔註122〕 蘇俄國內戰爭結束後，列寧即提出了與資本主義國家和平共處的思想。1922年，契切林又在歐洲經濟會議上表示，蘇俄願同資本主義國家在平等互惠，無條件承認蘇俄的條件下進行經濟合作。隨即，蘇俄與德國簽訂《拉巴洛條約》，德國承認蘇俄政府，並確定了兩國和平共處的基本原則。

高了蘇聯在世界政治中的地位，避免了資本主義國家的進攻。正因如此，「牠的和平政策，也逐步發展」。〔註123〕以上事例表明，左翼知識分子以及一般知識界均將中蘇復交視為蘇聯對華采取和平外交政策的結果。這是知識界對蘇聯對華政策認識的一個重大變化。

在上述關於中蘇復交的爭論中，知識界表現出了強烈的「以俄制日」的期待。知識界立足於中國、日本、蘇聯的三角關係，認為日、蘇在東北亞地區的利益衝突，試圖以中蘇聯合對抗日本侵略。它的提出根源於日本侵華的重大危機和中國孤立無援的國際環境，反映了中國知識界對於改善中蘇關係以及蘇聯援華抗日的巨大期待。他們希望以改善中蘇關係的方式，恢復中、日、蘇三國的戰略平衡，從而抑制日本的侵華野心。如果說日本侵華為中國、蘇聯兩國關係的改善提供了必要的前提和動力，那麼蘇聯的和平外交政策則為中蘇關係的進一步改善奠定了基礎。在思想邏輯上，對蘇聯和平外交政策的體認，成為影響蘇聯在華形象變動的重要環節。

第三節　對蘇聯和平外交政策的認知

對於蘇聯一系列外交行動，知識界保持了高度關注，並從中逐步體認到蘇聯的和平對華政策。

首先，1932年末的中蘇復交。知識界對此反應熱烈。柳亞子、魯迅等三十六位中國作家致電蘇聯，代表中國民眾表示了熱烈祝賀之意，並明確指出：中蘇復交使中國人民「更加認清了蘇聯的和平主義」，認識到「只有蘇聯是被壓迫民族的真正朋友」〔註124〕！《時事新報》也指出，一向以世界革命為國策的蘇聯，如今不僅以國內建設為急務，還調整了對外政策，從赤化宣傳轉變為「務求和平」。中蘇復交，即是「彼新政策之當然產物也」。該報繼續指出，中蘇兩國已經復交，那麼現在也「不復存有最嚴重之爭執與戒懼」〔註125〕。左翼知識分子胡愈之則認為，自1922年蘇德簽訂《拉巴洛條約》〔註126〕後，

〔註123〕愈之：《蘇聯和平外交的進展》，《東方雜誌》1932年12月16日，第30卷第16號。

〔註124〕《中國著作家為中蘇復交致蘇聯電》，《文學月報》1932年第5～6期。

〔註125〕《時事新報》1932年12月13、14日，轉見《中俄復交後之各方評論》《新中華雜誌》第1卷第1期。

〔註126〕蘇俄國內戰爭結束後，列寧即提出了與資本主義國家和平共處的思想。1922年，契切林又在歐洲經濟會議上表示，蘇俄願同資本主義國家在平等互惠，

努力保持世界和平，並「力求增高社會主義國家在世界政治中的地位」，就成為蘇聯外交政策中始終一貫的傾向。在經歷了新經濟政策、五年計劃之後，蘇聯成功地增加了工業上、經濟上、國防上的實力，從而提高了蘇聯在世界政治中的地位，避免了資本主義國家的進攻。正因如此，蘇聯的和平政策也在逐步發展〔註 127〕。

其次，蘇聯與多數鄰國簽訂了互不侵犯條約。1933 年 7 月 3 日，蘇聯與波斯、阿富汗、土耳其、波蘭、羅馬尼亞、拉特維亞及愛索尼亞等國簽訂了互不侵犯條約。時論以為，這是「蘇聯外交空前之成功」。該條約明確了「侵略國」的定義，獲得了時人的高度讚揚〔註 128〕。《大公報》即指出，該條約不僅「具備強有力之道德性」，「開國際條約之新紀元」，還顯示了蘇聯和平外交的精神。該報不無羨慕地指出，此約簽訂後，「從前頗有為防俄反俄而成合縱連橫之形勢，今乃情態一變，轉為蘇聯用作安全保障之工具」。這不能不是蘇聯外交的大成功〔註 129〕。由此，知識界產生了兩種希望：其一，希望政府當局順應國際大勢，繼續對蘇親善政策。其二，希望蘇聯能夠加入國聯，維護世界，尤其是東亞的均勢〔註 130〕。

再次，美蘇復交，蘇聯加入國聯。在當時人的觀念中，美國是「白色帝國主義」，蘇聯是「赤色帝國主義」，既然「赤」「白」不能並存，那麼美蘇復交也當然是不可能之事。有人即指出：蘇聯一五計劃成功後，「資本主義國家對俄的觀念，在先僅有主張上的不相容，到現在更覺有實力上的戒懼」。因此，

　　　　無條件承認蘇俄的條件下進行經濟合作。隨即，蘇俄與德國簽訂《拉巴洛條約》，德國承認蘇俄政府，並確定了兩國和平共處的基本原則。
〔註 127〕 愈之：《蘇聯和平外交的進展》，《東方雜誌》1932 年 12 月 16 日，第 30 卷第 16 號。
〔註 128〕 「蘇俄曾主規定『侵略者』之界說。而其標準則有五。（一）首先宣戰者。（二）不宣戰而以武力侵入他國領土者。（三）以海陸空軍轟炸他國之土地或他國之海軍及防空設備者。（四）在本國境內援助侵犯他國之武裝團體者。（五）海陸空軍未得他國之准許而通過或降落於其境內。」見《蘇俄加入國聯與互障公約》，《申報》1934 年 5 月 26 日。
〔註 129〕 《蘇聯外交之大成功》，《大公報》1933 年 7 月 6 日第一張第二版。
〔註 130〕 《蘇俄加入國聯與互障公約》，《申報》1934 年 5 月 26 日第二張第六版。胡適對於蘇聯加入國聯的看法頗可說明知識界對蘇聯的期待。他指出：「蘇俄的參加可以使國聯增加一點勇氣，打開一個新的生命……（國聯）新添了一個最大膽向前看的理想主義的會員國，這是國聯的生命再造的絕好機會。」胡適：《論國聯大會的兩件事》，《獨立評論》1934 年 9 月 30 日第 130號。

「資本主義國家與社會主義國家根本無攜手的可能，早為一般政治家所公認了」〔註131〕。不過，1933年11月，美蘇正式宣告復交，立即互派大使，這引起了中國知識界的震動。《大公報》認為，美蘇復交無疑是「赤白並存」的表現，對國際局勢，尤其是中國意義重大。其一，蘇聯既然能夠與美國交好，這說明蘇聯承認「各國前途，乃各行其是，且可並存」。由此可以推論，「第三國際將對赤化中國之事，改趨消極」。其二，美蘇復交意味著「美俄對日之新均勢成立」，有利於抑制日本的侵華野心〔註132〕。另外，時論對於蘇聯加入國聯之事也作出高度評價，認為是「國際形勢之一大轉變」〔註133〕。因為從「無產階級之目光」看來，國聯本是一個「資本主義國家之集團」，「與蘇聯不能共同而存立」〔註134〕。此舉既使蘇聯在「外交上取得法國之援助」，減輕歐洲方向壓力，有利於五年計劃的順利完成，又很大程度上「重振國聯之頹勢」〔註135〕。

　　知識界的上述言論，集中展示了他們對於蘇聯和平外交政策的體認。重新估量中蘇關係，實現「中俄攜手」成為許多人的熱切呼聲。《大公報》認為，自蘇俄成立以來，中蘇關係經過了「孫中山先生所採用之聯俄政策時代」「中俄二國截然斷交之時代」和「斷然嫌棄復交之時代」。時代轉進不已，要求兩國關係也隨之轉進到第四階段——「切實攜手以保持各自利益的時代」。具體地說，「在最近的將來」，中、蘇兩國都有「建設經濟，擴大對外實力」之急務，並且在阻止日本、英國等資本主義國家宰割東亞上存在著共同利益。「在稍遠的將來」，兩國同為被壓迫國，當然有「結成共同的最後防線之必要」〔註136〕。王述先更是將中、蘇兩國視為決定世界在大戰後是躍入一個新時代，還是停留在「布爾喬亞的資本主義狂肆狷獗的世界」的關鍵力量〔註137〕。但仍需注意的是，國內仍有人「以赤化為憂」，認為中蘇互相提攜得不償失。此種觀點一方面是時人「恐共」心理作祟，一方面源於時人未能深悉中共歸趨於

〔註131〕王庭珊：《美俄復交之史的觀察》，上海：亞東圖書館，1934年版，第38頁。
〔註132〕《從國際形勢論中國革命問題》，《大公報》1933年11月23日第一張第二版。
〔註133〕《蘇聯加入國聯後之遠東》，《申報》1934年9月13日第二張第六版。
〔註134〕《蘇聯加入國聯》，《申報》1934年9月3日第二張第八版。
〔註135〕《蘇聯加入國聯後之遠東》，《申報》1934年9月13日第二張第六版。
〔註136〕《中蘇關係之新估量》，《大公報》1934年9月26日第一張第二版。
〔註137〕王述先：《未來世界大戰中的中國與蘇俄》，《中國與蘇俄》1933年第1卷2期。

民族主義的事實〔註138〕。

　　直到西安事變後，知識界對蘇聯和平對華政策才最終確認。1936年末，西安事變突然爆發，真相撲朔迷離，時人一度懷疑西安事變的爆發是蘇聯操縱的結果。日本報紙《日日新聞》也聲稱張學良成立了自治政府，並且與蘇聯訂立了「攻防同盟」。1936年12月13日，南京代理行政院長孔祥熙召見蘇聯駐華代辦皮禮瓦尼克，並表示：「西安之事外傳與共黨有關，如蔣公發生危險則全國之憤恨將由中共推及蘇聯，將迫我與日本共同抗蘇。促其速告蘇聯政府，並轉知第三國際注意」。蘇聯方面迅速反應。12月19日，皮禮瓦尼克即趕赴中國外交部說明蘇方立場，並鄭重聲明：蘇聯不但與西安事變無關，並且與張學良、中共也沒有任何聯繫，「對於中國共產黨之行動，不負任何責任」〔註139〕。除此之外，蘇聯《真理報》也隨即發表了嚴厲指責張學良和西安事變的社論，甚至認為「張學良的叛變證明著他是日本帝國主義的工具」〔註140〕。最終，西安事變和平解決，蘇聯的態度極大地增進了知識界的信任和好感。《時事新報》不無激動地感慨道：蘇聯的態度「足以示其善意，抑且使國人曉然於蘇俄人士輿情：同情於我國之統一……肯定我國之民族本位與民族利益」。經此一事，中蘇兩國「頗能一掃中俄間歷久存在之疑雲」，不僅「使我國十分理解彼之最近態度」，也看到「彼之對我十分理解」，這種「事變以前所未嘗有」互諒是國人「可珍之收穫也」。〔註141〕經過西安事變這個突發事件的考驗，知識界堅定了自己對蘇聯的和平外交政策的判斷。沈志遠即斷定，蘇聯的和平外交政策有堅實的客觀基礎，是「社會主義國家全部根本國策之一」。換言之，蘇聯的社會經濟制度決定了蘇聯的和平外交政策〔註142〕。

　　此後，中蘇關係迅速向前推進，蘇聯國家形象持續改善。以下兩事頗可說明問題。第一，1937年3月，宋慶齡、孫科等人共同向國民黨五屆三中全會提出了《恢復孫中山先生手訂聯俄聯共扶助農工三大政策案》，要求國民黨

〔註138〕說詳鄭師渠：《自由派知識分子與國民黨的「剿匪」》，《北京師範大學學報》2019年第3期。

〔註139〕《蘇聯代辦謁外張，聲明陝變與蘇無關》，《申報》1936年12月20日第四版。

〔註140〕宜：《時評‧時局的曙光》，《申報》1936年12月21日第二張第五版。

〔註141〕公弼：《事變中之國際收穫》，《時事新報》1936年12月29日第1張第2版。

〔註142〕沈志遠：《論蘇聯的外交政策》，《申報》1939年4月23日。

當局恢復三大政策，實行國共合作，聯合抗日〔註143〕。隨後，宋慶齡又發表了題為《實行孫中山的遺囑》的演講。她指出，「只有忠實履行他的三大政策才可以救中國」，所謂「抗日必先『剿共』的陳古調子」是錯誤的，繼續內戰是違背中華民族根本利益的〔註144〕。宋慶齡的主張引起了知識界的共鳴。上海《戰線》雜誌和北平《群眾》雜誌，分別刊發文章，支持恢復孫中山三大政策。《戰線》上的《三大政策的再現》一文指出：「從近幾年來慘痛的經驗，使我們認清了總理的三大政策的實施，乃是中華民族解放的前提」。在外交上，「能夠始終和我們站在一起的只有蘇聯」。〔註145〕《論「恢復總理三大政策」》一文則認為，中國「現階段的客觀環境」，一是國內還殘存著不可侮的封建勢力，二是「帝國主義的壓迫不但沒有減輕，相反的民族危機已達到了最後關頭」。這種情況下，中國的革命任務仍然是反帝反封建，故而孫中山在國民革命時期提出的三大政策仍有實施的必要。具體到聯俄政策，該文指出：打擊瘋狂的日本帝國主義，僅靠中國的力量是不夠的，需要爭取國際上的援助。「因為蘇聯確是弱小民族及一切愛好和平的民族之友軍」，所以聯俄政策「在今日仍屬極端必要」〔註146〕。第二，1937 年 8 月 21 日中蘇簽訂互不侵犯條約〔註147〕。時人認為，這是蘇聯對中國全民族抗戰的重大支持。這不僅意味著蘇聯對我國抗戰給予了莫大同情和援助，還表明了日本將蘇聯拉入侵華陣營圖謀的破產，是對日本的「一個嚴重打擊」。知識界紛紛對蘇聯的善意表示肯定，認為《中蘇互不侵犯條約》「包含偉大之正義氣息，表示兩大國族之確為理智之族類」。〔註148〕「蘇聯正是平等待我之民族」，甚至認為「假使從一九二七至一九三一年，中蘇兩國不絕交，則暴日絕不敢發動『九一八』的事變；在復交後，假使兩國很快能取得密切的聯絡，能訂立互不侵犯這樣的定

〔註143〕《宋慶齡等向三中全會提議討論恢復總理三大政策案》，《新中華報》1937 年 3 月 13 日第二版；《向三中全會提議討論恢復總理三大政策案》，《群眾》1937 年 3 月 16 日第 1 卷第 3 期。對此提案，蔣介石指示，不但不予通過，而且不准宣傳。

〔註144〕宋慶齡：《實行孫先生遺囑》，《群眾》1937 年 3 月 16 日第 1 卷第 3 期。

〔註145〕劉惠之：《三大政策的再現》，《戰線》1937 年第 4 期。

〔註146〕又徵：《論「恢復總理三大政策」》，《群眾》1937 年第 1 卷第 4 期。

〔註147〕實際上，知識界一直就有中蘇簽訂互不侵犯條約的呼聲。例如 1933 年 5 月，蘇聯大使甫到任，《大公報》即呼籲中蘇兩國盡快簽訂互不侵犯條約，其主要考慮即是中蘇雙方均有抗日的要求。見《今後之中俄關係》，《大公報》1933 年 5 月 3 日第一張第二版。

〔註148〕《與蘇俄締結不侵犯條約》，《時事新報》1937 年 8 月 30 日，第一張第二版。

約，則這次第二個『九一八』也許不至於陷落的」〔註149〕。

不過，等到中蘇兩國正式簽訂《中蘇互不侵犯條約》後，中國知識界反而不再滿意於此，希望更進一步兩國合作抗日。嚴繼光即指出：「現在一般人所注意的，就是在這條約締結以後，中蘇兩國是否應再進一步從事合作抗日」〔註150〕。他認為此條約僅僅是「中蘇二國由舊關係走到新關係之一種過渡辦法」，「顯然不能滿足目前中蘇關係上之急切需要」。他提出了「中蘇合作抗日論」的主張〔註151〕。理由有二：其一，「中蘇兩國先天的就沒有利害衝突，這種天然的賦與，的確安排著現在兩國間和平親善的根基」。〔註152〕其二，中蘇兩國「皆在日本大陸政策威脅之下，皆有同時或先後遭受日本炮火蹂躪之可能。很顯然的，中蘇二國，除對日以外，沒有更值得注意之共同利害關係」〔註153〕。「中蘇合作抗日論」是時人的普遍心聲，嚴氏關於蘇聯對外政策變化的論述也具有代表性。他明白表示，目前的蘇聯在對外政策上有兩重大變化。其一，改變了帝俄時期的領土擴張政策，轉而採取和平外交政策，扶助弱小民族，「與許多鄰邦及小國訂立規定侵略國定義之互不侵犯條約」便是最有力的證據。其二，改變了赤化中國，推動世界革命的政策。蘇聯與中國、美國復交，蘇聯加入國聯等等無不說明了這一點。他說：「就以中國來說，自中蘇復交後，蘇聯駐華使領人員從未有發生庇護中國共產黨之事。尤可慶幸的，就是中國共產黨業已覺悟到外患的緊迫以及多年來在本國以武力從事共產革命的錯誤，斷然放棄共產主義」。〔註154〕

總之，蘇聯的一系列外交活動，使中國知識界逐步體認到蘇聯的和平對華政策。這種體認在突發的西安事變中得到印證，並最終落實為「中蘇合作抗日論」。從最初的「以俄制日」到合作抗日，中國知識界的設想因時調整，這反映了對蘇聯好感的增長。

〔註149〕張仲實：《短評：中蘇互不侵犯條約》，《文化戰線》1937年第2期。

〔註150〕嚴繼光：《中蘇合作抗日論》，南京：中央書局，1937年10月版，第1頁。

〔註151〕嚴繼光：《中蘇合作抗日論》，南京：中央書局，1937年10月版，第20頁。

〔註152〕其理由有三：第一，中蘇兩國均是幅員遼闊的大國，沒有「人口過多之患」；第二，「中蘇兩國都是資源豐富，物產充足，基本原料幾乎可以自足自給，殊不必作領土上資源之爭奪」；第三，兩國的國內市場都能夠滿足自身工商業的發展，「決不會有經濟上的爭端，或因爭奪市場而起衝突」。嚴繼光：《中蘇合作抗日論》，南京：中央書局，1937年版，第3頁。

〔註153〕嚴繼光：《中蘇合作抗日論》，南京：中央書局，1937年10月版，第15頁。

〔註154〕嚴繼光：《中蘇合作抗日論》，南京：中央書局，1937年10月版，第8頁。

　　知識界對於蘇聯和平外交政策的體認，還有更深層次的思想根源。1930年代初期，蘇聯成功實施第一個五年計劃（以下簡稱「五年大計劃」），巨大的經濟進步與資本主義國家的「大蕭條」形成了鮮明對比。在「五年大計劃」強大的思想衝擊下，此前「赤色帝國主義」論的邏輯前提某種程度上被顛覆了。中國知識界對蘇聯刮目相看，以下三方面的表現值得特別關注。

　　首先，高度讚賞蘇聯計劃經濟，認為資本主義的美國正向社會主義蘇聯靠攏。許毅對蘇聯一五計劃評價甚高。他在教科書《世界近百年史》指出，一五計劃正在使蘇聯從一個落後的農業國，迅速成為一個「社會化、工業化之國家」。他甚至表示，「五年大計劃，不只是農工之改造，乃是革命；不特是革命，乃是世界史上最大之革命」。甚至相比之下十月革命也「微微不足道」〔註155〕。與許毅不同，《大公報》在分析美蘇復交的經濟基礎時發現，資本主義竟然開始向社會主義靠攏。該報指出：資本主義的思想基礎是十九世紀的自由主義，強調契約觀念、民主觀念和自由競爭。不過，歐戰和大蕭條使人類社會產生了一個「不可抗遏之趨勢」：資本主義的思想基礎以及政治形式發生動搖，「蘇俄之共產主義應運而起」。美國作為「資本主義與個人自由思想最發達之國家」，因大蕭條而向社會主義靠攏。該報認為，羅斯福出任總統後，應付問題的方法與胡佛自由放任完全不同，轉而「以武斷專制為政」，甚至「大總統直成獨裁官」。有趣的是，這種與「美國個人自由主義之傳統思想」格格不入的做法，不僅無人反對，還受到了國民信任。該報繼續指出，羅斯福的做法與蘇聯國家社會主義政策相比，「實多共通之點」。原因無他，「皆由時代需要故也」。正因經濟政策上向蘇聯靠攏，於是美國國內「對俄空氣一變」〔註156〕。上述例證均表明了蘇聯一五計劃對時人思想的衝擊之大。

　　蘇聯「五年大計劃」的思想衝擊是世界性的，不獨作用於中國知識界。美國歷史學家佩爾斯曾指出：在 1930 年代深受大蕭條之困的美國，知識界即有越來越多的人被蘇聯（這個「新世界」）所吸引，不自覺地以蘇聯的成功來

〔註155〕許毅編輯《世界近百年史》，天津：百城書局，1933 年 2 月版，第 237 頁。
〔註156〕該報指出：「各國受大戰之敝，無論勝敗，悉感經濟衰敗，出路杜塞之痛苦，國民思想、法制組織，遂亦大起變化。例如在法律則側重社會責任，減削個人權利，曩者尊重契約自由，課責個人意志之原則，漸見動搖。在政治則議會制度，信用日墮，獨裁專斷，轉被謳歌。在經濟則計劃統制，授權國家，競爭自由，重受剝奪。此種傾向，受時代潮流之推進，已成不可抗遏之趨勢，而從前國家社會系以政治力量轉移經濟之動向，今則以經濟力量，支配政治大勢。」《美俄接近之經濟的動向》，《大公報》1933 年 10 月 24 日。

衡量美國的制度和理想，結果則是蘇聯獲得了美國無法抗衡的「道義上和心理上的優越感」，「蘇聯的榜樣不僅可以取代民主的資本主義，而且可以取代垂死的美國之夢」〔註157〕。

其次，在價值觀方面，中國知識界開始在蘇聯發現「人性」。自由主義知識分子否定蘇聯的一個重要原因就是：他們眼中的布爾什維主義在內涵上偏向於專制集權，而且蘇維埃的施政也是集體壓倒個人。在「五年大計劃」的思想衝擊之下，這種偏見已然鬆動。張君勱、張東蓀蘇聯觀的轉變即是一個顯例。

張君勱、張東蓀二人曾是聯俄論的有力反對者，主張基爾特社會主義甚力。張東蓀在讀完 C.B. Hoover 的 The Economic Life of Soviet Russia（《蘇俄的經濟生活》）、曹谷冰的《蘇俄視察記》以及胡愈之的《莫斯科印象記》三書後，他的蘇聯觀發生了顯著變化。三書分別記錄了三人在 1929 年至 1930 年，1930

〔註157〕美國歷史學家佩爾斯曾做過美國知識界對大蕭條認知的專題研究。他指出：「人們不再著迷於傳統改革的情緒因為存在另外一個可行的具體改革方式而高漲起來。如今，人們可以用這種方式衡量美國的制度和理想了。在有關自由主義和規劃的辯論後面，現在出現了蘇聯這個幽靈。人們討論社會改革的性質和政治行動的綱領時，自然而然地會考慮到俄國的『實驗』。自布爾什維克取得政權那時起，激進主義思想的進程必然會受到他們的策略、辯術和象徵主義的影響。不管怎樣，美國知識分子在 30 年代創建一個新的社會哲學和價值體系的能力在很大程度上取決於他們對於俄國的想法。……可是，20 年代的繁榮助長了一種錯覺的產生，認為美國有足夠的時間去等待這次實驗的最終結果。但隨著證券市場的崩潰以及大蕭條的來臨，對俄國的興趣急劇增加。現在，有關蘇聯生活的描繪顯然是為了對比一下接二連三發生在美國的大事。蘇聯制定了幾個光輝的五年計劃，正滿懷信心地朝既定的方向前進。這種形象似乎是對處在混亂、疲憊狀態中的美國的譴責。美國最為珍視的一些設想現在受到俄國人正在建設的社會的政治、經濟和文化價值準則的考驗。此外，到莫斯科的朝聖者感覺到身臨一個漸露端倪的新時代。隨著舊世界的消亡在他們眼前出現了一個新世界。這一切賦予蘇聯以一種道義上和心理上的優越感，對此美國似乎無法抗衡。……30 年代初期，日益增多的作家看到蘇聯的榜樣不僅可以取代民主的資本主義，而且可以取代垂死的美國之夢。……真正引起杜威的興趣的與其說是俄國的先驅精神，倒不如說是它的文化給人們帶來的希望。他認為，蘇聯領導人的主要任務不僅是建立新的經濟制度，而是創建一個嶄新的心境，他們試圖以『一個集體化的精神』取代繼承自過去的『個人主義的心理』（杜威：《蘇俄印象》，查書，查胡適對美國經濟危機的看法）」〔美〕佩爾斯著，盧允中等譯：《激進的理想與美國之夢——大蕭條歲月中的文化和社會思想》，上海：上海外語教育出版社，1992 年版，第 73、74、78 頁。

年中，以及 1930 年至 1931 年冬季的蘇俄情況。這三本書讓張東蓀認識到「蘇俄是成功了」。他佩服蘇聯「敢拿國家來作試驗品」，並且願意「表示相當的好感」。張東蓀特意聲明，他對蘇俄態度的轉變不是因為識淺，「實在是由於對象自身確有重大變化」〔註158〕。張君勱從德國回國途中，曾對蘇聯考察一月有餘。後來，他發表《我之俄國觀》長文，詳細地解釋他的蘇聯觀的轉變。他指出：幾年前的蘇聯只是「示人以革命之恐怖，絕無建設成績可言」。自「五年大計劃」施行以來，蘇聯工業農業均取得長足進步，並且「俄之革命已上建設之路」。他因此承認「俄共產黨之政績，已立於牢固不拔之基，而吾儕對於蘇俄，不可不一變其疇昔之態度」。張君勱此時雖然依舊對於「俄之一黨專政」以及階級鬥爭不以為然，但是畢竟開始轉變對蘇聯的態度，並提醒持反共立場之人，不僅要公正客觀地看待蘇聯，更要借鑒其農業、工業和商業政策。

張東蓀、張君勱對於蘇聯的整體觀感的轉變已如上述。在他們的言說中，值得特別注意的是：二人紛紛強調蘇聯「政策漸合於人性」。這種說法應來自於胡愈之，雖然在因果邏輯上截然相反。胡愈之所說的「人性的發現」乃是蘇聯這個「普羅之國」實行社會主義的結果〔註159〕。張東蓀對此則指出，「胡愈之把人性的發見以為是在共產制度成立以後，而我則以為這個人性的發見乃是蘇俄近數年來走上軌道的原因」。張東蓀以蘇聯農場取消了平均的分配方式，並允許農民自由退出為例，提出了三條「人性的發見」，即「承認個性的差別」「承認基於個性差別則各人的收穫不能一律」以及「承認各人在不侵犯全體的範圍內有自由」。換言之，這裡所說的「人性」其實是「澈底的西歐思想」中的「個性差異、個別待遇以及個人自由」。張東蓀乃是立足於個人主義反對集體主義，乃是以「右傾」反對胡愈之的「左傾」。張君勱也強調說：「今之所以贊俄者，為其創造的成績也，為其政策之漸合於人性也」〔註160〕。胡

〔註158〕張東蓀：《書評》，《再生》1932 年 5 月 20 日，創刊號。
〔註159〕胡愈之指出：「就我所見，最大的奇蹟是人性的發見〔現〕。在莫斯科使我最驚奇的是我所遇見的許多成人都是大孩子，天真、友愛、活潑、勇敢。有些人曲解唯物主義，以為蘇維埃的生活是冷酷的、機械的、反人性的，我的所見恰巧是相反。……但是想起來這並不足驚異，因為蘇維埃革命是以廢除掠奪制度、奴隸制度為目的。一旦廢除以後，有手有腦的人不必再為生活而憂慮；不必依靠剝削別人或向人求乞而生存；自然成人與孩子的鴻溝就填平了。」胡愈之：《莫斯科印象記‧序》，長沙：湖南人民出版社，1984 年版，第 16 頁。
〔註160〕張君勱：《我之俄國觀》，《再生》1932 年 5 月 20 日，創刊號。

適的看法與張東蓀、張君勱類似。他也觀察到，蘇聯已經開始「用種種方法來提倡個人的努力」，鼓勵個人主義的人生觀了〔註 161〕。到底是蘇聯的社會主義造就了「人性的發見」這個最大的奇蹟，還是「人性的發見」使得蘇聯走上了正確的軌道？因為立場不同，雙方對於這個問題作出了截然相反的論述。這種立場的分歧已不重要，重要的是，蘇聯形象已經不再是「洪水猛獸」，而是成為了一個有人性的國度。

再次，蘇聯「五年大計劃」有力地否定了「赤色帝國主義」論。國民革命時期，不少人誤以為蘇聯只是致力於煽動世界革命，自身不事建設，其東方政策則是鼓動中國的無產者打倒有產者。這是他們疑懼蘇聯的思想根源之一。1927 年 6 月，胡適在一次演講中指出了這一點。胡適說：「中國欲打倒共產主義之流毒，須賴物質文明……凡物質進步，均力促成一個新社會生活也。中國今日已發生赤化問題，其解決赤化問題之唯一方法，即趕快促進物質進步。人生中果物質方法（面）寬裕滿意，則赤化之說不攻自破。人類對生活既因物質上滿意，則人生觀即改變一新，赤化之說即無力侵入人心矣」〔註 162〕。胡適曾如此解釋此前不參加「反赤化」討論原因：「根本上只因我的實驗主義不容我否認這種政治試驗的正當，更不容我以耳為目，附和傳統的見解與狹隘的成見」〔註 163〕。此時，他將「促進物質進步」視為解決赤化問題的根本辦法，自然是深思熟慮的結果。這種邏輯其實同時意味著，蘇聯物質上的巨大進步，是對蘇聯不事建設，專事煽動問題的證偽。所謂「打倒共產主義」，防止中國赤化之類的問題也就無從談起了。

左翼知識分子借鑒馬克思政治經濟學和列寧帝國主義論的基本原理，從

〔註 161〕 他表示：「難道社會主義的國家裏就可以不用充分發展個人的才能了嗎？難道社會主義的國家裏就用不著有獨立自由思想的個人了嗎？難道當時辛苦奮鬥創立社會主義、共產主義的志士仁人都是資本主義社會的奴才嗎？我們試看蘇聯現在怎樣用種種方法來提倡個人的努力（參看《獨立》第一二九號西瀅的《蘇俄的青年》和蔣廷黻的《蘇俄的英雄》），皆可以明白這種人生觀不是資本主義社會所獨有的了。」胡適：《個人自由與社會進步——再談五四運動》，《獨立評論》1935 年 5 月 12 日第 150 號。胡適對於「蘇聯模式」前後態度的變化問題，可參考歐陽哲生的《自由主義之累——胡適思想之現代闡釋》第八章，《對「蘇俄模式」的認識》，南昌：江西教育出版社，2003 年版，第 345～359 頁。

〔註 162〕 《胡適歸國後之言論》，《晨報》1927 年 6 月 30 日第六版。

〔註 163〕 胡適：《歐遊道中寄書》，《胡適全集》第三卷，合肥：安徽教育出版社，2003 年版第 51 頁。

分析五年計劃出發，有力地否定了蘇聯是「赤色帝國主義」的舊論調。《申報》一篇文章指出，決定「現時代國際間一切之演變」的因素，不外乎「經濟上利害關係之策動」。因此，「處今日而言外交，其唯一關鍵在於認清各方之經濟環境」。資本主義國家之所以必然成為帝國主義國家，根源即在於資本主義的經濟制度。資本主義生產的目的在於獲取利潤，這決定了資本主義國家要對外傾銷商品，並且要使傾銷商品總額超過進口總額。因此，資本主義國家「必須經營殖民地及準殖民地」。為了防止其他國家爭奪殖民地，壓制殖民地人民的反抗活動，資本主義國家必須擴張軍備，於是形成了「專事侵略之帝國主義」。相比之下，蘇俄作為社會主義國家，「生產資本為國家所獨佔」，生產目的不是利潤，而是供給全國人民消費。這就決定了蘇俄既沒有「生產過剩之恐慌」，也不會有「失業之恐慌」。「蘇俄之對外貿易關係，不出以物易物之方式，各獻所餘，各取所需，交易而退各得其所，而以武力爭奪殖民地，在蘇俄殆根本非所必要」。正因如此，蘇俄不但軍備上以防守為主，而且根本沒有成為帝國主義的可能〔註 164〕。上述論證邏輯明顯脫胎於列寧關於「帝國主義是資本主義最高階段」的論斷，比此前陳啟修、陳漢笙等聯俄論者的分析更為深入，有力否定了國民革命時期甚囂塵上的「赤色帝國主義」論調。教科書作為「建造常識」的最重要載體，其論述頗可反映知識界的觀點。在 1930 年出版的一本教科書《現代世界史》中，蘇聯即是一個對華實行「赤化宣傳政策」，足以「制東方民族的死命」的國家〔註 165〕。到了 1935 年，另一本教科書《高中外國史》則認為，蘇聯已然成為「最近國際和平運動之中堅」，並致力於「國內社會主義建設」，指導思想已經從國際主義變為「國內主義」了〔註 166〕。蘇聯既從事於國內社會主義建設，其經濟基礎又決定了它沒有成為帝國主義的可能。由此，在邏輯上，蘇聯對華取和平友好政策已經確然無疑。「冰清」即在《東方雜誌》刊登文章，指出「蘇聯和平外交政策之根源」就是實施五年經濟計劃，正致力於以一國之力建成社會主義〔註 167〕。

也就是說，蘇聯「五年大計劃」帶來的巨大思想衝擊。中國知識界對蘇

〔註 164〕乃：《中蘇俄復交後對於蘇俄應有之認識》，《申報》1932 年 12 月 16 日，第二張第六版。
〔註 165〕劉炳榮編《現代世界史》，長沙：編者自刊，1930 年 12 月版，第 97 頁。
〔註 166〕金兆梓編：《高中外國史》，上海：中華書局，1935 年 12 月版，第 227～228 頁。
〔註 167〕冰清：《蘇聯和平外交的勝利》，《東方雜誌》1933 年第 30 卷第 1 期。

聯刮目相看，更重要的是，「赤色帝國主義」論被有力地質疑，知識界蘇聯觀的底層邏輯開始重塑。教科書相關論述的變化有力地說明了這個問題。「仇俄」潮流之下，不少人對蘇聯的東方政策不抱好感。例如，1930年劉炳榮即在他編寫的教科書《現代世界史》中指出：「蘇俄對外的政策為赤化宣傳政策」。所謂「赤化宣傳」，即是蘇聯為了實現世界革命的勝利，操縱第三國際，派遣布爾什維克黨員到世界各國，「捐助軍費及運動費，鼓吹革命思想，運動各國社會黨起事，以冀興起世界革命」。在赤化西歐政策失敗之後，蘇聯政府為了「剷除英國在東方的勢力」，與白色帝國主義鬥爭，「不得不改變戰略，來實行赤化東方政策」。在劉氏看來，蘇聯的東方政策，對中國有害無益，足以「制東方民族的死命」〔註168〕。但是在幾年之後，教科書描述蘇聯對華政策已然大異其趣。金兆梓所編《高中外國史》出版於1935年，其中即指出了蘇聯外交政策的變化。金氏認為，蘇聯自實行五年計劃以來，致力於「國內社會主義建設」，指導思想已經從國際主義變為「國內主義」〔註169〕。尤其是李維諾夫（Litvinov）出任外長後，蘇聯已然成為「最近國際和平運動之中堅」，「放棄從來一面與列國親善，一面鼓動列國革命運動和殖民地獨立運動的二元外交，而代之以和平協調的一元外交」。蘇聯的和平外交政策取得了很大成功，不僅與土耳其、阿富汗、波斯、法國等國簽訂不侵略條約，「使蘇聯邊境諸國，自波羅的海起經東歐、中歐、南歐以至於黑海一帶，都有了條約的保障」，而且又與「向未承認蘇聯的」美國、西班牙恢復國交，實現了和平外交政策的「著著成功」〔註170〕。以上表明，時人對於蘇聯的和平外交政策已經有了相當的共識。這種共識的達成，與時人對蘇聯一五計劃的認知以及時局的變動密不可分。

小結

　　「九‧一八」事變後，「國難」臨頭，中國知識界的蘇俄觀再次變動，並聚焦於中蘇復交問題。圍繞著中蘇復交與「以俄制日」、中蘇復交與「剿共」

〔註168〕劉炳榮編《現代世界史》，長沙：編者自刊，1930年12月版，第97頁。
〔註169〕用張君勱的話說，「蘇聯大政策實以國家為本位」。張君勱：《我之俄國觀》，《再生》1932年9月20日，第1卷第5期。
〔註170〕金兆梓編：《高中外國史》，上海：中華書局，1935年12月版，第227～228頁。

問題，知識界展開論爭。贊成復交者以為，中蘇復交有利於抗日，且與「剿共」無關。反對者則認為，蘇聯亡我之心不死，復交乃是自取滅亡之道。雙方觀點固相反，但無不以維護民族國家利益為旨歸。中蘇兩國宣布復交，爭論暫歇。但真正結束爭論則在西安事變之後，在知識界真正深入認識蘇聯和平外交政策之後。這不免令人遺憾。《大公報》即指出：「中俄復交理論上本應在九一八以前，而事實上轉為九一八事件所促成，實為莫大之憾事也」〔註171〕。孫科在抗戰後也表示了同樣的意思：「（1927～1932 年）此是中蘇關係惡化，雙方誤會最深的時候。這是很可惜的，因為中蘇兩國在此時期不但失掉很好的合作機會，而且種下不幸的惡因。民國十六年，在中蘇絕交後四年，即發生『九一八』之瀋陽事變，日本關東軍發動侵略中國，佔領東北。我們回溯此段不幸歷史，覺得假使當時中蘇關係不惡化，十六年沒有反共絕蘇的事件，兩國能維持友好的革命外交關係，以蘇聯為與國，也許敵人對我不敢發動侵略。因為敵人知道中國已與其革命過程中的惟一與國斷絕關係，乃敢肆其侵略的野心」〔註172〕。

綜合來看，1931 至 1937 年間蘇聯在華形象是逐步改善的。這既源於中蘇關係的改善，又是蘇聯自身成就使然。蘇聯真誠支持中國抗日，譴責日本侵華暴行的行為，獲得了時人的讚賞。蘇聯一五計劃則不僅有力打消了時人對蘇聯的疑懼，還顯著提高了社會主義的吸引力。在時人心中，蘇聯成為基於共同國家利益上的友邦，知識界對「以俄制日」的期待最終變為「中蘇合作抗日論」。宋慶齡要求恢復三大政策一事極具象徵意義。雖然此時之「聯俄」已與孫中山之「聯俄」不可同日而語〔註173〕，但畢竟是對此前仇俄潮流的反撥，是蘇聯在中國聲譽漸隆的明證。

〔註171〕《美俄復交與中國》，《大公報》1933 年 10 月 27 日第一張第二版。

〔註172〕孫科：《中蘇外交關係》，《中蘇關係》，上海：中華書局，1946 年版，第 12 頁。

〔註173〕他們將「聯俄」改為聯俄、法、英、美等國。馮玉祥指出：「見薛子良、張懷九先生，談話如下：一、帶到宋慶齡女士之信及何香凝女士之信，為提案事，改改前頭，改改後頭，並把總理三大政策改為擴大三政策云云。如聯俄，改為聯俄、法、英、美。如聯共改為聯各黨各派。如扶助工農政策，改為扶助工農、工商各行業之政策云云。」馮玉祥：《馮玉祥日記·1937 年 2 月 14 日條》，中國第二歷史檔案館編，南京：江蘇古籍出版社，1992 年版，第 46 頁。時人對此大表贊同，「我更同意宋慶齡先生所說『要與那些以平等待我之民族如英、美、法、蘇互相聯合起來』來打擊我們的敵人。」又徵：《論「恢復總理三大政策」》，《群眾》1937 年第 1 卷第 4 期。

結　語

　　毛澤東曾指出：1924 年之後，影響中國革命的決定因素是「國共兩黨的情況」。這表現了兩個方面：其一，國共第一次合作使得「孫中山先生致力國民革命凡四十年還未能完成的革命事業」僅僅在兩三年內就獲得了巨大成就；其二，「九・一八」事變後，中國能否擺脫日本侵華帶來的深重的民族危機和社會危機，也取決於國共重新結成的統一戰線的發展狀況〔註1〕。這充分說明了國共關係對於二十世紀二三十年代中國歷史發展的決定性影響。揆諸史實，無論是國共兩黨自身的發展，還是兩黨的黨際分合，都與蘇俄（聯）（按：以下簡稱「蘇俄」）息息相關。在這個意義上，中國知識界的「蘇俄觀」是觀察時局演變及內外各種政治勢力消長的晴雨表。

一

　　中國知識界的「蘇俄觀」內涵豐富，其中以下述內容最為重要：其一，對俄國革命的觀察與理解；其二，對「以俄為師」問題，以及中國革命中的蘇俄因素的認知；其三，對中蘇關係，以及蘇俄在中、日、蘇複雜關係中的角色的認知。三者互相影響，有著複雜的互動關係，構成了「蘇俄觀」的三個層次。

　　中國知識界「蘇俄觀」隨時局演進而呈現不同的內容，具有如下特徵：

　　首先，鮮明的階段性。具體地說，以 1924 年國民黨聯俄和 1931 年「九・

〔註1〕毛澤東：《國共合作成立後的迫切任務（1937 年 9 月 29 日）》，《毛澤東選集》第二卷，北京：人民出版社，1991 年第二版，第 362～372 頁。

一八」事變為界，中國知識界之「蘇俄觀」在 1917 至 1937 年間大致經歷了三個階段的演變，其內涵在各階段亦各有側重。1917 年至 1924 年，中國知識界「蘇俄觀」的主要內容是對俄國革命的認知，即對於二月革命與十月革命的關係、布爾什維主義的內涵、蘇維埃政制的性質的認知。這自然引出了走俄國革命道路的問題。1924 年，國民黨實行聯俄容共政策，事實上走上了蘇俄式的革命道路。在蘇聯、共產國際的幫助下，國共合作推動轟轟烈烈的國民革命，並取得了推翻北洋軍閥的初步勝利。在這一進程中，知識界的蘇俄觀進入到第二階段：探討國民革命與「走俄國人的路」的成敗得失。具體表現則是，中國知識界爆發了聯俄仇俄之爭。這場論爭實際上是圍繞著外交是否以俄為友，以及內政能否以俄為師的大討論。對壘雙方既各有所見，又各有所蔽。隨著國民黨叛變革命，實行清黨絕俄，以自由主義者為代表的知識分子對蘇俄革命的評價也轉向負面。在中東路事件中，中國國家利益受到侵害，仇俄因之成為知識界對俄態度的主流。在激烈的民族情緒之下，不但內政以俄為師為人所惡，而且外交以俄為友也被拋棄。雖然有人質疑南京政府的對俄政策，但僅止於此，未能提出系統的對俄方針。這種情況直到「九·一八」之後方才改觀。面對日益嚴峻的日本侵華狀況，中國知識界重新檢討此前對俄方針的失誤，圍繞著中蘇復交問題展開論爭。中國知識界的蘇俄觀進入到第三階段。知識界在關於「中蘇復交」的思想爭論中擱置了走俄國革命道路的問題，僅著眼於恢復中蘇外交關係，與此前之「聯俄」不可同日而語。雖然如此，它畢竟在敦促國民黨停止「剿共」，助益抗日大局等方面具有積極意義。而且，此時的中蘇關係是統一的中國政府與蘇聯政府的邦交問題，更具有牽動全局的意義，非復此前北洋軍閥政府及各地方勢力與蘇聯關係之可比。總之，1917～1937 年間，中國知識界的「蘇俄觀」層層轉進，從著眼於走俄國人的革命道路問題，蛻變到致力於恢復中蘇外交關係問題。

其次，「鐘擺式」的變動。在上述三階段中，中國知識界在對俄問題上一直處於分化狀態，各派知識分子的對俄態度有著「仇—友」的分別。不過，受到諸如「加拉罕宣言」之傳入、五卅運動、中東路事件、「九·一八」事變以及西安事變等歷史事件的刺激，各派知識分子的對俄態度亦因之變動。這種變動呈現出「鐘擺式」的特徵。大體而言，1917～1937 年間中國知識界的對俄態度經歷了一次從友俄占主流，到整體上仇俄，再到整體上友俄的變動。這恰如一個「鐘擺」，完成了一次擺動。

　　中國知識界階段性的「鐘擺式」的變動是時局發展的結果，受到了包括日益高漲的民族主義思潮，蘇俄（聯）、中共和國民黨政策的得失，以及知識界自身的侷限性等多種因素的影響。1917 至 1937 年間，經過五四運動、國民革命和抗日戰爭的激勵，民族主義逐步高漲。對外反抗帝國主義侵略，維護民族國家利益成為民族主義的主要訴求。蘇聯（俄）作為曾經長期侵華，攫取無數權益的鄰邦，更易牽動時人的民族情緒。當蘇俄破天荒地宣布放棄在華特權之後，國內友俄潮流風行一時，原有的「帝國主義俄國」形象隨之一變。當中蘇建交發生波折，蘇聯粗暴對待中國僑民，國民黨清黨絕俄以及中東路事件爆發之時，國內仇俄情緒又駸駸而起，知識界中視蘇聯為「赤色帝國主義」者大有人在。這種由「友」到「仇」的劇烈變動，不能不說是民族主義高漲的表現之一。「九‧一八」事變後，知識界起而呼籲中蘇關係的正常化，以圖實現「聯俄制日」的目標。此時，中共適時調整革命策略，致力於建立抗日民族統一戰線，蘇聯亦對華采取和平外交政策。尤其是和平解決西安事變一事，提升了中共和蘇聯形象，有力地促進了知識界對蘇聯的再審視。這充分說明了中共的作為和蘇聯的政策對於中國知識界「蘇俄觀」的影響之大。此外，中國知識界的自身立場及其侷限性亦是重要的影響因素。例如，在國民革命時期，自由主義者的激烈仇俄情緒很大程度上是由其自由主義立場及其侷限性造成的。徐志摩是自由主義者的代表，一度傾心於蘇俄。遊俄之後，徐氏轉而激烈批評蘇俄為「怖夢製造廠」。這種轉變即根源於自由主義者畏聞階級鬥爭和頑固的恐共心理。總之，時局的發展推動了中國知識界「蘇俄觀」的階段性的「鐘擺式」的變動。

二

　　有人曾指出，在 20 世紀很長一段時間，俄國之於中國是一個「迷思」，「一些著名知識分子因為時代原因，在無法直接觸碰蘇俄、不瞭解蘇俄的情形下，卻滿懷熱情地去認同或拒絕經由蘇維埃所確認的那個俄國，不經學術研究和學理性判斷，把原本是在國際反資本主義浪潮下獲得成功的蘇俄革命這一地域性現象，泛化為一種普世性的規律」。該論者以為，蘇俄革命是一種「地方性經驗」，不具有普世性。意思是中國人對蘇俄、蘇俄革命都有許多誤讀，甚至「走俄國人的路」也是輕率的錯誤的〔註 2〕。上述看法無疑是機械的、

_____

〔註 2〕實際上，早在 1926 年，徐志摩亦曾提出這個問題。徐氏曾表示，他反對「因

錯誤的，既未深究時人在何種意義上講「俄國人的路」，也對時人的「蘇俄觀」缺乏「同情之理解」。

首先，準確理解「走俄國人的路」的含義。「走俄國人的路」不是簡單地複製十月革命模式，仿建蘇維埃政制。斯諾在訪問魯迅時，曾向魯迅詢問道：「你認為俄國的政府形式更加合適中國嗎？」魯迅回答道：「我不瞭解蘇聯的情況，但我讀過很多關於革命前俄國情況的東西，它同中國的情況有某些相似之點。沒有疑問，我們可以向蘇聯學習。此外，我們也可以向美國學習。但是，對中國來說，只能夠有一種革命——中國的革命。我們也要向我們的歷史學習」〔註3〕。魯迅的回答雖然籠統，但既點出了中國革命道路的特殊性，又指出了學習蘇聯經驗的限度。欲準確理解「走俄國人的路」的含義，首先需理清俄國道路的特殊性問題。十月革命後，蘇漢諾夫在《革命劄記》中批判十月革命，指責列寧「缺乏對俄國社會主義的『客觀前提』的分析，對社會經濟條件的分析」。他認為，社會主義俄國是一個「早產兒」，「這樣生下來的孩子通常是活不成的」。上述看法似乎頗符合唯物史觀中經濟基礎決定上層建築的一般規律，實際上沒有辯證地看待社會發展過程中一般與個別的辯證關係。對於蘇漢諾夫的意見，列寧在《論我國革命》中作出了回應。列寧認為，蘇漢諾夫等人對馬克思主義的認識是機械的，既沒有掌握辯證法，又置馬克思關於革命時刻要有靈活性的指示於不顧。列寧反問道：「我們為什麼不能首先用革命手段取得達到這個一定水平的前提，然後再工農政權和蘇維埃制度的基礎上趕上別國人民呢？」〔註4〕在列寧看來，俄國道路的特殊性在於先以革命手段奪取上層建築，進而推動經濟基礎的變革。這對於生產力低下的後進國家極富啟發意義，指示了新的發展道路。從這個意義上講，「走俄國人的

為崇拜俄國革命精神而立即跳到中國亦應得跟他們走路的結論」，並認為應該研究清楚如下問題：蘇聯的「烏托邦理想」在學理上是否有充分根據，在事實上有無充分實現的可能，方法對不對，付出的犧牲是否值得等等問題。胡適對此回答道：世界上沒有幾個制度有「學理上的充分根據」，資本主義、國家主義、政黨政治均是如此。蘇聯的烏托邦理想獲得了俄人的支持，就是合理的。重要的是「依計劃做去」「這是方法，其餘皆枝葉耳」。見胡適：《歐遊道中寄書》，《胡適全集》第三卷，合肥：安徽教育出版社，2003年版，第51頁。

〔註3〕斯諾：《我在舊中國十三年・魯迅印象記》，北京：生活・讀書・新知三聯書店，1973年版，第49頁。
〔註4〕列寧：《論我國革命》，《列寧選集》第四卷，北京：人民出版社，2012年版，第775～778頁。

路」的含義是中國無產階級以暴力革命奪取政權，對外反抗帝國主義侵略，對內推翻封建軍閥統治，建立無產階級專政的人民共和國，進而實現中華民族的獨立和發展。與上述觀點相比較，毛澤東的概括更宏大更哲學。他說：「十月革命一聲炮響，給我們送來了馬克思列寧主義。十月革命幫助了全世界的也幫助了中國的先進分子，用無產階級的宇宙觀作為觀察國家命運的工具，重新考慮自己的問題。走俄國人的路——這就是結論」〔註5〕。在他看來，俄國經驗僅僅是馬克思列寧主義。所謂「走俄國人的路」則是以馬克思列寧主義為思想武器，重新思考中國的革命道路問題。換句話說，則是立足於中國的革命實踐，實現馬克思列寧主義的中國化。由上可知，「走俄國人的路」並非中國亦步亦趨地模仿蘇俄，而是把中國國情與馬克思列寧主義普遍原理相結合，走出自己的革命道路，根本不存在將「地方性經驗」泛化為「普世性規律」的問題。至於中共在幼年時期，由於共產國際及聯共（布）的指揮而犯下的失誤，則是另一問題。

　　其次，關於蘇俄（聯）的評價問題。知識界對俄國革命經驗、俄國道路的質疑誤解，與其對蘇俄（聯）的偏見密不可分。自蘇俄誕生後，中國知識界不少人以之為洪水猛獸。這種看法的形成是多種因素綜合作用的結果，例如國際反蘇勢力的抹黑，部分知識分子的恐共心理，蘇聯的錯誤政策等等。不顧國家利益，否認蘇聯曾經的大國沙文主義行為無疑是錯誤的。但因此全盤否定蘇聯援助中國革命，支持中國抗戰的觀點也是不客觀、不可取的。尤其在今天，西方資本主義國家掌握話語權，資本主義的價值觀佔據優勢地位。這使得部分人的共產主義理想發生了動搖，進而在評價蘇俄的問題上出現了非理性貶低的情況。因此，以下西方名哲的觀點仍值得重視。美國著名哲學家杜威將蘇俄看做一場人心所向的偉大革命。在 1928 年遊俄時，他感受到了「這場巨大的人類革命帶來了生活中生機、勇氣與信心的爆發」，認為「這場革命在前所未有的規模上釋放了人類的能量，因此不但對這個國家也對世界有著無法計算的重要意義」。他指出：「這場革命不僅是政治和經濟層面上的，更是心靈和道德層面上的，它是一場人民對於生活需求和可能性的態度的革命……我還不知該如何試圖表達共產主義模式和布爾什維克的理想在這個國家當下生活中的確切重要性，但我傾向於認為，塑造俄國最終命運的決定性

〔註5〕毛澤東：《論人民民主專政（1949 年 6 月 30 日）》，《毛澤東選集》第四卷，北京：人民出版社，1991 年第 2 版，第 1468～1482 頁。

力量不在於共產主義的當下狀態，甚至也不在於共產主義的未來，而在於這場革命是民心所向，這一民族得到了解放，並意識到了他們自身」〔註6〕。杜威對蘇俄作出高度評價，並以之為政治、經濟、心靈、道德等方面全方位的革命。無獨有偶，英國著名費邊社社會主義者韋伯夫婦（Sidney and Beatrice Webb.）在考察完蘇聯後，出版 Soviet Communism: A New Civilisation？一書，把蘇俄定義為一種新的文明。韋伯夫婦從技術、經濟、政治、宗教和家庭五個方面歸納蘇聯，提出了「蘇維埃共產主義」這一概念。此概念經《國聞週報》和《獨立評論》的傳播為中國知識界所知〔註7〕。總之，他們深刻地指出：蘇俄開創了一種「新文明」。蘇俄作為第一個社會主義國家，事實上進行了空前的政治試驗，給予人類歷史以深刻影響。也就是說，在杜威、韋伯夫婦看來，蘇俄更像是一種新的文明。「新文明」當然有其缺點，有其不足，有其幼稚之處，但是卻代表了人類的新路，在整體上應該予以肯定以及對它發展完善的期待。五四知識界已經意識到了這一點，可惜的是由於後的紛爭沒能形成共識。如今蘇聯業已不復存在，但對於中國的未來之路而言，它的遺產仍然存在著巨大的價值。

〔註6〕〔美〕杜威：《蘇俄印象》，《杜威全集‧晚期著作》第三卷（1928～1928），孫寧、余小明譯，上海：華東師範大學出版社，2015年版，第156、158頁。著名記者陳彬龢亦認為，蘇聯是「人類的奇蹟」，是「新天地創造的工程」，「根本對於過去的所謂道德、宗教、自由、正義、家庭、文化、制度，以及一切人與人的關係，都予以重新的估價。無論其好或是壞，但在今後的年代中，必和任何一個國家都發生更深切的影響」。彬：《研究蘇聯》，時評，《申報》1932年5月15日，第3版。

〔註7〕子修譯《對俄應有的新認識》，《國聞週報》1936年7月6日，13卷26期；陳之邁：《蘇維埃共產主義》，《獨立評論》1937年6月20日第239號。

主要參考文獻

壹、史料

一、報刊雜誌

《中外日報》《上海新報》《新民叢報》《民報》《時報》《時事新報》《順天時報》《晨報》(《晨鐘報》)《大公報》(天津、長沙)《京報》《商報》《民國日報》(上海、廣州)《申報》《益世報》(北京)《中央日報》《北京國民公報》《民國日日報》《社會日報》(北京)《新華日報》(北京)《東方雜誌》《新青年》《文學月報》(上海)《勞動週刊》《改造》《北京大學日刊》《太平洋雜誌》《新中國》《新教育》《青年進步》《每週評論》《民心週刊》《星期評論》《閩星》《勞動》《新潮》《松江評論》《國聞週報》《京報副刊》《晨報副鐫》《晨報·社會週刊》《民國日報·覺悟》《現代評論》《醒獅》《獨立評論》《改造》《湖南國民對俄交涉後援會會刊》《新月》《蘇俄評論》《中國與蘇俄》《文化戰線》《少年中國》《尚賢堂紀事》《約翰聲》《新社會》《再生》《共產黨》《奮鬥》《新中國》《學衡》《哲學》《羅素月刊》《星期評論》《嚮導》《中國青年》《努力週報》《孤軍》《雨絲》《北京女子高等師範文藝會刊》《政治家》《甲寅》《清華週刊》《民生週報》《社會新聞》《新中華雜誌》《紅色中華》《再生》《群眾》《戰線》《文化戰線》

二、書籍

（一）教科書

1. 張相：《新制西洋史教本》，中華書局 1915 年版。

2. 陳其可、朱翊新編《高中外國史》，上海：世界書局，1930 年版。

3. 劉炳榮編《現代世界史》，長沙：編者自刊，1930 年 12 月版。

4. 劉叔琴、陳登元編《開明世界史教本》上海：立達學園出版部，1932 年再版。

5. 張仲和著，曹蔀溪校閱：《西史綱要》，北平：文化學社，1932 年增訂版。

6. 丁雲孫：《西洋近百年史》，上海：商務印書館，1933 年版。

7. 許毅編輯《世界近百年史》，天津：百城書局，1933 年 2 月版。

8. 金兆梓編：《高中外國史》，上海：中華書局，1935 年 12 月版。

（二）遊記

1. 正親町季董：《露西亞遊記》，東京：博文館，大正七年（1918）。

2. 《俄羅斯名家短篇小說集》，北京：新中國雜誌社，1920 年 7 月版。

3. 俞頌華：《遊記第二集》，北京：晨報社，1924 年版。

4. 秦抱樸：《俄國革命之失敗》，大同書局，1926 年版；《赤俄遊記》，北新書局，1926 年版。

5. 林克多：《蘇聯聞見錄》，上海：光華書局，1932 年版。

6. 李霽初：《遊俄見聞紀實》，北京：中國國家圖書館藏縮微膠片，索取號 MGTS／089541。

7. 紀德：《從蘇聯歸來》，1937 年譯本。

8. 曹谷冰：《蘇俄視察記》，湖南人民出版社 1983 年版。

9. 〔日〕秋田雨雀：《新俄遊記》，上海：明月書局，1930 年版。

10. 茅盾：《蘇聯聞見錄》，《茅盾全集》第 13 卷，人民文學出版社，1987 年版。

11. 〔法〕羅曼・羅蘭：《莫斯科日記》，夏伯銘譯，上海人民出版社，1995 年版。

12. 〔法〕安德烈・紀德：《從蘇聯歸來》，鄭超麟譯，遼寧教育出版社，1999 年版。

13. 〔印度〕泰戈爾：《泰戈爾遊記選》，白開元等譯，中國國際廣播出版社，2000 年版；《俄羅斯書簡》，董友忱譯，廣西師範大學出版社，2004 年版。

14. 〔德〕瓦爾特・本雅明：《莫斯科日記・柏林紀事》，潘小松譯，東方出版社，2001 年版。

15. 胡愈之：《莫斯科印象記》，長沙：湖南人民出版社，1984 年版。

（三）年譜、回憶錄、自傳

1. 張國燾：《我的回憶》，北京：現代史料編刊社，1980 年版。

2. 〔蘇〕C.A.達林：《中國回憶錄（1921～1927）》，侯均初等譯，李玉貞校，北京：中國社會科學出版社 1981 年版。

3. 《左聯回憶錄》，北京：中國社會科學出版社，1982 年版。

4. 蔣廷黻：《蔣廷黻回憶錄》，臺北：傳記文學出版社，1984 年版。

5. 肖勁光：《肖勁光回憶錄》，北京：解放軍出版社，1987 年版。

6. 胡愈之：《我的回憶》，南京：江蘇人民出版社，1990 年版。

7. 郭廷以、王聿均訪問，劉鳳翰記錄《馬超俊先生訪問記錄》，臺北：「中央研究院近代史研究所」1992 年。

8. 蔣夢麟：《西潮與新潮》，北京：人民出版社，2012 年版。

9. 〔英〕波蘭特·羅素著，陳啟偉譯《羅素自傳》，北京：商務印書館，2015 年版。

10. 顏惠慶著，姚崧齡譯《顏惠慶自傳》，北京：中華書局，2015 年版。

11. 丁文江、趙豐田編《梁啟超年譜長編》，上海人民出版社，1983 年版。

12. 中國第二歷史檔案館編《蔣介石年譜（1887～1926）》，北京：九州出版社，2012 年版。

13. 《衡陽文史資料》《福建文史資料》《文史資料選編》

14. 陳紅民：《胡漢民年表（1931 年 9 月～1936 年 5 月）》（上），《民國檔案》，1986 年第 1 期。

15. 卞岩選輯《1932 年中蘇復交檔案史料》，《民國檔案》2006 年第 2 期。

（四）日記、書信

1. 馮玉祥：《馮玉祥日記》，中國第二歷史檔案館編，南京：江蘇古籍出版社，1992 年版。

2. 金毓黻：《靜晤室日記》，瀋陽：遼瀋書社，1993 年版。

3. 胡適：《胡適日記全集》，曹伯言整理，臺北：聯經出版事業股份有限公司，2004 年版。

4. 中國社會科學院近代史研究所中華民國史教研室編《胡適來往書信選》，北京：社會科學文獻出版社，2013 年版。

5. 溫州市圖書館編，陳光熙點校《符璋日記》，北京：中華書局，2018 年版。

（五）文集、全集

1. 顏旨微：《顏旨微論評集》第二集，京華印書局，1924 年版。

2. 蔣介石：《蔣介石的革命工作》，太平洋書店，1927 年版。

3. 陳彬龢：《陳彬龢論文選》，美華書館，1934 年版。

4. 瞿秋白：《瞿秋白文集》，北京：人民文學出版社，1953 年版。

5. 《馬克思恩格斯選集》，北京：人民出版社，1972 年版。

6. 列寧：《列寧選集》，北京：人民出版社，1972 年版。

7. 毛澤東：《毛澤東書信選集》，北京：人民出版社，1983 年版；《毛澤東選集》，北京：人民出版社，1991 年版。

8. 高平叔編《蔡元培全集》，北京：中華書局，1984 年版。

9. 孫中山：《孫中山全集》，北京：中華書局，1985 年版。

10. 梁啟超：《飲冰室合集》，北京：中華書局，1989 年版；梁啟超著，夏曉虹輯《飲冰室合集·集外文》，北京：北京大學出版社，2005 年；湯志均、湯仁澤編《梁啟超全集》第十集，北京：中國人民大學出版社，2018 年版。

11. 陳熾：《陳熾集》，趙樹貴、曾麗雅編，北京：中華書局，1997 年版。

12. 蕭楚女：《蕭楚女文存》，北京：中共黨史出版社，1998 年版。

13. 胡適、歐陽哲生編《胡適文集》，北京：北京大學出版社，1998 年版；《胡適全集》，合肥：安徽教育出版社，2003 年版。

14. 張申府：《張申府文集》，石家莊：河北人民出版社，2005 年版。

15. 魯迅：《魯迅全集》，北京：人民文學出版社，2005 年版。

16. 徐志摩：《徐志摩全集》，天津：天津人民出版社，2005 年版；《徐志摩全集》，蔣復璁、梁實秋編，北京：中央編譯出版社，2013 年。

17. 曾紀澤：《曾紀澤集》，長沙：嶽麓書社，2005 年版。

18. 康有為，義華、張榮華編校《康有為全集》，北京：中國人民大學出版社，2007 年版。

19. 歐陽哲生主編《丁文江文集》第七卷，長沙：湖南教育出版社，2008 年版。

20. 常君實編《吳晗全集》，北京：中國人民大學出版社 2009 年版。

21. 陳獨秀：《陳獨秀著作選編》，上海：上海人民出版社，2010 年版。

22. 吳鼎昌：《吳鼎昌文集》，天津：南開大學出版社，2012 年版。

23. 李大釗著，中國李大釗研究會編著《李大釗全集》，北京：人民出版社，2013 年版。

24. 蔡和森：《蔡和森文集》，北京：人民出版社，2013 年版。

25. 惲代英：《惲代英全集》第六卷，北京：人民出版社，2014 年版。

26. 江亢虎著，汪佩偉編《中國近代思想家文庫·江亢虎卷》，北京：中國人民大學出版社，2015 年版。

27. 張奚若：《張奚若文集》北京：清華大學出版社，2019 年版。

（六）資料選集

1. 《俄羅斯名家短篇小說集》，北京：新中國雜誌社，1920 年 7 月版。

2. 章進編《聯俄與仇俄問題討論集》，上海：北新書局，1926 年版。

3. 湖南省博物館歷史部校編《新民學會文獻彙編》，長沙：湖南人民出版社，1980 年版。

4. 《五卅運動史料》，上海：上海人民出版社，1981 年版。

5. 中國社會科學院近代史研究所翻譯室編《共產國際有關中國革命的文獻資料》第 2 輯，北京：中國社會科學出版社，1982 年版。

6. 安徽大學蘇聯問題研究所、四川省中共黨史研究會編譯《1919～1927 蘇聯〈真理報〉有關中國革命的文獻資料選編》（第一輯），成都：四川省社會科學院出版社，1985 年版。

7. 安徽大學蘇聯問題研究所、四川省中共黨史研究會編譯《蘇聯真理報有關中國革命的歷史文獻選編 1932～1937》，成都：四川省社會科學院，1986 年版。

8. 《社會主義思想在中國的傳播資料選輯》，中共中央黨校科研辦公室發行，1985 年版。

9. 中國第二歷史檔案館編《中國國民黨第一、二次全國代表大會會議史料》，南京：江蘇古籍出版社，1986 年版。

10. 方慶秋主編，中國第二歷史檔案館編《中國青年黨》，北京：檔案出版社，1988 年版。

11. 中央檔案館編《中共中央文件選集》，北京：中共中央黨校出版社，1989 年版。

12. 薛銜天等編《中蘇國家關係史資料彙編》（1917～1924），北京：中國社會科學出版社，1993 年版。

13. 《毛澤東在七大的報告和講話集》，北京：中央文獻出版社，1996 年版。

14. 《共產國際、聯共（布）與中國革命檔案資料叢書》，北京：北京圖書館出版社，1998 年版。

15. 袁剛、孫家祥、任丙強編《中國到自由之路──羅素在華講演集》，北京：北京大學出版社，2004 年版。

16. 《上海革命史資料與研究》第 7 輯，上海：上海古籍出版社，2007 年版。

（七）其他

1. 《羅素五大講演社會結構學》，新知書社，1920 年版。

2. 邵振青編《綜合研究各國社會思潮》，商務印書館，1920 年 4 月初版。

3. 邵飄萍：《新俄國之研究》，日本：東瀛編譯社，1920 年 8 月版。

4. 施羅戈著，陳國榘譯《布爾什維主義的心理》，商務印書館，1921 年版。

5. 周鯁生：《萬國聯盟》，商務印書館，1922 年版。

6. 李達編譯《勞農俄國研究》，上海：商務印書館，1922 年 8 月版。

7. 陶保霖：《悝存遺著》卷四，商務印書館 1922 年版。

8. 〔日〕川上俊彥著，王揖唐譯《新俄羅斯》，商務印書館，1923 年版。

9. 孫潤宇譯《現在之勞農俄國》，北京：新共和印刷局，1923 年版。

10. 王光祈：《少年中國運動》，上海：中華書局，1924 年版。

11. 張君勱（「世界室主人」）：《蘇俄評論》，新月書店，1926 年版。

12. 布施勝治：《俄國東方政策》，天津中華民國聖道會；上海太平洋書店刊本，1927 年版。

13. 灝孫：《聯俄的討論》，上海：泰東圖書局，1927 年 9 月版。

14. 陳彬龢編《蘇俄政治組織和共產黨》，上海：共和書局，1927 年初版；《蘇俄治下的勞動反對派》，上海：共和書局，1927 年初版；《蘇俄經濟組織與實業政策》，上海：世界書局，1927 年初版。

15. 楊幼炯：《俄國革命史》，上海：民智書局，1928 年版；《蘇俄的東方侵略》，上海：赤俄研究叢書社，1931 年 5 月版。

16. 文公直編《俄羅斯侵略中國痛史》上海：新光書店，1929 年版。

17. 黃任：《國難聲中之救國政略》，正誼社，1931 年 12 月版。

18. 王芸生：《六十年來中國與日本》，大公報館出版部，1932 年版。

19. 《當代史勝》，上海週報社，1933 年版。

20. 陳彬龢：《蘇俄研究集》，上海：開華書局，1933 年版。

21. 王庭珊等：《美俄復交之觀察一書》，上海：亞東圖書館，1934 年版。

22. 胡慶育：《蘇聯政府與政治》，上海：世界書局，1935 年版。

23. 嚴繼光：《中蘇合作抗日論》，南京：中央書局，1937 年 10 月版

24. 戴季陶：《青年之路》，廣州：民族青年出版社，1942 年版。

25. 孫科：《中蘇關係》，上海：中華書局，1946 年版。

貳、論著

一、論文

（一）期刊論文

1. 黎澍：《一九〇五年俄國革命和中國》，《歷史研究》1955 年第 1 期。

2. 李光一：《關於五四時期的「社會主義論戰」》，《新史學通訊》1956 年第 7 期。

3. 秦興洪：《對孫中山三大政策確立過程的探討》，《華南師範大學學報》1984 年第 2 期。

4. 鄧野：《王揖唐的「社會主義」演說和「問題與主義」論戰的緣起》，《近代史研究》1985 年第 6 期。

5. 鄭則民：《孫中山三大革命政策的產生與歷史作用》《歷史檔案》1986 年第 4 期。

6. 趙寶煦：《國際共運史研究的範圍和方法》《國際共運史研究》（第 1 輯）人民出版社，1987 年版。

7. 管文虎：《共產國際的「布爾什維克化」口號對中共的影響》，《近代史研究》1988 年第 6 期。

8. 朱志敏：《論五四時期的平民主義思潮》，《近代史研究》1989 年第 2 期；《五四時期平民政治觀念的流行及其影響》，《史學月刊》1990 年第 4 期；《五四時代知識分子的平民意識與共產主義運動的興起》，《歷史研究》1997 年第 2 期。

9. 周興樑：《論孫中山晚年聯俄》，《中山大學學報論叢》，1992 年第 5 期。

10. 司馬文韜：《略論國民黨改組後否認「赤化」的闢謠聲明》，《民國檔案》
    1993 年 4 期。

11. 李宏圖：《民族與民族主義概論》，《歐洲》1994 年第 1 期。

12. 李玉剛：《孫中山對俄國二月革命和十月革命的反應》《歷史研究》1994
    年 6 期。

13. 余敏玲：《國際主義在莫斯科中山大學（1925～1930)》，臺北《「中央」
    研究院近代史研究集刊》1996 年第 26 期；《俄國檔案中的留蘇學生蔣經
    國》《「中央」研究院近代史研究所集刊》，1998 年第 29 期；《蘇聯英雄
    保爾·柯察金到中國》《新史學》，2002 年第 12 卷第 4 期；《學習蘇聯：
    中共宣傳與民間回應》《「中央」研究院近代史研究所集刊》，2003 年第
    40 期；《從高歌到低唱：蘇聯群眾歌曲在中國》《「中央」研究院近代史
    研究所集刊》，2006 年第 53 期。另外還有《蘇聯對中國的軍事援助（1923
    ～1925)》《中國現代史專題研究報告》，1996 年第 18 期；《蔣介石與聯
    俄政策之再思》《「中央」研究院近代史研究所集刊》，2000 年第 34 期等
    文章。

14. 朱正：《解讀一篇宣言》，《近代史研究》1997 年第 5 期。

15. 顧昕：《從「平民主義」到「勞農專政」——五四激進思潮中的民粹主義
    和中國馬克思主義的起源（1919～1922 年)》，原刊美國《現代中國研究》
    （Modern Chinese Studies）1999 年第 2 期（總第 65 期）轉引自
    http://www.aisixiang.com/data/5361.html

16. 李戰生：《毛澤東的蘇聯觀》，《上海黨史研究》1999 年第 1 期。

17. 周蔥秀：《論魯迅的蘇聯觀》，《魯迅研究月刊》1999 年第 9 期。

18. 楊奎松：《陳獨秀與共產國際》，《近代史研究》1999 年第 2 期。

19. 唐寶林：《重評共產國際指導中國大革命的路線》，《歷史研究》2000 年
    第 2 期。

20. 黃嶺峻：《30～40 年代中國思想界的「計劃經濟」思潮》《近代史研究》
    2000 年第 2 期。

21. 蔡拓：《全球主義與國家主義》，《中國社會科學》2000 年第 3 期；《世界
    主義的理路與譜系》，《南開學報》2017 年第 6 期；《世界主義的類型分
    析》，《國際觀察》2018 年第 1 期。

22. 王檜林：《中國共產黨在抗日戰爭時期的兩種趨向：融入世界與轉向民族傳統》，《抗日戰爭研究》2001 年第 1 期。

23. 鹿錫俊：《1932 年中國對蘇復交的決策過程》，《近代史研究》2001 年第 1 期；《蔣介石的中日蘇關係觀與「制俄攘日」構想——兼論蔣汪分歧的一個重要側面（1933～1934）》，《近代史研究》2003 年第 4 期；《蔣介石與 1935 年中日蘇關係的轉折》，《近代史研究》2009 年第 3 期。

24. 盧毅：《平社與費邊社淵源初探——兼論拉斯基學說在中國》《學術研究》2002 年第 3 期；《大革命後期「左」傾錯誤的表現及影響》《長白學刊》2014 年 6 期。

25. 桑兵：《世界主義與民族主義：孫中山對新文化派的回應》，《近代史研究》2003 年第 2 期。

26. 楊奎松：《蔣介石、張學良與中東路事件之交涉》，《近代史研究》2005 年 1 期。

27. 何豔豔：《「國民外交」背景下的中蘇建交談判（1923～1924）》，《近代史研究》2005 年第 4 期。

28. 程中原：《中國共產黨與抗日民族統一戰線的建立》，《抗日戰爭研究》2005 年第 3 期。

29. 劉國華、薛曉妹：《論 20 世紀 20 年代中國人對蘇俄的認識》，《安徽教育學院學報》2005 年第 4 期。

30. 陳廷湘：《1928～1937 年〈大公報〉等報刊對中蘇關係認識的演變》，《近代史研究》2006 年第 3 期。

31. 李春林、高翔：《20 世紀 30 年代：魯迅、紀德與蘇聯和共產主義——紀念魯迅誕辰 125 週年、逝世 70 週年》，《魯迅研究月刊》2006 年第 11 期。

32. 邵建：《一次奇異的思想合轍——胡適、魯迅對蘇俄的態度》，《社會科學論壇》2006 年第 8 期。

33. 羅志田：《「六個月」樂觀的幻滅：五四前夕士人心態與政治》，《歷史研究》2006 年第 4 期；《民國初年嘗試共和的反思》，《南京大學學報》2014 年第 3 期；《道出於三：西方在中國的再次分裂及其影響》，《南京大學學報》2018 年第 6 期。

34. 唐啟華：《1924 年〈中俄協定〉與中俄舊約廢止問題——以〈密件議定書〉為中心的探討》，《近代史研究》2006 年第 3 期。

35. 敖光旭：《革命、外交之變奏——中俄交涉中知識界對俄態度之演變》（1919～1924）《「中央」研究院近代史研究所集刊》2007 年 3 月第 55 期；《1920 年代國內蒙古問題之爭——以中俄交涉最後階段之論爭為中心》，《近代史研究》2007 年第 4 期；《失衡的外交——國民黨與中俄交涉（1922～1924）》，《「中央」研究院近代史研究所集刊》2007 年 12 月第 58 期；《國家主義與「聯俄與仇俄」之爭——五卅運動中北方知識界對俄態度之解析》，《社會科學研究》2007 年第 6 期、2008 年第 1 期。

36. 陳曉蘭：《徘徊於理論與現實之間——20 世紀 20 年代中國旅蘇遊記中的蘇聯形象》，《蘭州大學學報》2008 年第 3 期；《「兩個蘇聯」——20 世紀 30 年代旅蘇遊記中的蘇聯形象》，《文學評論》2009 年第 3 期。

37. 王奇生：《聯俄與師俄：孫中山晚年改組國民黨的意義》，《「孫中山與近代中國的開放」學術研討會論文集》，2008 年。

38. 蘇明：《質疑與消解：從〈歐遊漫錄〉看徐志摩蘇俄觀之轉變》，《民國研究》2008 年第 5 期。

39. 姚海：《改革開放 30 年的中國俄國史研究》《史學月刊》2009 年第 3 期。

40. 鄭大華、張英：《論蘇聯「一五計劃」對 20 世紀 30 年代初中國知識界的影響》，《世界歷史》2009 年第 2 期。

41. 劉文麗：《馬克思主義還是社會改良主義——再論五四運動後戴季陶的政治思想》，《首都師範大學學報》2009 年第 5 期。

42. 王素莉：《「五四」前後馬克思主義在中國傳播的若干問題探討——也評石川禎浩〈中國共產黨成立史〉的有關論述》，《中共黨史研究》2010 年第 5 期。

43. 胡旭華：《近代中國自由主義者視域中的蘇俄——以胡適為中心的考察》，《安徽史學》2010 年第 4 期。

44. 高力克：《徐志摩與胡適的蘇俄之爭》，《浙江大學學報》2010 年第 5 期。

45. 鄭師渠：《五四後關於「新文化運動」的討論》，《北京師範大學學報》2010 年第 4 期。《歐戰後國人的「對西方求解放」》，《北京師範大學學報》2011 年第 2 期；《「五四」前後外國名哲來華講學與中國思想界的變動》，《近

代史研究》2012 年第 2 期；《南京國民政府成立初期自由主義知識分子
的政治心態（1927～1932)》,《北京師範大學學報》2018 年第 4 期；《自
由派知識分子與國民黨的「剿匪」》,《北京師範大學學報》2019 年第 3
期。

46. 鄭大華、曾科：《國家主義與民族主義：國家主義派對「一戰」後民族自
決思潮的回應》,《學術研究》2013 年第 9 期。

47. 楊衛華：《另一種「以俄為師」：民國基督徒蘇俄觀的轉變（1918～1937)》,
《中共黨史研究》2013 年第 5 期；《中國自由派基督徒視域中的蘇俄國
際形象（1918～1949)》,《中山大學學報》2013 年第 6 期；《民國基督徒
蘇俄想像中的宗教圖景》,《黨史教學與研究》2014 年第 2 期。

48. 李楊：《孫中山「聯俄」：不得已的權宜之計？》,《開放時代》2013 年第
1 期。

49. 史知：《重新審視蘇聯援助國民黨與孫中山聯俄容共——各有現實需要
和條件底線的俄中兩黨聯盟》,《上海宋慶齡研究會專題資料彙編》,2013
年版。

50. 陳忠純：《「革命」的負面化與民初政爭形勢的發展》,《北京師範大學學
報》2014 年第 1 期。

51. 李春林：《論魯迅的蘇聯觀》,《文化學刊》2014 年第 5／6 期。

52. 王雪楠：《從「俄亂」到「俄式革命」——再論「十月革命」對中國的「參
照」作用（1917～1921)》,《中共黨史研究》2014 年第 12 期。

53. 涂成林：《馬克思晚期東方社會理論的轉型——從「亞細亞生產方式」到
「跨越『卡夫丁峽谷』」》,《學術研究》2014 年第 11 期。

54. 〔俄〕B.M.梅茹耶夫：《馬克思主義與布爾什維主義》,馬瑞主編《馬克
思主義研究資料》第 23 卷，2015 年版。

55. 劉容天、商昌寶：《1925:「聯俄仇俄」論爭中的徐志摩》,2015 年第 2
期。

56. 〔俄〕羅伊·梅德維傑夫著,鄭異凡譯《斯大林與〈聯共（布）黨史簡
明教程〉》《俄羅斯學刊》2015 年第 2 期。

57. 翁有為：《五四前後時人對軍閥現象之認識》,《歷史研究》2015 年第 6
期。

58. 馮夏根、胡旭華：《論胡適蘇俄觀的演變》，《華中師範大學學報》2015 年第 6 期。

59. 張文濤：《現實與想像：國民革命時期思想界對蘇俄新經濟政策的認知》，《揚州大學學報》2015 年第 6 期。

60. 張立波等《五四時期社會主義論戰的內在邏輯：以〈社會主義討論集〉為例》，《理論探討》2015 年第 3 期。

61. 吳賀：《北域強鄰：近代以來中國人的俄國印象》，《南京政治學院學報》2015 年第 4 期。

62. 高波：《社會主義論戰緣起再審視——地域、認同與形象建構的視角》，《齊魯學刊》2015 年第 6 期。

63. 陳惠芬：《知識轉型與國家改造——張君勱對戰後歐洲各國代議制改造的考察（1919～1921）》，《法制史研究》，2016 年第 29 期。

64. 方巍巍：《1918～1949 年胡適對蘇俄態度的變化》，《中國國家博物館館刊》2016 年 6 期。

65. 左玉河：《思想分歧與道路選擇：重新認識五四時期的「社會主義論戰」》，《安徽大學學報》2017 年第 1 期。

66. 段智峰：《論胡漢民的蘇俄觀》，《法制與社會》2017 年第 4 期。

67. 周月峰：《「列寧時刻」：蘇俄第一次對華宣言的傳入與五四後思想界的轉變》，《清華大學學報》2017 年第 5 期。

68. 陳鵬：《近代中國人土耳其觀的再認識》，《近代史研究》2018 年第 1 期。

69. 陳鵬：《近代中國人的土耳其洲屬觀》，《史學月刊》2018 年第 11 期。

70. 薛銜天：《十月革命與蘇俄對華「人民外交」》，《俄羅斯學刊》2018 年第 3 期。

71. 白冰、李潔：《一九二五年北方知識界關於中俄關係的論爭》，《黨史研究與教學》2018 年第 5 期。

72. 顧少華：《晚清中國的「彼得興俄」敘事及其演變》，《史學理論研究》2018 年第 4 期。

73. 袁勝勇：《魯迅後期蘇聯觀的重識——兼論魯迅在當代社會的接受和傳播》，《東嶽論叢》2018 年第 7 期。

74. 王毅：《20世紀30年代旅蘇遊記中的社會主義》，《廣東社會科學》2018年第5期。

75. 鄭師渠：《胡適重建「社會重心」說及其異化》，《中國高校社會科學》2019年第1期。

76. 徐信華：《從「歐美式民主」轉向「俄式蘇維埃」民主——〈新青年〉「現代國家」觀念之變遷》，《思想理論教育導刊》2019年第3期。

77. 李楊：《孫中山之後的國民黨「聯俄」——以胡漢民申請國民黨加入共產國際為例》，《開放時代》2019年第4期。

78. 楊天宏：《中蘇建交談判中的「顧王之爭」（1923～1924）》《歷史研究》2019年第4期。

79. 張建華：《中國俄國史研究百年檢視與思考》，《史學月刊》2020年第1期。

80. 宋雪：《「語怪小說」中的政治寓言——梁啟超譯〈俄皇宮中之人鬼〉》，《中國現代文學研究叢刊》2020年第1期。

81. 吉田曠二：《上海時代的魯迅：魯迅的國際政治論——魯迅的抗日外交觀與蘇維埃‧俄國觀》（待查）

（二）學位論文

1. 玉永珠：《聯俄與仇俄：1920年代中國知識界對蘇俄態度的分析》，臺灣師範大學歷史學系2003年碩士學位論文。

2. 張英：《30年代初中國知識界的蘇俄熱》，湖南師範大學2008年碩士學位論文。

3. 張亮亮：《瞿秋白的蘇聯觀》，2010年復旦大學碩士學位論文。

4. 任俊經：《瞿秋白遊記中的蘇俄形象研究》，2010年山西大學碩士學位論文。

5. 孫旭：《1920年代中國人的蘇俄認識研究——以中國人的赴蘇俄記錄為中心》，東北師範大學碩士學位論文，2010年。

6. 王錦輝：《中蘇文化協會研究》，中共中央黨校中共黨史教研部2010年博士論文。

7. 尚賀冰：《知識界的蘇俄觀（1917～1926）》，湖南師範大學碩士學位論文，2011年。

8. 賀哲人：《知識界與中東路事件》，湖南師範大學碩士學位論文，2011 年。

9. 張麗萍：《江亢虎 1920 年代的蘇聯觀探析》，2011 年復旦大學碩士學位論文。

10. 周樹輝：《毛澤東的蘇聯（俄）觀研究》，湖南師範大學博士學位論文，2012 年。

11. 張文濤：《國民革命前後的階級觀念研究》，北京師範大學博士論文，2013 年。

12. 楊麗娟：《20 世紀上半期中國的「蘇俄通訊」研究》，揚州大學博士學位論文，2013 年。

13. 奧蕾：《20 世紀 30 年代中國知識分子的蘇聯觀》，遼寧師範大學碩士學位論文，2013 年。

14. 崔煥偉：《清末民初文學文本中的俄國話題與中國知識分子的民族國家想像》，北京師範大學比較文學與世界文學博士學位論文，2014 年。

15. 晉瀑顏：《鄧小平的俄國觀》，2014 年黑龍江社會科學院碩士學位論文。

16. 張顯鳳：《生態視野中的民國旅蘇遊記研究》，山東師範大學博士學位論文，2014 年。

17. 王煒星：《蔣介石的蘇聯觀（1949～1976）》，2015 年黑龍江社會科學院碩士學位論文。

18. 徐德超：《民主革命時期毛澤東的蘇聯觀研究》，2015 年曲阜師範大學碩士學位論文。

19. 曹龍虎：《中國革命語境中的「資本主義」：一項概念史考察》，南京大學博士學位論文，2015 年。

20. 宮廣霞：《蔣經國的蘇聯觀》，2015 年黑龍江社會科學院碩士學位論文。

21. 杜明達：《張君勱的蘇俄（聯）觀（1917～1949）》，湖南大學碩士學位論文，2015 年。

22. 烏日罕：《想像的「鄰邦」：現代文學中的蘇俄書寫研究》，中國海洋大學碩士學問論文，2015 年。

23. 王欣：《論毛澤東的蘇聯觀（1949～1976）》，2016 年黑龍江社會科學院碩士學位論文。

24. 史旭超：《郭沫若的蘇聯觀》，2017 年黑龍江社會科學院碩士學位論文。

25. 陳鵬：《近代中國人對土耳其的認知》，中國人民大學 2017 博士學位論文。

26. 譚亢節：《晚清民初中國人對德國的認知及其影響——以「知識界」為中心的考察》，中國社會科學院研究生院 2017 年博士學位論文。

27. 馬繹：《民國知識界眼中的德國形象——以綜合性期刊〈東方雜誌〉為中心的考察》，上海外國語大學 2018 年博士學位論文。

28. 張小雨：《1930 年代〈申報〉視野中的蘇聯形象研究》，南京師範大學碩士學位論文，2018 年。

29. 賈笑笑：《論周恩來的蘇聯觀（1949～1976）》，2019 年黑龍江社會科學院碩士學位論文。

30. 葛靜波：《近代中國人對帝國主義的認知》，北京師範大學 2019 年博士學位論文。

二、專著

1. 〔蘇〕契爾諾夫：《無產階級的國際主義與資產階級的世界主義》，張孟恢譯，北京：生活·讀書·新知三聯書店，1952 年版。

2. 平心：《國際主義基本知識》，展望週刊社，1952 年版。

3. 〔蘇〕瑪丘什金：《蘇聯的愛國主義與國際主義》，劉丕坤譯，中華書局，1953 年版。

4. 楊粹：《聯俄容共與反共抗俄》，臺北：正中書局，1960 年版；D693.09／9。

5. 蔣永敬：《鮑羅廷與武漢政權》，臺北：傳記文學叢刊，1963 年版。

6. 李雲漢：《從容共到清黨》，臺北：中國學術著作獎助委員會，1966 年版。

7. 李毓澍：《外蒙古撤治問題》，臺北：「中央」研究院近代史研究所，1976 年版。

8. 王尤清：《張君勱社會主義思想研究》，新北：花木蘭文化出版社，2015 年版。

9. 王聿均：《中蘇外交的序幕：從優林到越飛》，臺北：「中央」研究院近代史研究所，1978 年版。

10. 丁守和、殷敘彝：《從五四啟蒙運動到馬克思主義的傳播》，北京：生活·讀書·新知三聯書店出版社，1979 年第 2 版。

11. 北京大學編寫組：《沙皇俄國侵略擴張史·前言》，人民出版社，1979 年版。

12. 胡秋原：《一百三十年來中國思想史綱》，臺北：學術出版社，1983 年版。

13. 《李大釗年譜》，蘭州：甘肅人民出版社，1984 年版。

14. 連成、林圃主編《中國當代著名經濟學家》（第一集），成都：四川人民出版社，1985 年版。

15. 蔡國裕：《1920 年代初期中國社會主義論戰》，臺北：臺灣商務印書館，1988 年版。

16. 楊奎松：《共產國際和中國革命》（與楊雲若合著），上海人民出版社，1988 年版；《中間地帶的革命——中國革命的策略在國際背景下的演變》，中共中央黨校出版社，1992 年版；《毛澤東與莫斯科的恩恩怨怨》，江西人民出版社，1999 年版；《國民黨的「聯共」與「反共」》，社會科學文獻出版社，2008 年版。

17. 〔美〕布熱津斯基：《大失敗——二十世紀共產主義的興亡》，軍事科學院外國軍事研究部譯，軍事科學出版社 1989 年版。

18. 呂芳上：《革命之再起：中國國民黨改組前對新思潮的回應（1914～1924）》，「中央」研究院近代史研究所專刊（57）1989 年版。

19. 〔美〕佩爾斯著，盧允中等譯《激進的理想與美國之夢——大蕭條歲月中的文化和社會思想》，上海：上海外語教育出版社，1992 年版。

20. 李恩涵：《北伐前後的「革命外交」（1925～1931）》，臺北：「中央」研究院近代史研究所，1993 年版。

21. 馮崇義：《羅素與中國：西方思想在中國的一次經歷》，北京：生活・讀書・新知三聯書店，1994 年版。

22. 向青、石志夫、劉德喜主編《蘇聯與中國革命》，北京：中央編譯出版社，1994 年版。

23. 〔俄〕尼・別爾嘉耶夫：《俄羅斯思想：十九世紀末至二十世紀初俄羅斯思想的主要問題》，雷永生、邱守娟譯，北京：生活・讀書・新知三聯書店，1995 年版。

24. 朱志敏：《五四民主觀念研究》，北京：北京師範大學出版社，1996 年版。

25. 李嘉穀：《中蘇關係：1917～1926》，社會科學文獻出版社，1996 年版；《合作與衝突：1931～1945 年的中蘇關係》，廣西師範大學出版社 1996 年版。

26. 呂希晨、陳瑩：《張君勱思想研究》，天津：天津人民出版社，1996 年版。

27. 楊玉聖：《中國人的美國觀——一個歷史的考察》，上海：復旦大學出版社，1996 年版。

28. 鄭大華：《張君勱傳》，北京：中華書局，1997 年版；《張君勱學術思想評傳》，北京：北京圖書館出版社，1999 年版。

29. 郭湛波：《近五十年中國思想史》，濟南：山東人民出版社，1997 年版。

30. 彭明：《五四運動史》，北京：人民出版社，1998 年版。

31. 唐啟華：《北京政府與國際聯盟》（1919～1928），臺北：東大圖書有限股份公司，1998 年。

32. 黃修榮：《國共關係七十年》，廣東教育出版社，1998 年版；《共產國際與中國革命關係史》，中共中央黨校出版社，1989 年版；《共產國際與中國共產黨關係探源》，人民出版社，2016 年版等。

33. 陳先初：《精神自由與民族復興——張君勱思想綜論》，長沙：湖南教育出版社，1999 年版。

34. 〔英〕以賽亞·伯林：《俄國思想家》，彭淮棟譯，譯林出版社，2001 年版；《蘇聯的心靈：共產主義時代的俄國文化》，劉被稱、潘永強譯，江蘇人民出版社，2010 年版。

35. 《胡繩論「從五四運動到人民共和國成立」》，北京：社會科學出版社，2001 年版。

36. 姚金果、蘇杭、楊雲若：《共產國際、聯共（布）與中國大革命》，福州：福建人民出版社 2002 年版。

37. 彭鵬：《研究系與五四時期新文化運動：以 1920 年前後為中心》，廣州：中山大學出版社，2003 年版。

38. 歐陽哲生：《自由主義之累——胡適思想之現代闡釋》，南昌：江西教育出版社，2003 年版。

39. 〔韓〕曹世炫：《清末民初無政府派的文化思想》北京：社會科學文獻出版社 2003 年版。

40. 歐陽哲生：《自由主義之累——胡適思想之現代闡釋》，南昌：江西教育出版社，2003 年版。

41. 張秋實：《瞿秋白與共產國際》，北京：中共黨史出版社，2004 年版。

42. 張玉法：《民國初年的政黨》，長沙：嶽麓書社，2004 年版。

43. 趙佳楹編著《中國現代外交史》，北京：世界知識出版社，2005 年版。

44. 方華文：《20 世紀中國翻譯史》，西安：西北大學出版社，2005 年版。

45. 黃宇和：《中山先生與英國》，臺北：學生書局，2005 年版。

46. 趙佳楹編著《中國現代外交史》，北京：世界知識出版社，2005 年版。

47. 吳小龍：《少年中國學會研究》，上海三聯書店，2006 年版。

48. 〔日〕石川禎浩，袁廣泉譯《中國共產黨成立史》，北京：社會科學文獻出版社，2006 年版；《早期共產國際和東亞》；《革命とナショナリズム──1925～1945》（《革命和民族主義──1925～1945》），岩波書店，2010 年版；《中國近代歷史的表與裏》，北京大學出版社，2015 年。

49. 〔美〕阿里夫·德里克：《中國革命中的無政府主義》，孫宜學譯，桂林：廣西師範大學出版社，2006 年版。

50. 馮峰：《「國難」之際的思想界──1930 年代中國政治出路的思想論爭》，西安：三秦出版社，2007 年版。

51. 〔俄〕盧金著，劉卓星譯《俄國熊看中國龍：17～20 世紀中國在俄羅斯的形象》，重慶：重慶出版社，2007 年版。

52. 楊奎松：《國民黨的「聯共」與「反共」》，北京：社會科學文獻出版社，2008 年版。

53. 王奇生：《中國近代通史》第七卷《國共合作與國民革命（1924～1927）》，南京：江蘇人民出版社，2009 年版。

54. 陳國恩、莊桂成、雍青等：《俄蘇文學在中國的傳播與接受》，北京：中國社會科學出版社，2009 年版。

55. 陳鐵健：《瞿秋白傳》，北京：紅旗出版社，2009 年版。

56. 翁賀凱：《現代中國的自由民族主義──張君勱民族建國思想評傳》，北京：法律出版社，2009 年版

57. 薛銜天：《民國時期中蘇關係史（1917～1949）》北京中共黨史出版社 2009 年版。

58. 金觀濤、劉青峰：《觀念史研究：中國現代重要政治術語的形成》，北京：法律出版社，2010 年版。

59. 陳正茂:《理想與現實的衝突——「少年中國學會」史》,秀威信息科技股份有限公司,2010 年版。

60. 郭文深:《清代中國人的俄國觀》,長春:吉林大學出版社,2010 年版。

61. 王奇生:《黨員、黨權與黨爭:1924~1949 年中國國民黨的組織形態》,北京:華文出版社,2010 年版。

62. 畢苑:《建造常識:教科書與近代中國文化轉型》福州福建教育出版社2010 版。

63. 王向遠等:《中國百年國難文學史(1840~1937)》,上海:上海人民出版社,2010 年版。

64. 孫芳等著《俄羅斯的中國形象》,北京:人民出版社,2010 年版。

65. 王建偉:《民族主義政治口號史研究(1921~1928)》,北京:社會科學文獻出版社,2011 年版。

66. 林精華:《現代中國的俄羅斯幻象》,合肥:安徽大學出版社,2011 年版。

67. 李玉貞:《國民黨與共產國際(1919~1927)》,北京:人民出版社,2012 年版。

68. 張建華:《蘇聯知識分子群體轉型研究(1917~1936)》,北京:北京師範大學出版社,2012 年版。

69. 李隨安:《中國的俄羅斯形象(1949~2009)》,哈爾濱:黑龍江教育出版社,2012 年版。

70. 鄭師渠:《歐戰前後:國人的現代性反省》,北京:北京師範大學出版社,2013 年版。

71. 張朋園:《梁啟超與民國政治》,上海三聯書店,2013 年版。

72. 陳友良:《民初留英學人的思想世界——從〈甲寅〉到〈太平洋〉的政論研究》,北京:社會科學文獻出版社,2013 年版。

73. 馬龍閃:《蘇聯模式與「中國道路」的探索》,桂林:廣西師範大學出版社,2013 年版。

74. 魯法芹:《〈東方雜誌〉與社會主義思潮在中國的傳播》,濟南:山東人民出版社,2014 年版。

75. 劉維開:《國難時期應變圖存問題之研究》,北京:中國大百科全書出版社,2014 年版。

76. 余敏玲：《形塑「新人」：中共宣傳與蘇聯經驗》，「中央」研究院近代史研究所，2015 年版。

77. 羅志田：《再造文明之夢：胡適傳》（修訂本），北京：社會科學文獻出版社 2015 年版。

78. 〔日〕石川禎浩，袁廣泉譯《中國近代歷史的表與裏》，北京：北京大學出版社 2015 年版。

79. 孫郁：《魯迅與俄國》，北京：人民文學出版社，2015 年版。

80. 〔法〕伊夫-夏爾·札爾卡：《重建世界主義》，趙靚譯，福州：福建教育出版社，2015 年版。

81. 金沖及：《生死關頭：中國共產黨的道路抉擇》，北京：生活·讀書·新知三聯書店，2016 年版。

82. 沈志華主編《中蘇關係史綱》，北京：社會科學文獻出版社，2016 年版。

83. 楊奎松：《國民黨的「聯共」與「反共」》，桂林：廣西師範大學出版社，2016 年版。

84. 盧坦：《日本明治時期的社會主義思想研究》，北京：中國社會科學出版社，2016 年版。

85. 李永春：《五四時期社會改造思潮研究》，北京：中國社會科學出版社，2017 年版。

86. 孫麗珍：《俄羅斯文學中的中國形象研究》，哈爾濱：黑龍江人民出版社，2017 年版。

87. 張太原：《現代中國的主義與政治——以〈獨立評論〉為中心的探討》，北京：人民出版社，2017 年版。

88. 〔日〕森川裕貫：《政論家的矜持：章士釗、張東蓀政治思想研究》，社會科學文獻出版社，2017 年版。

89. 林紅：《發現民眾：歷史視野中的民眾與政治》，北京：中央編譯出版社，2017 年版。

90. 鄭師渠：《近代知識階級新論》，北京：人民出版社，2018 年版。

91. 李宗樓、吳漢全：《中國現代政治學史上的張慰慈》，蕪湖：安徽師範大學出版社，2018 年版。

92. 李穎：《陳獨秀與共產國際》上海：上海人民出版社，2018 年版。

93. Aitchen K. Wu. China and the Soviet Union: a Study of Sino-Soviet Relations，
吳藹宸：《中國和蘇聯》，紐約，1950 年版。

94. George Dykhuizen, *The Life and Mind of John Dewey*, London and Amsterdam: Southern Illinois University Press, 1972.

95. Christopher Thorne, *The Limits of Foreign Policy: The West, the League and the Far Eastern Crisis of 1931-1933*, Macmillan Education UK,1972.

96. Justus D. Doerecke, *The Diplomacy of Frustration: The Manchurian Crisis of 1931-1933 as Revealed in the Papers of Stanley K.Hornbeck*, Hoover Press Publication 231, 1981.

97. Ludmila Stern, *Western Intellectuals and the Soviet Union, 1920-40: From Red Square to the Left Bank (Basees Routledge Series on Russian and East European Studies)*, Routledge, New York, 2007.

98. Dieter Heinzig, *The Soviet Union and Communist China 1945-1950 The Arduous Road to the Alliance*, Routledge, New York, 2015.

99. E. J. Hobsbawm, *Nations and Nationalism since 1780: Programme, Myth, Reality*, Cambridge University Press, 1992.

100. Hans Kohn, *Nationalism its Meaning and History, Krieger Publishing Company*, 1965.

101. Chimene I. Keitner, *The Paradoxes of Nationalism: The French Revolution and Its Meaning for Contemporary Nation Building, State University of New York Press*, 2007.

三、工具書、網絡檢索工具

1. 梁耀南編《新主義辭典》，上海：陽春書局 1932 年版。

2. 孫志曾編《新主義辭典》，光華書局 1933 年出版。

3. 邢默卿編《新名詞辭典》，上海：新生命書局，1934 年版。

4. 《辭海》（試行本），1961 年版；《辭海》，上海：上海辭書出版社，1979 年版。

5. 陳玉堂編著《中國近現代人物名號大辭典》，浙江：浙江古籍出版社，2005 年版。

6. 張靜如、肖甡、姜華軒主編《「五四」以來歷史人物筆名別名錄》，西安：陝西人民出版社，1986 年版。

7. 苗士心編《中國現代作家筆名索引》，濟南：山東大學出版社，1986 年版。

8. 周佳珍編著《20 世紀中華人物名字別號辭典》，北京：法律出版社，2000 年版。

9. 陳友春主編《民國人物大辭典》，石家莊：河北人民出版社，2007 年版。

10. 讀秀‧知識：http://www.duxiu.com/